SECCIÓN DE OBRAS DE SOCIOLOGÍA

CHILE: PARTIDOS POLÍTICOS, DEMOCRACIA Y DICTADURA. 1970-1990

RICARDO A. YOCELEVZKY R.

CHILE: PARTIDOS POLÍTICOS, DEMOCRACIA Y DICTADURA 1970-1990

FONDO DE CULTURA ECONÓMICA
MÉXICO - ARGENTINA - BRASIL - COLOMBIA - CHILE - ESPAÑA
ESTADOS UNIDOS DE AMÉRICA - GUATEMALA - PERÚ - VENEZUELA

Primera edición: 2002

Registro de propiedad intelectual N° 126.174
I.S.B.N.: 956-289-031-7

Coordinación editorial: Patricia Villanueva
Composición y diagramación: Gloria Barrios

Impreso en Chile

AGRADECIMIENTOS

Nunca habría podido terminar este trabajo sin la ayuda del profesor Julio Faúndez, de la Universidad de Warwick, Inglaterra. Sólo una vieja amistad, resistente al tiempo y la distancia, y un interés común en el tema de esta investigación hicieron posible para mí contar con su permanente estímulo y apoyo.

A lo largo de los años de exilio he incurrido en más deudas de gratitud de las que podría mencionar aquí. Sin embargo, a riesgo de cometer importantes omisiones, debo recordar que cuando llegué por primera vez a Warwick conté con el apoyo del profesor Alastair Hennessy, entonces director de Estudios Comparativos Americanos. Disfruté de la amistad y solidaridad de John King, Anthony McFarlane y Guy Thomson, y tuve el privilegio de compartir el inolvidable sentido del humor de Callum Mac Donald.

En México, he compartido trabajos y siempre he contado con el apoyo de Fernando Cortés.

La Universidad de Warwick y el World University Service posibilitaron las primeras etapas de esta investigación. Una beca de la Fundación Ford me permitió regresar a América Latina en 1979. La Universidad Autónoma Metropolitana, Unidad Xochimilco, donde trabajo desde 1980, me ha apoyado en todo el tiempo que tomó la realización de este trabajo.

Mi esposa, Gabriela, me ha provisto de un diálogo crítico constante (es mi lectora cautiva). Tere, Julián y Nany, cada uno a su manera y en una medida muy importante, han sido una gran ayuda.

Introducción
PÉRDIDA Y RECUPERACIÓN DE LA DEMOCRACIA EN CHILE: UN PROBLEMA DE INVESTIGACIÓN

1. El problema

Hacer plausible la interpretación que se propone de la historia política reciente de Chile, requiere de una redefinición de los conceptos teóricos más usuales con que la ciencia política analiza estas estructuras y procesos. Como se verá en esta introducción, no se trata de una teoría unificada sino de recortes teóricos sobre distintos aspectos de una realidad que siempre resulta demasiado compleja para la capacidad explicativa del instrumental teórico. Esto es lo que hace necesario seleccionar partes de planteamientos que encuentran cierta plausibilidad en el análisis histórico de un caso concreto.

La teorías acerca de los sistemas de partidos se ocupan de examinar algunas propiedades de éstos que se relacionan con el carácter democrático de los sistemas políticos, principalmente, y con sus condiciones de estabilidad o inestabilidad. Entre ellas destaca la polarización como una característica del sistema que se deriva de las autodefiniciones de sus componentes, lo cual pone en relación al sistema de partidos como conjunto de actores con el ámbito simbólico (sus expresiones ideológicas) y con el sistema social, en el cual se constituyen actores que buscan representación política, función para la cual se ofrecen los partidos a través de sus expresiones ideológicas (doctrinas y programas). Mi planteamiento consiste en una corrección de esta perspectiva, al rastrear los elementos de integración del sistema que hacen que las ideologías individuales de los partidos no puedan definir por sí solas una propiedad del sistema en su conjunto, como puede ser el grado de polarización.

Estos elementos se encuentran en otras teorías que han buscado explicaciones a otros aspectos de los partidos, como por ejemplo la teorías de élites, o las oligarquías de Michels. Éstas permiten analizar gremios de políticos profesionales, que se justifican a través de una ideología, a veces implícita, que asume la forma de un "proyecto nacional". Es dentro de esta ideología "del sistema de partidos" que se definen las ideologías individuales de los partidos, que a veces pueden presentar un grado de polarización extremo como proyectos alternativos de estructuración de la sociedad. Sin embargo, la integración de la élite se encarga de redefinir e introducir "realismo" en la práctica a las ideas que pueden expresar los militantes de los partidos. Esto hace que el análisis tenga que asumir una mayor complejidad al examinar los hechos en términos de ubicar las causalidades de la acción en uno u otro nivel ideológico, y en obviar la trampa de atribuir a los individuos (líderes o representantes) la responsabilidad moral por las inconsistencias que las acciones y posiciones adoptadas por los partidos individuales muestran. Es la condición de existencia del sistema de partidos que los actores que lo componen deban subordinar sus programas individuales a través de alianzas que expresan como primera prioridad la mantención de las relaciones que lo conforman. Esto se extiende a una cadena de subordinación que alcanza a la vida interna de los partidos donde grupos, fracciones y líderes individuales deben subordinar sus expresiones a los límites que impone la participación en el sistema de partidos.

El sistema de partidos es un sistema abierto al sistema de dominación social. El orden político expresa esa dominación y, a través de la integración ideológica de la representación de las distintas clases, se constituye en condición de mantención de ella. En particular, las clases reproducen su condición de dominantes o subordinadas a través de sus organizaciones e ideologías. El que el sistema de partidos contenga expresiones clasistas no significa automáticamente que sea inestable. Las propuestas de reorganización social pueden estar subordinadas dentro de un proyecto nacional. Los partidos y el sistema que ellos conforman puede o no ser permeable a los cambios ideológicos y a las demandas que la movilización social plantea. Esta propiedad del sistema, y su posible relación con la estabilidad del mismo, ha sido considerada casi siempre en términos negativos, por ejemplo con la tesis de la "hipermovilización" en el caso chileno.

El golpe de Estado de 1973 inició en Chile un período de dictadura militar que duró más de dieciséis años. Las elecciones de 1989 y el traspaso del gobierno de Pinochet a Aylwin en marzo de 1990 fueron celebrados como el retorno a la democracia. La historia del quiebre de la democracia chilena y su reconstrucción puede ser contada, y de hecho lo ha sido, de muy distintas maneras. Muchos de estos relatos, crónicas y análisis son la justificación de una toma de posición con respecto al mismo proceso político, lo cual los convierte en documentos de valor variable para el análisis que pretendo proponer aquí.

Para volver a contar una historia cuyos hitos principales son de dominio común, más aún cuando hay consenso respecto de su importancia, es necesario justificar el intento definiendo qué es lo nuevo que el relato aportará. En este caso lo que se intenta es una reconstrucción analítica del proceso a partir de un eje que juega un doble papel: por un lado es un objeto de disputa, en que la conveniencia y condiciones de su existencia son cuestionados, y por otro es una estructura dentro de la cual los actores individuales se definen a sí mismos y atribuyen sentidos a sus acciones. Se trata del sistema de partidos políticos chileno.

Plantear de este modo el análisis de lo ocurrido en Chile a lo largo de dos décadas, permite evitar algunos lugares comunes que prevalecen en las opiniones y reportajes acerca de lo que pasa en Chile y, lo que es peor, parecen orientar la acción de algunos protagonistas de los procesos políticos actuales. Las cuestiones que encuentran una resolución y explicación distinta (y se espera que mejor) en este análisis son la relación entre las fuerzas y los procesos sociales y sus expresiones políticas e ideológicas, por una parte, y el significado y sentido de las posiciones y acciones de los principales actores políticos, por otra. El análisis de la acción de los partidos se encuentra normalmente con inconsistencias entre la ideología explícita de las organizaciones y las posiciones reales y concretas que éstos asumen. La explicación de dichas inconsistencias remite comúnmente a juicios de tipo moral (positivos o negativos) dependientes de la relación del analista con su objeto. El construir el análisis a partir del sistema de partidos y su relación con los partidos que lo componen permite ver las condiciones reales en que los procesos se desenvuelven y, por lo tanto, poner en evidencia un conjunto muy complejo de determinaciones a las que deben sujetarse los actores políticos privilegiados que son los partidos.

Algunas tesis establecidas (incluso oficiales) que encuentran aquí una alternativa son:

1. La destrucción del sistema político chileno en 1973 se debió a una polarización ideológica inducida desde el exterior, al menos parcialmente, por factores tales como la Revolución Cubana.

2. Eso se podría haber evitado si la Unidad Popular y la Democracia Cristiana hubieran llegado a un acuerdo.

3. Pinochet y sus allegados "abrieron" la posibilidad de un retorno a la democracia.

4. La actual composición de la alianza política que gobierna Chile expresa la maduración y el aprendizaje de las lecciones del pasado.

Las alternativas propuestas son:

1. La polarización que se produjo en Chile estuvo determinada por la permeabilidad de los partidos políticos, en particular la izquierda, a las demandas de las clases sociales subordinadas. Si la radicalización ideológica exterior (generalizada en América Latina) desempeñó un papel, éste se expresó en las alternativas de radicalizarse dentro del sistema de partidos y alianzas de partidos existentes: socialistas, comunistas y asociados en la Unidad Popular, o bien en la izquierda extraparlamentaria.

2. Lo que se negociaba entre la Democracia Cristiana y el gobierno de la Unidad Popular en 1973 era la subsistencia del sistema, cuando la Democracia Cristiana ya estaba subordinada a la estrategia de destrucción de ese sistema.

3. La transición chilena fue el producto de un enfrentamiento en el que se redefinieron las relaciones entre las fuerzas sociales y sus representaciones políticas —los partidos políticos— y en que la amplitud del espectro ideológico y la permeabilidad de los actores políticos a las demandas sociales fueron redefinidas a través de la reconstrucción del sistema de partidos.

4. Los acuerdos y alianzas en el actual sistema de partidos, reconstruido, reflejan las relaciones de fuerzas ideológicas entre las distintas partes de la élite profesional de la política, a partir de la redefinición del proyecto nacional de desarrollo hecha por la dictadura.

2. La ciencia política y la historia definen a los partidos

Los partidos políticos y los sistemas en los que se enmarcan no son una realidad independiente que se pueda definir o teorizar sin referencia inmediata a otros hechos y estructuras. Las visiones empiristas que han predominado en su estudio parten del hecho de su existencia como un dato. Sin embargo, a muy poco andar deben comenzar a relativizar todas las afirmaciones por el innegable carácter histórico del fenómeno[1]. La primera conexión de los partidos es con la democracia. El concepto de democracia es objeto de discusiones filosóficas, normativas y científicas[2]. Los partidos políticos y su competencia en elecciones para ocupar los cargos del gobierno, son normalmente considerados un indicador de existencia y funcionamiento de un sistema democrático liberal. Como todo indicador, éste no agota el contenido del concepto de democracia, pero hay consenso en que si no existen partidos ni elecciones en las que compitan, no

[1] La más reciente muestra es el título del libro de Scott Mainwaring, *Rethinking Party Systems in the Third Wave of Democratization.*

[2] Véase Giovanni Sartori, *Teoría de la democracia,* 2 volúmenes.

se puede hablar de democracia en ningún sistema político moderno[3].

Empero, esta democracia competitiva plantea problemas respecto del carácter de las relaciones entre la política y la sociedad. Por una parte, la existencia de distintos partidos implica divisiones de opinión respecto de quién debe gobernar y qué debe hacer el gobierno. Se puede pensar que estas divisiones sólo son producto de la naturaleza humana y alguna inherente ambición de poder que lleva a los individuos a organizarse para la obtención, ejercicio y mantención de éste. Pero desde la formación de los primeros sistemas de partidos modernos, surgió la sospecha de que no sólo se trata de una competencia entre personas e ideas, sino que esta competencia "expresa" y "canaliza" conflictos de intereses que están más allá de la política y la administración, en la base de la estructura de la sociedad. Así el problema ideológico se traslada al campo de lo que se piensa que es la sociedad y las ideas acerca de cómo es probable que sea en el futuro o cómo sería deseable que fuera en el futuro. En el terreno de la explicación de la acción de los partidos políticos, esto conduce a un enfoque "sociologista", en el que el análisis se centra en la "representatividad" de los partidos y sus ideologías.

Por otra parte, el funcionamiento de la convivencia pacífica en un orden político y la competencia regular entre partidos ha presentado una serie de variantes institucionales en que el papel de los partidos es muy diferente de un caso a otro, en cuanto a su participación en el funcionamiento del

[3] Scott Mainwaring y Timothy R. Scully (eds.), *Building Democratic Institutions: Party Systems in Latin America*, p. 3.

gobierno, lo cual ha generado un análisis de los partidos como componentes de otros sistemas mayores, más complejos, y más allá de su papel en las elecciones. Esto es lo que ha dado lugar a un enfoque que se denomina "institucionalista" en ciencia política[4].

Hay un paralelo en la historia de los partidos políticos como objeto de aceptación en la práctica de la vida política y como objeto de estudio en el campo de la ciencia política. Desde el comienzo de las discusiones constitucionales, el problema de la aceptación del hecho de la división permanente de las opiniones y su organización terminó en la aceptación del hecho y el intento de limitar sus consecuencias, regulando los términos de la competencia, es decir las elecciones[5]. Esto hizo que, desde el punto de vista normativo, la evolución de los partidos políticos haya sido dependiente de la evolución del derecho a sufragio, su extensión y las regulaciones a las que se sujeta su ejercicio. De ahí que hasta tiempos bastante recientes, en general, las Constituciones no se refieran a los partidos políticos más allá de establecer el derecho de los ciudadanos a formarlos y a pertenecer a ellos, y, en cambio, las leyes que regulan los procesos electorales se ocupen de normar la participación de los partidos en ellos. De este modo, el objeto que son los partidos, desde el punto de vista normativo, adquiere sólo una existencia subordinada, en tanto participante en procesos electorales[6].

Desde mediados del siglo XIX la ideología socialista generó un nuevo tipo de partido, que en un comienzo se planteó el problema de actuar desde un punto de vista

[4] Alan Ware, *Political Parties and Party Systems*, pp. 8-9.

[5] Giovanni Sartori, *Partidos y sistemas de partidos*, pp. 35-44.

[6] Max Weber, *Economía y sociedad*, p. 1076.

clasista frente al Estado burgués. Para su estrategia el problema de la participación en elecciones, en la vida parlamentaria, etc. fue objeto de grandes discusiones doctrinarias. Sin embargo, por lo menos para Europa Occidental, el asunto quedó zanjado después de la Primera Guerra Mundial y con el fracaso de los intentos de revolución proletaria que buscaron reproducir el modelo de la Revolución Bolchevique[7]. Desde antes, en algunos países, principalmente Alemania e Italia, la acción de los partidos socialistas había sido objeto de estudio y de crítica por parte de Robert Michels, quien con respecto a esta tendencia particular puso de relieve una característica más general de la vida política democrática organizada alrededor de la acción de los partidos: la producción de una élite dirigente que se reproduce a sí misma dentro de la organización partidaria[8].

Desde los varios puntos de vista considerados, y hay otros, se puede ver al menos algunos de los equívocos a que puede conducir el uso de los términos partidos y sistemas de partidos[9]. Por lo pronto, detrás de ambos puede haber visiones diferentes respecto de si la sociedad y el orden político se constituyen a partir de individuos o si el orden político es el producto de una estructura de relaciones conflictivas entre distintas categorías de individuos. Éste es uno de los problemas más complejos porque, al margen de los

[7] Adam Przeworski ve este cambio como una cuestión de estrategia electoral, con avances y retrocesos de las definiciones clasistas, pero constata que en 1918 el Partido Laborista británico se abre a los "workers by brain". *Capitalism and Social Democracy*, p. 25.

[8] Robert Michels, *Political Parties. A Sociological Study of the Oligarchical Tendencies of Modern Democracy.*

[9] Sobre las dificultades de una definición empírica de "partido político" véase Alan Ware, *op. cit.*, pp. 2-6.

que suponga el observador, alguno de los partidos puede introducir esta diferencia como una definición ideológica y estructurar sus estrategias en consecuencia[10].

La manera de obviar estas cuestiones es partiendo de la existencia de los partidos como actores que compiten en un sistema de normas electorales aceptadas por todos los participantes, que buscan ocupar cargos en un sistema de gobierno también aceptado por todos, o cuyo cambio se debe sujetar a la resolución de la competencia electoral y, además, a normas de transformación aceptadas por todos los actores. Como ejemplo de definiciones podemos citar las propuestas por Alan Ware, "A political party is an institution that (a) seeks influence in a State, often by attempting to occupy positions in government, and (b) usually consists of more than a single interest in the society and so to some degree attempts to 'aggregate interests'"[11], o la que proponen Mainwaring y Scully, "We follow a slightly amended version of Sartori's definition of a political party, by which a party is 'any political group that presents at elections, and is capable of placing through elections, candidates for public office.' The amendment is that a political group that *would* present candidates for public office, but is unable to do so either because it is proscribed or because elections are not being held, is also a party."[12]

De esta manera, los límites del sistema quedarían definidos normativamente y por la aceptación de los participantes. Sin embargo, estas definiciones remiten a otro sistema,

[10] El problema de la constitución de una clase social como actor social y político es discutido por Przeworski, *op. cit.*, capítulo 2.

[11] *Op. cit.*, p. 5.

[12] *Op. cit.*, p. 2.

el electoral, cuyas características inciden fuertemente en el sistema de partidos, por ejemplo, el tamaño del electorado respecto de la población total[13]. Por otra parte, los partidos representan intereses y opiniones que se definen en función de líneas de conflicto (clivajes) que en distintos períodos históricos definen a las sociedades. Sin embargo, estos conflictos deben ser *algo menos* que conflictos para evitar que se rompa un consenso básico. En términos de Sartori: "El conflicto en torno a los aspectos fundamentales no es una base posible para la democracia, ni de hecho para ninguna comunidad política: ese conflicto —esto es el verdadero conflicto— lleva a la guerra interna y a la secesión como única solución".[14] De esta manera, o bien se concibe a la sociedad como una comunidad en la que no existen conflictos fundamentales, o la comunidad política democrática está estructurada de tal modo que esos conflictos no se expresen en términos de alternativas de organización política.

A pesar de todas estas limitaciones, el estudio de los sistemas de partidos ha avanzado como una forma de búsqueda empírica de respuesta a las múltiples preguntas teóricas que los intentos de definición dejan pendientes. Así, se asume su estudio como un indicador del funcionamiento de un sistema democrático. En ausencia de una definición de democracia que reúna consenso y sirva de patrón de evaluación de los distintos sistemas políticos, se parte de la constatación que la democracia, como atributo de un sistema político, es una cuestión de grado; la diferencia entre una dictadura y un sistema democrático se puede establecer claramente por su origen (elecciones), pero la consolidación

[13] Arend Lijphart, *Sistemas electorales y sistemas de partidos.*

[14] Giovanni Sartori, *Partidos y sistemas de partidos, op. cit.,* p. 40.

de una democracia observada a través de la existencia de un sistema de partidos institucionalizado es una cuestión de ubicación en un *continuum*. Una de las cuestiones que el *continuum* sugiere es la idea de proceso, es decir, si la ubicación de cualquier caso en un punto del *continuum* es un indicador de su evolución hacia uno de los extremos. Una de las posibles consecuencias de adoptar este punto de vista es que todo el proceso político moderno puede ser presentado como un gran proceso de democratización. Sin embargo esto no parece posible a la luz de la mayoría de los procesos políticos nacionales occidentales. Aparentemente, el proceso democratizador puede ser descrito en términos de algunas grandes etapas que parecen repetirse, pero que no son irreversibles[15]. De cualquier manera, lo que frecuentemente ha parecido más apropiado es no optar por una descripción abstracta o por una descripción histórica de casos individuales, sino examinar algunos casos pioneros y ejemplares de génesis de algunos rasgos distintivos de las democracias liberales y, en particular en lo referente a los partidos y sistemas de partidos. Este camino parece promisorio debido a las características de modelo que algunos casos adquieren en la historia reciente y a la similitud de situaciones estructurales, reales o percibidas, que ha conducido a la difusión internacional de partidos, ideologías y programas.

La dificultad que presenta el análisis de los sistemas de partidos está resumida por Ware, quien afirma que el estudio de los sistemas de partidos implica, al mismo tiempo, más y menos que el estudio de los partidos individuales[16]. Esta complejidad generada por las relaciones de los partidos

[15] Mainwaring and Scully, *op. cit.*, p. 6.

[16] Ware, *op. cit.*, p. 7.

entre sí dentro del sistema, la estructura del sistema, no se resuelve decidiendo dar prioridad causal a uno u otro de los dos niveles del análisis, puesto que ambos presentan dinámicas distintas[17]. La decisión, mientras no exista una teoría que la oriente, queda como problema empírico a resolver en cada investigación específica, puesto que si, como afirma Ware para el caso de los partidos británicos, un libro sobre partidos tendrá un foco diferente al de otro sobre el sistema de partidos, el punto es cuál será el proceso histórico que se quiere analizar y cuál de los dos niveles contribuirá más a la explicación de ese proceso.

El proceso de democratización puede ser caracterizado como la reducción del conflicto a competencia. Los términos de la competencia han quedado fijados por el orden constitucional, que norma el sistema de gobierno; el sistema electoral, que define las posiciones por las que se compite y norma la forma de la competencia por ellos; y el sistema de partidos, que organiza a los competidores. Este último componente viene a ocupar una posición de intermediario entre tres elementos que no se definen demasiado claramente en sus relaciones: el ciudadano, como individuo sujeto del derecho a sufragio, que constituye la primera definición de ciudadanía; el individuo como parte de una categoría social, definida por algún clivaje que puede o no ser considerado en la definición de los partidos; y las ideologías que hacen posible la constitución y funcionamiento del conjunto, que se estructuran en dos niveles. Estos niveles son: el de cada partido, su identidad como representante de ideas que asume

[17] Rolando García, "Conceptos básicos para el estudio de sistemas complejos", en Enrique Leff (coord.), *Los problemas del conocimiento y la perspectiva ambiental del desarrollo.*

como propias de alguna categoría de ciudadanos, y la ideología de conjunto, que fija los límites de los participantes posibles en la competencia y de las identidades ideológicas que pueden asumir.

El elemento ideológico que ha definido los límites de los sistemas políticos existentes hoy ha sido fundamentalmente el nacionalismo, en el sentido más amplio de justificar y legitimar la existencia de un Estado-nacional, que llegó a ser la forma predominante de organización política del mundo moderno. Las formas que generaron este nacionalismo tienen que ver con los clivajes que dieron lugar a los conflictos cuya resolución constituyó la fundación de, por lo menos, los embriones de las estructuras políticas modernas que hoy definimos como democracias liberales. Estos clivajes fueron religiosos, como en la guerra civil inglesa del siglo XVII; políticos, como en la Revolución Francesa de 1789; o de independencia colonial, como en los Estados Unidos. De todos esos clivajes originales quedaron huellas ideológicas y organizativas en las Constituciones y en los partidos políticos. Las clases sociales protagonistas de estos procesos constituyeron una élite que se reservó el derecho a la participación en los asuntos políticos como elector y como candidato y eventual funcionario elegido. El primer movimiento de expansión del sufragio, que ocurrió en el siglo XIX, estuvo dirigido a incluir a las masas de trabajadores.

El siglo XX incorpora a los trabajadores urbanos y sus organizaciones como partidos políticos al sistema político extendiendo el sufragio y derrotando política e ideológicamente a las tendencias revolucionarias e internacionalistas a través de la Primera Guerra Mundial y dentro de los partidos socialdemócratas. De este modo, el predominio de Estados-nacionales independientes, en particular repúblicas, como forma de organización política en Europa y el mundo, es un fenómeno del siglo XX[18]. La primera posguerra representó la organización de los Estados-nacionales que resultaron de la liquidación de los imperios y la segunda posguerra generalizó el modelo a través de la descolonización. Es evidente que ésta es una descripción de un modelo de proceso definido por sus resultados. Salvo en un puñado de países, entre los que se cuentan Suiza, Estados Unidos y el Reino Unido, los sistemas democráticos liberales no sobrevivieron a los conflictos que caracterizaron al siglo XX en ninguno de los países más relevantes en la política mundial. La estructura descrita corresponde a las reconstrucciones en Occidente durante el período de la Guerra Fría. Es entonces cuando se puede apreciar la unidad política nacional con los partidos de la clase trabajadora integrados al gobierno o a la oposición pero compitiendo dentro de las normas del sistema electoral.

Desde el punto de vista sociologista, la explicación propuesta para esta situación es que se ha logrado un compromiso entre los intereses materiales de las clases en conflicto en el capitalismo, en el cual los trabajadores acceden a niveles crecientes de bienestar, condicionados a que éstos no amenacen la viabilidad de la acumulación capitalista. Siendo el Estado el árbitro de este compromiso, la competencia política define esos niveles a través de la competencia electoral entre partidos cuya participación está condicionada al no cuestionamiento del sistema de producción como tal[19].

[18] Arno J. Mayer, *The Persistence of the Old Regime: Europe to the Great War.*

[19] Przeworski, *op. cit.*, capítulo 4.

3. América Latina y la democracia liberal

Los procesos y conceptos reseñados tienen una gran influencia en los países de América Latina. Sin embargo, la simple imitación resultó siempre imposible. Desde el comienzo, en el siglo XIX, las ex colonias de España en América debieron adoptar una forma moderna de organización política. Después de distintos intentos, todas terminaron constituyendo Estados-nacionales, repúblicas, formalmente definidos. La definición formal adquirió una gran importancia en la redacción de múltiples Constituciones[20]. El modelo que representaban Inglaterra, Estados Unidos y Francia se tradujo en una infinidad de propuestas de organización política en que se buscaba imitar las ideas y las soluciones políticas que habían caracterizado los procesos de formación de esos sistemas. Sin embargo, los intereses en conflicto en estas sociedades ex coloniales y periféricas asumían características que no permitían una aplicación mecánica de las soluciones institucionalizadas en los países que se definía como modelo.

Un punto relevante de esta falta de correspondencia entre el modelo y la realidad lo constituye la forma elitista de los partidos políticos (facciones, protopartidos o partidos de notables), que resuelven sus diferencias por confrontaciones o acuerdos cupulares, y que la extensión del sufragio, cuando ocurre, en sociedades predominantemente rurales,

[20] Más de 200 Constituciones en 170 años en los 21 países que son España, Portugal y sus ex colonias americanas. Véase Bernardino Bravo Lira, *De Portales a Pinochet: Gobierno y régimen de gobierno en Chile*, p. 11.

no obedece a la modernización (industrialización y urbanización), ni a la incorporación de nuevos sectores sociales independientes, sino que significa un refuerzo de la dominación social en el campo, la cual determinaba el resultado de las elecciones[21].

Esto hace que los casos de funcionamiento de un sistema político con elecciones regulares y participación creciente de los sectores sociales que el desarrollo económico va creando, sean sólo excepciones entre los países de la región. Ésta es la característica que hizo de Chile una excepción en las décadas de los treinta a los sesenta en América Latina. Esto no quiere decir que los partidos políticos existentes en la región no actuaran como si formaran parte de sistemas políticos democráticos en funcionamiento. Sus nombres y sus ideologías sugieren una autoimagen que buscaba asimilarse a sus modelos europeos y norteamericano. Su principal carencia residía en que no lograban conformar entre sí un sistema que excluyera la acción directa de instituciones del Estado como las fuerzas armadas, o la influencia directa de la Iglesia católica[22]. De hecho, el período de posguerra se caracterizó en América Latina por el predominio de una forma política que se denominó "populismo latinoamericano", el cual constituyó organizaciones dependientes del gobierno para fines de apoyo a éste y movilización social y política, tales como el PRI mexicano y movimientos como el peronismo en Argentina y el varguismo en Brasil. Las excepciones no afectaron a ninguno de los tres países más grandes

[21] Karen L. Remmer, *Party Competition in Argentina and Chile.*

[22] La aplicabilidad de conceptos es una discusión importante cuando se trata de casos latinoamericanos. Véase por ejemplo Mainwaring discutiendo a Sartori a propósito de la existencia o no de un sistema de partidos en Colombia y Brasil, *op. cit.*, pp. 24-25.

de América Latina. El Uruguay, durante un largo período de prosperidad tuvo una democracia que funcionó hasta 1973, y Colombia y Venezuela generaron democracias bipartidistas a partir de la liquidación de las dictaduras a fines de los cincuenta.

4. La democracia chilena una excepción

La cuestión de la excepcionalidad de Chile, cuyo sistema democrático funcionó sin rupturas catastróficas como la de 1973 desde 1932, dio lugar a todo tipo de conjeturas, desde la metafísica del "ser" chileno hasta hipótesis sociológicas como la de Cardoso y Faletto, acerca del carácter de las clases y su representación político-ideológica definidas a partir del "enclave" como forma de inserción de Chile en la economía mundial[23].

La hipótesis central de este análisis reconstruye la historia a partir de la existencia de un sistema de partidos, como dato, cuya estructura evolucionó en el sentido de incorporar crecientemente a sectores sociales emergentes mediante un conjunto estable de partidos políticos, formado por una élite profesional que casi monopolizó la representación política de las diversas clases sociales, presentando períodos de volatilidad pero, en general, conservando un núcleo estable de políticos profesionales cuyas carreras dependían de su afiliación a estos partidos fundamentales. La cuestión más problemática es la integración de un sistema tal con partidos que se definían por ideologías que representaban proyectos

[23] F.H. Cardoso y Enzo Faletto, *Dependencia y desarrollo en América Latina*, pp. 126-129.

de sociedad antagónicos. Esto hacía pensar que el sistema chileno era esencialmente inestable, dado el grado de polarización ideológica que presentaban los partidos. Sin embargo, las inconsistencias ideológicas flagrantes a lo largo de la historia de este sistema entre los años treinta y los sesenta, indican que había en acción una estructura ideológica que reunía a estos partidos como sistema. Esta estructura era, desde mi punto de vista, un proyecto nacional de desarrollo, en nada distinto de los proyectos que en otros países de América Latina eran puestos en práctica por gobiernos que representaban alianzas sociales semejantes, pero organizadas con marcos ideológicos y organizativos distintos de los partidos políticos. Esta ideología del sistema se encarnaba en diversas versiones en cada uno de los partidos, dando lugar a propuestas que en la vida parlamentaria aparecían como cuestiones "técnicas", que no afectaban a las ideologías propagadas por cada partido como proyecto de sociedad[24].

La reconstrucción de este proyecto nacional integrador ha sido ubicada en el nivel del Estado (Estado desarrollista, Estado de compromiso, Estado benefactor, etc.). Sin embargo, es en el nivel del sistema de gobierno, de partidos y electoral donde se puede observar los efectos del consenso que produce, sin recurrir a otros elementos metaconstitucionales.

En este estudio, en el primer capítulo se constata la existencia de esta élite de políticos profesionales, su dependencia de los partidos, especialmente de aquéllos que forman el núcleo del sistema. Al mismo tiempo, la representatividad de carácter clasista de los partidos, en particular los de la izquierda, a pesar de la integración al proyecto nacional de

[24] Véase capítulo 1.

la élite. Esto explica que la "vía chilena al socialismo" fuera, al mismo tiempo, o sólo, el límite ideológico de un proyecto de desarrollo industrializador e integrativo, que más tarde ha sido caracterizado como estatista y populista.

En el segundo capítulo se muestra la crisis del sistema político que llevó ese proyecto de desarrollo nacional a su extremo, en la propuesta de la Unidad Popular, y el agotamiento de la capacidad integradora del sistema de partidos para mantener la dominación social, al surgir embriones de élites alternativas en la derecha y la izquierda, en los márgenes del sistema de partidos y al influir diferencialmente en las estrategias de los partidos que conformaban el sistema. Esto condujo a que la amenaza a la dominación social, percibida como incapacidad del sistema político para mantenerla, diera el triunfo estratégico en la derecha a las fuerzas que, desde fuera del sistema de partidos, impusieron una línea rupturista a la oposición y determinaron el golpe de Estado. La pregunta que orienta este capítulo es si la crisis de la dominación social por sí sola provocó la ruptura del sistema de partidos o si el desarrollo de élites alternativas fuera del sistema de partidos, en particular en la derecha, generó las condiciones de la ruptura de éste.

El capítulo tercero muestra la fase de ascenso de la dictadura en la que se propone y realiza en parte la destrucción del sistema político, en particular del sistema de partidos, a través de la represión y la marginación de la élite política profesional, incluidos los personeros de la derecha, y la imposición de un esquema de desarrollo económico que no había podido ser ni siquiera adoptado como programa por ninguna de las fuerzas actuantes dentro del sistema de partidos antes de 1973, por constituir, de hecho, un proyecto diferente al proyecto nacional de desarrollo alrededor del cual se estructuraba el sistema de partidos políticos. Paralelo a este cambio económico se plantearon los proyectos de reemplazo del sistema político, que culminaron con la imposición de una nueva Constitución que habría impedido la reconstrucción del sistema de partidos a través de la exclusión de la izquierda por motivos ideológicos.

El cuarto capítulo se centra en la crisis de la dictadura y en cómo la reconstrucción del sistema de partidos permite una salida hacia una democracia distinta, en la que se ha impuesto el nuevo esquema de desarrollo económico como proyecto nacional. Como su característica principal es la exclusión social, por oposición al carácter integrador del proyecto liquidado por el golpe de Estado, se requiere de modificaciones consecuentes en las características del sistema de partidos. Principalmente este proceso produjo una renovación generacional e ideológica de la derecha que forma dos nuevos partidos políticos a través de los cuales, junto a elementos de la vieja élite política de derecha, reactivada ante la protesta social que amenazaba a la estabilidad de la dictadura integra a los elementos que, desde la marginalidad con respecto al sistema de partidos anterior a 1973, generaron los proyectos económicos y políticos que impuso la dictadura militar.

El capítulo quinto muestra el elemento principal de continuidad. El eje del sistema de partidos anterior, el Partido Demócrata Cristiano, logra imponer su función articuladora en la reconstrucción del sistema de partidos políticos. Evoluciona desde el apoyo al golpe a la exclusión por parte de los militares, a la recuperación de su legitimidad como interlocutor del gobierno y a eje de una alianza opositora que determina para ésta los términos de la democratización, imponiendo a sus aliados de izquierda los resultados de su negociación con la dictadura. Este acuerdo con la dictadura se basa en la aceptación por parte de los democratacristianos de los dos elementos fundamentales del proyecto nacional de la dictadura: el nuevo sistema político, con modificaciones no despreciables pero tampoco radicales, y el nuevo modelo de desarrollo económico con todas sus consecuencias o "costos" sociales.

El capítulo sexto describe el destino de la izquierda que, derrotada por la dictadura en el terreno militar y político, sufre un lento desgaste ideológico que termina en su integración al sistema de partidos reconstruido. Además se subordina a una élite proveniente del centro o derechizada en los largos años de la dictadura, la cual, por otro lado, justifica su adopción del proyecto nacional de la dictadura por la evolución ideológica de la izquierda mundial y la liquidación del campo socialista.

El capítulo final, de conclusiones, muestra cómo estos relatos parciales de la evolución de las distintas fuerzas políticas a través del ciclo democracia-dictadura-nueva democracia, es comprensible mediante el examen de los rasgos generales del sistema de partidos, su destrucción y su reconstrucción ideológica y organizativa, proceso en el que las claves de su estabilidad y su relación con la sociedad, la dominación y las posibilidades de participación de las clases subordinadas, han sido cambiadas y requieren de un balance de continuidades y cambios entre los dos períodos democráticos mediados por la dictadura militar.

En el plano teórico, la principal conclusión es que el uso de los conceptos de partido y sistema de partidos debe especificarse en los análisis concretos (históricos), debido a las dificultades de fijar en general y en forma abstracta los límites del sistema. Además, como en todo análisis de estructuras complejas es muy difícil, por una parte, justificar en abstracto el desplazamiento del eje explicativo de un nivel a otro, en este caso el paso de la acción individual de un partido a su sentido en el conjunto del sistema y a sus determinaciones recíprocas y, por otra, el sentido que, en su conjunto, los hechos analizados tienen para la dominación social.

Capítulo 1
Los partidos políticos en la explicación de la elección de 1970

1.1. Introducción
La coyuntura presidencial de 1970

La posibilidad de un triunfo de la candidatura de Salvador Allende en las elecciones presidenciales del 4 de septiembre de 1970, encendió discusiones no sólo en el país sino en la prensa mundial. Lo que aparecía como inusual no era tanto lo que la Unidad Popular y el candidato socialista presentaban como oferta —una vía pacífica al socialismo[1]—, sino la posibilidad real de que ganaran la elección y que Allende pudiera asumir el cargo de gobierno para el cual se había postulado.

Las explicaciones para este hecho circulaban alrededor de las "particularidades" de Chile, de los chilenos o de la encrucijada histórica a la que habían llegado. Esto podía alcanzar ribetes metafísicos, incluso se habló del "carácter" nacional de los chilenos para explicar estos hechos[2]. Aceptando

[1] Lo cual, después de todo, era una consigna ya antigua del movimiento comunista internacional dirigido desde la Unión Soviética. La trayectoria de esta tesis en el PC chileno es examinada por Alonso Daire en "La política del Partido Comunista desde la post-guerra a la Unidad Popular", en Augusto Varas (compilador), *El Partido Comunista de Chile*, pp. 180-190.

[2] "In their pluralistic politics, the Chileans lay bare their souls", Richard E. Feinberg, *The Triumph of Allende: Chile's Legal Revolution*, p. 89.

todas las vías de explicación, hay una que no aparecía más que subordinada y que puede cambiar toda la visión del proceso político chileno: la existencia de un sistema de partidos que actuaba como pieza principal del sistema político (entendiendo a este último como la estructura que engloba al sistema de gobierno, al sistema de partidos y al sistema electoral) y, en tanto tal, fue fundamental en la determinación de la conducta del conjunto de los actores más relevantes del proceso. Esto quiere decir que si la confrontación política implicaba una confrontación social estratégica, esta última se expresaba (canalizaba), a través de las normas del sistema político y que, tal como ocurrió, romper tales reglas era una decisión que requería de un proceso de maduración previo, de acumulación de fuerzas dispuestas a hacerlo a través del desgaste de las reglas del sistema político tal como funcionaban en ese momento.

En el mundo de 1970 —caracterizado por el ascenso de la izquierda en general y, en particular, de las llamadas "nuevas izquierdas", de los movimientos "post 68" y de las organizaciones castristas— el proceso político chileno tenía resonancia para los observadores extranjeros. En primer lugar, los actores políticos se identificaban por los nombres de partidos que obedecían a ideologías de tipo universal, esto es, de origen europeo. En segundo lugar, el período de funcionamiento regular del sistema político chileno se remontaba a la década de los treinta, por lo cual había perdurado más que los de la mayoría de los países de Europa, por no mencionar al resto de América Latina donde el caso chileno aparecía como francamente excepcional.

Una vez que Allende ocupó el cargo de Presidente de la República, la discusión giró en torno a las probabilidades de cumplir con su programa y de terminar su período de mandato, estando ambas cosas relacionadas de distintas maneras. Si se acepta la visión simplificadora, para la cual el final violento del proceso, en 1973, era no sólo ineluctable sino, además, previsible, dadas las contradicciones insolubles que planteaba a la dominación social vigente en el país, queda por explicar los mil días que tardó en llegar ese final. Esos mil días, de un proceso político y social muy agitado, pueden ser vistos, entonces, como el camino al final prefigurado, o bien como las oscilaciones de un sistema que, a través de una serie de intentos fallidos de estabilización, conducen a su reestructuración imprevisible en un punto lejano al equilibrio[3].

La discusión debe ser planteada en términos de legitimidad, puesto que la salida violenta se impuso ante la imposibilidad de cambiar al gobierno por medios legales y habiéndose producido el desgaste de las reglas del sistema. Sin embargo, la legitimidad, en tanto proceso de aceptación social, no se agota en la legalidad. La legitimidad del régimen de la Unidad Popular debe ser medida por la intensidad de la violencia empleada por los golpistas en 1973[4]. La represión, siempre justificada en términos de la presencia de grupos armados, se dirigió contra organizaciones sociales y políticas que apoyaban al gobierno. Este apoyo se puede

[3] Usando la formulación que Wallerstein toma en *Unthinking Social Science*, p. 235, de los sistemas disipativos propuestos por Ilya Prigogine e Isabel Stengers en *La nueva alianza*.

[4] La contabilidad "oficial" de muertos y desaparecidos está contenida en el llamado "Informe Rettig". *Informe de la Comisión Nacional de Verdad y Reconciliación. Texto Oficial Completo*. Un comentario que agrega otras fuentes está contenido en Genaro Arriagada, *Por la Razón o la Fuerza. Chile bajo Pinochet*, pp. 22-27.

medir por la amplitud de los sectores afectados por la represión en la primera etapa de la dictadura.

1.2. La definición del marco temporal del proceso

El buscar una explicación genética de la situación de 1970 en la evolución del sistema de partidos, coloca en primer plano un problema de definición y de periodización: se trata de delimitar temporalmente el sistema formado por los actores principales del proceso político electoral. Si se considera a las candidaturas presidenciales como bloques de partidos y tendencias —izquierda, centro y derecha— es posible retrotraer el sistema a 1958, cuando las mismas tres fuerzas compitieron también por la presidencia de la república, repitiendo en 1970 dos de tres candidatos para la elección de 1958, más otros dos (ausentes esta última vez)[5]. Sin embargo, si el análisis se ubica en el sistema de partidos, la conformación de bloques era un efecto "normal" de las coyunturas presidenciales, pero no era la estructura de funcionamiento regular en la vida parlamentaria ni municipal. Si se toma a los partidos como componentes del sistema y las reglas del juego entre ellos como criterio de periodización, la evolución del sistema debe referirse a la vigencia de la Constitución de 1925; es decir, al período que comienza en 1932 y a la génesis, a partir de allí, de los elementos que confluirán en 1970 como actores colectivos (partidos) e individuales (líderes).

El período a considerar, 1932-1970, está caracterizado por el funcionamiento regular, normal y sin interrupciones

[5] Los candidatos de 1958 fueron: Alessandri, Allende, Bossay, Frei y Zamorano. En 1970 los candidatos fueron Alessandri, Allende y Tomic.

violentas del régimen de gobierno establecido por la Constitución de 1925, lo cual incluye muy destacadamente la realización de elecciones periódicas cuyos resultados no eran cuestionados en términos significativos por ninguno de los actores fundamentales, es decir, los partidos políticos. Éstos llegaron a formar un sistema que funcionó durante todo el período con sólo una crisis mayor, el período de exclusión del Partido Comunista de la legalidad entre 1948 y 1957[6]. La Constitución de 1925 era el resultado de una negociación extraordinaria para establecer una regulación que reemplazara al régimen parlamentario de gobierno, establecido en 1891 a partir de una interpretación de la Constitución de 1833. Esta forma de gobierno había sido eliminada por una serie de pronunciamientos militares a partir de 1924, que habían culminado con la dictadura militar de Carlos Ibáñez del Campo entre 1927 y 1931[7].

Algunos rasgos de la evolución política de Chile que inciden en nuestro tema son: *1*) la organización temprana de un Estado y un régimen de gobierno pocas veces desafiado internamente por la fuerza como amenaza significativa[8]; *2*) la conversión de las fuerzas facciosas en partidos o protopartidos políticos que encauzaban su acción dentro de

[6] Sobre la ilegalización del PC véase Julio Faúndez, *Marxism and Democracy in Chile*, pp.73-75; Carmelo Furci, *The Chilean Communist Party and the Road to Socialism*, pp.38-61; María Soledad Gómez, "Factores nacionales e internacionales de la política interna del Partido Comunista de Chile (1922-1952)", en Augusto Varas (compilador), *op.cit.*, pp. 114-133.

[7] Véase Ricardo Donoso, *Alessandri, agitador y demoledor*. También Gonzalo Vial, *Historia de Chile (1891-1973)* volumen III, capítulo XIII.

[8] Los períodos de amenaza considerable al orden son pocos a partir de 1830: 1851, 1859, 1891 (en que triunfa la revolución), 1924-1927 y la dictadura que sigue hasta 1931, 1938, 1939, 1969.

normas constitucionales[9]; *3*) el cuasi monopolio de la actividad política y de los puestos del sistema político por parte de una élite partidista dedicada a la política como profesión; *4*) la ampliación de la clientela electoral de estos partidos por la extensión del sufragio y la incorporación de nuevos sectores sociales a la participación política, lo que, a su vez, ampliaba la élite a través de la creación de nuevos partidos, casi siempre efímeros, y *5*) un enraizamiento de los partidos políticos en la consciencia social, al punto de convertir la pertenencia o simpatía por un partido en un elemento de la identidad social, individual y de grupos.

1.3. El ordenamiento del sistema en 1932

En 1932 se pone en funcionamiento el sistema de gobierno prescrito por la Constitución de 1925, al elegirse simultáneamente, por única vez bajo ese régimen, un Presidente de la República y un parlamento bicameral. El primer período presidencial bajo esta modalidad (el segundo del Presidente Arturo Alessandri Palma), fue un período de reorganización de los partidos, afectados por las crisis externas e internas, las cuales se expresaban ideológicamente como divisiones y alianzas realizadas dentro y entre los partidos.

Tres procesos ocurridos en este período son importantes en la conformación de las características de los partidos y el sistema constituido por ellos. Por una parte, la exclusión de los militares de la política y la expresión del rechazo social a la participación que habían tenido en la dictadura

[9] Karen Remmer, *Party Competition in Argentina and Chile. Political Recruitment and Public Policy, 1890-1930.*

ibañista[10] a través, entre otras manifestaciones, de una curiosa militarización de las juventudes de los partidos muy activas en enfrentamientos callejeros[11]. Por otra parte, la conformación de una izquierda con dos partidos cuyos nombres —socialista y comunista— engañosamente recuerdan la situación de la izquierda y el movimiento obrero en Europa en el mismo período. Un tercer elemento es la conformación, durante la dictadura de Ibáñez, de una generación de líderes universitarios que saltarían al primer plano con gran rapidez una vez reinstalada la democracia, convirtiéndose en modelos de carrera dentro de la élite política[12].

Lo engañoso de la situación de los partidos de la izquierda reside en que, lejos de ser el Partido Comunista chileno una escisión del Partido Socialista, como fue el proceso normal en Europa, por el contrario, la fundación del Partido Socialista de Chile en 1933 representa el reagrupamiento de tendencias y organizaciones, obreras o ideológicas, entre las cuales figuran algunas anarquistas, anarco-sindicalistas, nacionalistas de izquierda, trotskistas y otros desprendimientos del Partido Comunista[13].

Se puede considerar a este primer período —1932 a 1938— como el rodaje o prueba de ajuste del sistema. En la elección presidencial de 1938 se desplegarían todos los actores que darían su carácter a la política chilena por más de tres décadas. Para entonces, ya estaban activados los elementos

[10] Véase el capítulo de las *Memorias* del General Carlos Prats titulado "La reacción civilista contra la dictadura de Ibáñez".

[11] Fernando Pinto Lagarrigue, *Crónica política del siglo XX*, capítulo XI.

[12] A esta generación pertenecieron Salvador Allende y Eduardo Frei M.

[13] Fernando Casanueva Valencia y Manuel Fernández Canque, *El Partido Socialista y la lucha de clases en Chile*, capítulos II y III.

que conformarían el núcleo del sistema de partidos que duraría hasta 1973.

1.4. El funcionamiento normal del sistema y los gobiernos radicales, 1938-1952

La coyuntura de 1938 fue percibida por algunos de los afectados como un cambio de época[14]. En la elección presidencial se enfrentaban tres candidatos: el de la oligarquía tradicional, Gustavo Ross Santa María, apoyado por los partidos más tradicionales, Liberal y Conservador; el de las nuevas fuerzas sociales: los trabajadores organizados en los partidos Socialista y Comunista en alianza con las clases medias dependientes del Estado organizadas en el Partido Radical, a través de una coalición llamada, en el lenguaje de la época, Frente Popular, con su candidato Pedro Aguirre Cerda y un tercer candidato, el ex dictador Carlos Ibáñez del Campo, apoyado por fuerzas marginales (el Partido Nacional Socialista Obrero) y con contactos en las fuerzas armadas, principalmente en el ejército. Este último fue eliminado de la carrera después que algunos de sus partidarios (los nazis criollos) intentaron un golpe de Estado, al cual no concurrió el ejército, y que fue aplastado ferozmente por la policía[15]. Esto volcó a favor del candidato del Frente Popular la votación de los nazis chilenos, la cual había alcanzado en la elección previa (1937) a un 4%. Dado lo estrecho de los resultados de la elección para Presidente (50.17% de Aguirre

[14] Eduardo Balmaceda Valdés, *Un mundo que se fue...*

[15] Un testimonio más o menos reciente de estos hechos se encuentra en las *Memorias* del General Carlos Prats, *op.cit.* pp. 74-76.

Cerda contra 49.24% de Gustavo Ross), existe casi consenso en que el triunfo del Frente Popular chileno se debió al decisivo apoyo, en el último momento, de los nazis[16].

El triunfo del Frente Popular significó una crisis para la juventud del Partido Conservador, de la cual se escindió la Falange Nacional[17], con lo cual, por lo menos al nivel de la élite política, quedaron sobre el escenario los seis actores principales que, con modificaciones que habrá que explicar, conformarán el sistema de partidos políticos chileno hasta 1973. Los partidos que van a componer este sistema son: Conservador y Liberal en la derecha, Radical y Falange Nacional (Democracia Cristiana a partir de 1957) en el centro y, en la izquierda, Comunista y Socialista.

Desde el punto de vista de la composición de la élite profesional de la política, esta configuración representa una ampliación con la que culmina la incorporación de los elementos de clase media surgidos de los movimientos políticos estudiantiles universitarios. Este canal de ascenso político individual continuará funcionando bajo el control de los partidos hasta la década del sesenta[18]. Al mismo tiempo, quedan excluidos los militares en activo de la participación en política a este nivel.

En cuanto al electorado, éste se ha ampliado hasta abrir la posibilidad de incorporar a los sectores de trabajadores

[16] Esta paradoja de la política chilena es una, entre otras semejantes, que me sugirió la importancia del sistema de partidos para explicar las conductas concretas de los actores políticos y las diferencias con los principios declarados por cada uno.

[17] Ricardo Yocelevzky, *La Democracia Cristiana Chilena y el gobierno de Eduardo Frei (1964-1970)*, pp. 85-86.

[18] Aún hoy la élite que domina el sistema político reconstruido a finales de los ochenta tiene su origen en las juventudes universitarias de los partidos en los sesenta.

que sean impulsados a votar por sus organizaciones o por alguna relación clientelista. Tienen derecho a voto los varones mayores de 21 años que sepan leer y escribir y que se encuentren inscritos en el registro de electores[19].

La composición de la membrecía de base y la estructura de los partidos, como relación entre élite, base y clientela electoral, son distintas en cada sector. En la derecha, los partidos históricos son partidos de notables que se cooptan entre ellos a partir de sus relaciones sociales. Ambos cuentan con clientelas electorales cautivas a partir de sus influencias regionales como propietarios de tierras y, por eso mismo, poseen el control de los votos de sus campesinos, quienes carecen de organización autónoma. El Partido Conservador cuenta además con la jerarquía de la Iglesia católica. El Partido Liberal, en cambio, fue el primero que intentó la movilización de sectores populares urbanos con fines electorales, y en sus filas militó el demagogo profesional más notable del siglo XX, Arturo Alessandri Palma, cuyo desempeño en este terreno llegó a constituir una leyenda[20].

En el centro, el Partido Radical[21] cuenta con un sector de su dirigencia de características semejantes a los liberales, pero además tiene una amplia base militante de clase media

[19] Germán Urzúa Valenzuela, *Diccionario político institucional de Chile*, pp. 154 y 155; *Historia política electoral de Chile (1931-1973)*, pp. 14 y 15.

[20] Ricardo Donoso, *Alessandri, agitador y demoledor*, volumen I, y Gonzalo Vial, *Historia de Chile (1891-1973)*, volumen III, Arturo Alessandri y los golpes militares (1920-1925).

[21] La bibliografía sobre el Partido Radical incluye a Florencio Durán, *El Partido Radical*, 1958; Germán Urzúa V., *El Partido Radical: su evolución política*, 1961; Jorge Mario Quinzio Figueiredo, *El Partido Radical: Origen-doctrina-convenciones*, 1964 ; Luis Palma Zúñiga, *Historia del Partido Radical*, 1967; Peter G. Snow, *Radicalismo chileno*, 1972.

urbana ideologizada a través del ejercicio de la discusión de temas políticos, contingentes y doctrinarios, en las asambleas del partido, diseminadas por todo el país[22]. Éstas funcionaban regularmente localizadas en una red nacional de restaurantes y cantinas (los clubes radicales), que llegaron a ser los más populares pero no son los únicos en su género[23]. Es de mencionar también que la clase media se ve influida en su actividad intelectual por las logias masónicas, en las que participan militantes radicales, en su mayoría, pero también algunos liberales y, crecientemente en los períodos posteriores, algunos socialistas. Por su parte, la Falange Nacional había nacido estrechamente vinculada a las actividades de la Acción Católica[24] y el crecimiento de su base militante estuvo muy vinculado a la acción social de la Iglesia en sectores populares no accesibles a los conservadores, y entre la juventud universitaria.

En la izquierda, la militancia partidaria llega en el caso del Partido Comunista a constituirse en un elemento de la vida cultural de las clases populares urbanas. En menor medida también el Partido Socialista lo hace. Desde el comienzo de la organización de sectores populares, en el siglo XIX, las actividades de solidaridad, de educación[25] y de

[22] Remmer, *op. cit.*, p. 17, ubica esta forma de organización como existente desde la década de los ochenta del siglo XIX.

[23] Hasta la década de los sesenta se encontraban todavía en Santiago algún Club Democrático e, incluso, algún Club Liberal. Sin embargo, su persistencia no se explicaba en ese tiempo por actividad política alguna sino al parecer por alguna exención tributaria debida al nombre de alguna organización registrada en el nombre del local.

[24] Óscar Larson, *La ANEC y la Democracia Cristiana.*

[25] También en los años sesenta funcionaba aún con fines de educación popular la "Sociedad de Artesanos la Unión", fundada en el siglo XIX por Malaquías Concha, el líder demócrata.

recreación permitieron el acceso de los grupos más ideologizados a la organización y movilización políticas.

La alianza frentepopulista coincidía ideológicamente con las tendencias dominantes en el mundo durante la Segunda Guerra Mundial pero, en lo que es más específico de una economía periférica como la chilena, expresaba políticamente a la alianza social que respaldó, en toda América Latina, a los planes desarrollistas. Estas alianzas sociales y esta ideología desarrollista se convirtieron en los proyectos nacionales dominantes en casi todos los países de la región, llevados a cabo por una variedad de combinaciones político-ideológicas[26] denominadas genéricamente como "populismo" en los análisis de las ciencias sociales latinoamericanas hasta la década de los ochenta, cuando el término pasó a ser usado para denominar peyorativamente a todo el modelo de desarrollo implementado en esos años[27]. En su acepción política clásica en América Latina, el populismo designa regímenes y tendencias tan variadas como el peronismo en Argentina, el varguismo en Brasil o el cardenismo de los años treinta en México. Lo que todos ellos tienen en común es la alianza social en que el eje está constituido por una burguesía industrial aliada con la élite estatal (civil o militar) y que subordina a los elementos populares urbanos y rurales. Lo específico de Chile es que esta alianza social se expresa ideológica y políticamente en una alianza de partidos políticos —socialista, comunista y radical.

Las realizaciones del Frente Popular en Chile, y que el

[26] F. H. Cardoso y Enzo Faletto, *Desarrollo y dependencia en América Latina.*

[27] Rudiger Dornbusch y Sebastián Edwards, *The Macroeconomics of Populism in Latin America.*

Partido Radical siempre reivindicó como suyas[28], constituyeron una política de industrialización por sustitución de importaciones: la creación de la banca de desarrollo (Corporación de Fomento de la Producción, CORFO), el establecimiento de barreras arancelarias proteccionistas, y la subordinación del movimiento obrero organizado a las "metas nacionales" del desarrollo. Estas bases políticas se rompieron al comenzar la Guerra Fría[29], y al mismo tiempo que esa política, que había sido en gran medida espontánea y reactiva frente al entorno económico mundial creado por la crisis de 1929 y agravado por la guerra, se hacía consciente como propuesta "técnica" de desarrollo impulsada por la Comisión Económica para América Latina (CEPAL) de las Naciones Unidas[30].

Formalmente la ruptura de la alianza se dio en varios pasos, pero su culminación fue la proscripción del Partido Comunista y organizaciones afines en 1948. Esto representó una crisis para todo el sistema de partidos[31]. De hecho, este proceso representaba la adaptación de Chile al mundo de la posguerra, y las alternativas eran la mantención del sistema político centrado en el sistema de partidos o su "normalización", en términos latinoamericanos, reemplazando a la alianza de partidos que expresaba política e ideológicamente a la alianza social desarrollista por un "movimiento" semejante a los existentes en Argentina o Brasil. Esta alternativa era lo que representaba el ibañismo de 1952[32].

[28] Germán Urzúa Valenzuela, *La democracia práctica: los gobiernos radicales*.

[29] Julio Faúndez, *op. cit*.

[30] Raúl Prebisch, "El desarrollo de la América Latina y algunos de sus problemas".

[31] Germán Urzúa Valenzuela, *Historia política electoral de Chile 1931-1973*, pp. 668-71.

[32] Urzúa V., *op. cit.*, capítulo III.

1.5. EL FRACASO DEL IBAÑISMO, INTENTO CHILENO DE POPULISMO CLÁSICO

El ibañismo no logró consolidarse frente a la reacción conjunta del sistema de partidos, pero este último sufrió un realineamiento de fuerzas que ha llevado a algunos autores a afirmar que esta crisis representa el reemplazo de un sistema de partidos por otro[33]. El sistema de partidos que resurge en los cincuenta y se enfrenta en las elecciones presidenciales de 1958 es el mismo, con algunos cambios significativos, pero que no llegan a afectar su naturaleza. Los elementos de estabilidad que marcan la continuidad del sistema son la permanencia de la élite, la constancia relativa de la influencia electoral y la permanencia del modelo ideológico dominante como proyecto nacional de desarrollo, que sólo se hace más explícito y se refina a través del reemplazo del Partido Radical por la Democracia Cristiana como principal fuerza de centro y eje del sistema de alianzas[34].

La permanencia de la élite está demostrada por el fracaso de los líderes asociados con los múltiples movimientos efímeros creados para respaldar a Ibáñez para consolidar su posición dentro de ella. Los que lograron integrarse más temprano o más tarde fueron aquellos que se asociaron a los

[33] Genaro Arriagada, *¿Hacia un "big bang" del sistema de partidos?*

[34] Se puede afirmar que el Partido Radical representó en su práctica, durante sus gobiernos a partir del Frente Popular, el proyecto de desarrollo nacional teorizado más tarde por la CEPAL y asumido ideológicamente por la Democracia Cristiana a partir de sus contactos con este último organismo internacional.

partidos establecidos, principalmente a la Democracia Cristiana en el momento de su fundación, en 1957. De los cinco candidatos a Presidente que compitieron en 1958, cuatro eran "respetables" miembros de la élite y asociados con partidos o alianzas de ellos: Alessandri, apoyado por conservadores y liberales; Bossay, por los radicales; Frei, por la Democracia Cristiana; Allende, candidato del recién creado Frente de Acción Popular, FRAP; y, siendo la excepción, el caricaturesco "Cura de Catapilco", Antonio Zamorano Herrera, que intentaba crear una movilización populista al margen de la izquierda organizada en los Partidos Socialista (reunificado) y Comunista (relegalizado).

Un dato estructural, la estabilidad del apoyo electoral tiene que ser considerada dentro de su relatividad intrínseca. Primero, porque durante este período ocurrió la ampliación considerable del electorado al obtener las mujeres el derecho a voto en 1949[35]. Segundo, porque el triunfo ibañista de 1952 había erosionado especialmente al Partido Socialista, lo cual por contraste permite notar la estabilidad relativa del voto comunista[36]. La estabilidad del anclaje de los seis partidos principales en el electorado se refleja en la composición por tipos de partidos de la Cámara de Diputados.

[35] Entre 1949 y 1953 el electorado casi se duplicó, pasando de 592,000 a 1,100,000. Urzúa V., *op.cit.*, p. 15.

[36] Los comunistas obtuvieron un 10.20% de la votación en 1945, luego fueron puestos fuera de la ley y no participaron hasta 1961, cuando obtuvieron un 11.37%. Los socialistas obtuvieron 12.8% en 1945, 9.3% en 1949, 9.8% en 1953, 8.7% en 1957 y 11.0% en 1961.

CUADRO N° 1
DIPUTADOS DE LOS SEIS PARTIDOS PRINCIPALES POR LEGISLATURA, 1932-1973

AÑO DE ELECCIÓN	DIPUTADOS DE LOS SEIS PARTIDOS PRINCIPALES	TOTAL DE DIPUTADOS
1932	83	142
1937	124	147
1941	132	147
1945	130	147
1949	106	147
1953	52	147
1957	113	147
1961	135	147
1965	144	147
1969	150	150
1973	142	150

Fuente: Elaborado con datos contenidos en Ricardo Cruz-Coke, *Historia electoral de Chile, 1925-1973*; Germán Urzúa Valenzuela, *Diccionario político institucional de Chile.*

Sólo en 1932, elección reorganizadora, y en 1953, como parte de las consecuencias del triunfo presidencial de Ibáñez ocurrido seis meses antes, los seis partidos principales reúnen menos de dos tercios de los diputados, única mayoría calificada especificada en la Constitución de 1925[37], por lo cual, teóricamente, cualquier acuerdo entre los seis actores principales del sistema podía ser convertido en ley.

[37] Hay leyes que se definen como de mayor importancia por lo que se considera que para su aprobación no basta la simple mayoría de los miembros de las cámaras, por lo cual se requiere, en su caso, del voto aprobatorio de mayorías superiores a la mitad más uno, por ejemplo dos tercios, cuatro quintos, etc.

CUADRO Nº 2
COMPOSICIÓN POR PARTIDOS DE LA CÁMARA DE DIPUTADOS, 1932-1973

	LEGISLATURA (AÑO DE LA ELECCIÓN GENERAL)										
PARTIDO	1932	1937	1941	1945	1949	1953	1957	1961	1965	1969	1973
Nacional:										33	34
Conservador	34	35	32	36	31	2	23	17	3		
Liberal	18	35	22	31	33	23	30	28	6		
Demócrata Cristiano (Falange)			3	3	3	3	17	23	82	56	50
Radical	31	29	44	39	34	19	36	39	20	24	5
Socialista		19	15	6	5	5	7	12	15	15	27
Comunista		6	16	15				16	18	22	26
SUBTOTAL	83	124	132	130	106	52	113	135	144	150	142
Partidos menores o inestables*	(4)	(3)	(4)	(5)	(7)	(6)	(2)	(1)	(1)		
(Representaciones más de una vez)	30	15	12	16	32	73	15	12	3		
Partidos representados sólo*	(12)	(2)	(2)	(1)	(2)	(7)	(4)				(5)
una vez	25	5	3	1	9	17	17				8
Independientes	4	3				5	2				
SUBTOTAL	59	23	15	17	41	95	34	12	3		8
TOTAL DE DIPUTADOS	142	147	147	147	147	147	147	147	147	150	150

* "()" Es el NUMERO DE PARTIDOS, exceptuando los seis principales , que alcanzaron representación en la Cámara de Diputados en la elección de ese año.

Fuente: Elaborado con datos contenidos en Lía Cortés y Jordi Fuentes, *Diccionario político de Chile*, y Ricardo Cruz-Coke, *op.cit.*

El período de menor influencia relativa de los seis partidos principales, que encuentra su punto más bajo en 1953, abarca también a la elección precedente (1949, con 106 diputados entre los seis) y la inmediatamente posterior (1957, con 113).

Los partidos menores o inestables que obtuvieron representación en la Cámara de Diputados, y las legislaturas en que participaron, indicadas por el año de la elección general, son los siguientes: Partido Agrario (1932, 1937, 1941, 1945 y 1953); Partido Demócrata (1932, 1937, 1941 y 1945); Partido Democrático de Chile (1932, 1937, 1941, 1945, 1949 y 1953); Partido Radical Socialista (1932 y 1941); Partido Liberal Progresista (1945 y 1949); Partido Socialista Auténtico (1945 y 1949); Partido Agrario Laborista (1949, 1953 y 1957); Partido Socialista Popular (1949, 1953 y 1957); Partido Democrático del Pueblo (1949 y 1953); Partido Conservador Tradicionalista (1949 y 1953); Partido Democrático Nacional (1961 y 1965)[38].

[38] Los partidos que obtuvieron representación parlamentaria una sola vez a partir de 1932 son: 1932: Agrupación Gremial de Empleados de Chile (AGECH), Demócrata Independiente, Demócrata Socialista, Liberal Democrático, Liberal Doctrinario, Liberal Unificado, Nueva Acción Pública, Radical Independiente, Radical Socialista Independiente, Socialista, Socialista Unificado, Social Republicano (total: 12); 1937: Acción Republicana, Movimiento Nacional Socialista (total: 2); 1941: Socialista de Trabajadores, Vanguardia Popular Socialista (total: 2); 1945: Alianza Popular Libertadora (total: 1); 1949: Acción Revolucionaria, Radical Democrático (total: 2); 1953: Acción Renovadora, Laborista, Movimiento Nacional del Pueblo, Movimiento Nacional Ibañista, Nacional Cristiano, Radical Doctrinario, Unidad Popular (total: 7); 1957: Del Trabajo, Democrático, Movimiento Republicano Nacional (total: 4); 1973: Acción Popular Independiente (API), Democracia Radical, Izquierda Cristiana, Izquierda Radical, Movimiento de Acción Popular Unitaria (MAPU) (total: 5).

Este desarrollo de la vida parlamentaria, visto a través de las elecciones a la Cámara de Diputados, permite mostrar algunas características del sistema que son importantes de destacar: primero, la existencia de una élite profesional de la política está fincada en una buena parte en la carrera de los parlamentarios. En las once elecciones generales ordinarias para la Cámara de Diputados que tuvieron lugar entre 1932 y 1973, se sometió a juicio del electorado quiénes ocuparían 1,618 asientos. Esos puestos fueron ocupados por 903 individuos, de los cuales 81 continuaron su carrera política en la cámara alta, el Senado, y 3 de entre ellos llegaron a ocupar la Presidencia de la República. Hay que agregar que la totalidad de los Presidentes en este mismo período, ocho, habían ocupado asientos en el Senado antes de ser elegidos para encabezar el ejecutivo.

Esto permite afirmar, en principio, la existencia de una "carrera" política, seguida por un número limitado de individuos. Es verdad que la carrera política no se limita a la carrera parlamentaria, sin embargo, hemos constatado que ningún Presidente en este período llegó a la cúspide de la carrera política nacional sin haber ocupado antes un lugar en alguna de las cámaras.

El punto central del argumento es la relación existente entre esta élite profesional de la política, aunque sea vista sólo a través del tramo de la carrera parlamentaria en la que participan más individuos —la Cámara de Diputados— con el sistema de partidos. Este último lo consideramos como el formado por los seis partidos principales, con la reducción a cinco en algunos períodos[39].

[39] Al comienzo no existía el Partido Socialista, fundado en 1933 (el que logró con ese nombre representación por única vez en 1932 no corresponde

Esta conexión se puede ver a través de la relación estadística entre los individuos y los partidos que ocuparon asientos de diputados una sola vez durante todo el período considerado. Ésta resultó ser baja (0.226)[40], lo cual indica que la búsqueda y el logro de una carrera parlamentaria se asocia mejor con alguno de los partidos principales, por lo cual muy probablemente los diputados elegidos por los partidos que llegaron una sola vez al parlamento buscaron luego su permanencia a través de su afiliación, individual, o una alianza o fusión, como organización, con alguno de los partidos principales.

1.6. La política en tres bloques, 1958-1970

El resultado de la elección presidencial de 1958 prefiguró en varios sentidos lo que iban a ser los próximos enfrentamientos estratégicos dentro del sistema político, es decir, las siguientes elecciones presidenciales de 1964 y 1970. En primer lugar, en 1958 aparecieron en el escenario tres de las figuras principales del resto de este tramo de historia: Jorge Alessandri, Salvador Allende y Eduardo Frei. La victoria fue del primero, pero Salvador Allende, que ocupó el segundo

---

con el que forma parte del sistema después), ni la Falange Nacional, fundada en 1938. Entre 1948 y 1957, el Partido Comunista es puesto fuera de la ley y, finalmente, en 1965, conservadores y liberales se fusionan en el Partido Nacional.

[40] El coeficiente de correlación de Pearson fue calculado para las variables "proporción de diputados que fueron elegidos una sola vez, sobre el total de diputados" y "proporción de partidos que llegaron una sola vez al parlamento, sobre el total de partidos".

lugar, obtuvo sólo 33,416 votos menos. El "Cura de Catapilco"[41] obtuvo 41,304 votos, por lo cual todos los analistas coincidieron en atribuir la derrota de Allende a la campaña populista de Zamorano. Con esto, aparecía como probable un triunfo de la izquierda en otra elección de este mismo tipo.

En segundo lugar, esta elección marcó el definitivo reemplazo del Partido Radical por la Democracia Cristiana como la principal fuerza en el centro del sistema de partidos y del espectro ideológico. Este cambio iba a tener consecuencias importantes puesto que la Democracia Cristiana representaba una nueva generación de políticos jóvenes que se apropiaron de la ideología dominante en el conjunto del sistema de partidos.

El Partido Radical fue el eje del sistema de alianzas de partidos que había representado políticamente, en el caso chileno, a la alianza social que en toda América Latina encarnó la respuesta a las consecuencias de la crisis mundial de 1929. Esta alianza social reunió típicamente a los intereses industriales (unas burguesías débiles) con el personal que dominaba el aparato del Estado y era, al mismo tiempo, dependiente de él (clases medias, civiles o militares). A este eje principal se subordinó a las organizaciones obreras y, en algunos casos, se movilizó también a los campesinos. Las formas ideológicas y orgánicas que asumió esta misma alianza social fueron variadas (movimientos populistas), pero en el caso chileno fue una alianza de partidos políticos (el Frente Popular), en el que lo más notable fue la participación de la clase obrera subordinada a través de sus partidos (Socialista

[41] Véase más arriba, en p. 47.

y Comunista), pero independiente ideológicamente, al declararse ambos marxistas[42].

La reorganización del mundo capitalista, bajo la hegemonía de los Estados Unidos al final de la Segunda Guerra Mundial, fue llevada a cabo a través de instrumentos ideológico-políticos como las Naciones Unidas, en la cual se apoyó el proyecto de organizar un mundo de Estados-nación, todos los cuales, en teoría, tendrían la posibilidad de desarrollarse como tales[43]. La Comisión Económica para América Latina (CEPAL) de las Naciones Unidas, codificó teóricamente la experiencia de los países más grandes de la región (Argentina, Brasil y México) y las convirtió en un programa "técnico" de desarrollo económico, cuyo eje sería la industrialización por substitución de importaciones. Las ideas que estructuraron este proyecto fueron formuladas por Raúl Prebisch, a cargo de la CEPAL, y se constituyeron en la doctrina alrededor de la cual se reformularon los programas de estudio de las ciencias sociales que existían (principalmente economía) en las universidades latinoamericanas y se fundaron las escuelas de ciencias sociales que antes no existían (sociología, ciencia política, demografía, antropología social, etc.). Esto constituyó un gran movimiento de modernización de las universidades, una renovación de las ideas en discusión, y las generaciones universitarias de los años cincuenta fueron las primeras en participar en ellas.

La Democracia Cristiana, ya en la primera mitad de los cincuenta, todavía como Falange Nacional, comenzó a participar de estas ideas y a apropiárselas a través de algunos

[42] Véase Faúndez, *op. cit.*

[43] Immanuel Wallerstein, "Development: Lodestar or Illusion?", en *Unthinking Social Science*, pp. 104-124.

de sus dirigentes e intelectuales[44], convirtiéndose gracias a esto en la principal atracción para los jóvenes universitarios chilenos en busca de domicilio político donde comenzar una carrera en este campo. Así fue como la Democracia Cristiana, al culminar la década, dirigía, a través de sus militantes universitarios, las federaciones de estudiantes de las ocho universidades del país.

También al final de la década, en 1959, la Revolución Cubana cambió el mundo político e ideológico de América Latina. En los primeros años de la década de los sesenta, la prioridad de la política exterior de los Estados Unidos hacia los países de la región fue la "Alianza Para el Progreso", un fondo del gobierno de los Estados Unidos destinado a promover el desarrollo de los países latinoamericanos, el cual condicionaba la participación de estos últimos a la realización de "reformas estructurales" en la línea de las políticas propuestas por la CEPAL[45]. Al mismo tiempo que las fuerzas armadas de todos los países de la región eran reorganizadas y equipadas en función de la hipótesis de "guerra interna", es decir eran reconvertidas en fuerzas de contrainsurgencia, las fuerzas de los propios Estados Unidos desarrollaban los elementos necesarios para intervenir ellas mismas en los países amenazados por movimientos insurgentes[46]. A esto hay que

[44] Ya en 1954, Frei aparecía como vocero de una comisión del Consejo Interamericano Económico y Social de la OEA, exponiendo los puntos de vista del informe anual de la CEPAL, en cuya discusión había participado como experto. Jerome Levinson y Juan de Onís: *The alliance that lost its way*, p. 39.

[45] Levinson y de Onís, *op. cit.*

[46] *Operaciones contra fuerzas irregulares. Translation of English Manual FM 31-15*, 31 may 1961. Cuartel General, Ministerio del Ejército. Incluido en el Informe de la Comisión Especial de la Cámara de Diputados sobre el "Plan Camelot", pp. 273-313.

agregar el intento de usar las nacientes ciencias sociales latinoamericanas como instrumento de evaluación del riesgo de desestabilización social y política[47]. Dentro de este panorama, con la Guerra Fría como un elemento interno a la región, Chile enfrentó las elecciones presidenciales de 1964.

1.7. El reformismo democratacristiano

La izquierda, organizada en el Frente de Acción Popular (FRAP), compuesto por los partidos Comunista y Socialista más otros menores, postuló una vez más a Salvador Allende. La Democracia Cristiana también repitió su candidato de 1958 y postuló a Eduardo Frei Montalva. La derecha, en el gobierno en ese momento con Jorge Alessandri en la presidencia de la República, decidió apoyar a Julio Durán, candidato del Partido Radical, el cual se había integrado a la alianza de gobierno durante el período[48].

Los desempeños electorales previos de los partidos y alianzas de partidos que respaldaban las tres candidaturas favorecían las probabilidades de triunfo de la alianza en el gobierno. Sin embargo, una prueba de fuerzas previa, una elección extraordinaria de un diputado a comienzos de 1964, dio el triunfo al FRAP, lo cual planteó el peligro inminente de una victoria de la izquierda en la elección presidencial programada para septiembre[49]. Ante esto, los partidos de la

[47] Informe de la Comisión Especial de la Cámara de Diputados de Chile que investigó en 1965 el llamado "Plan Camelot", p. 10.

[48] El Partido Radical ingresó al gobierno de Jorge Alessandri el 26 de agosto de 1961, ocupando cuatro ministerios. Jorge Mario Quincio, *op. cit.*, p. 86.

[49] Ricardo Yocelevzky, *op. cit.*, pp. 129-134.

derecha, liberales y conservadores, retiraron su apoyo a Durán y se lo dieron a Frei, al mismo tiempo que con la ayuda del gobierno de los Estados Unidos se realizaba una campaña publicitaria que fue conocida como la "campaña del terror", de truculento contenido anticomunista, difundiendo la idea de que un triunfo de Allende significaría la imposición de una dictadura marxista, adornando a esta última con los peores colores del infierno[50]. Esto representaba, sin embargo, una profunda crisis en la derecha política. En primer lugar, su apoyo electoral en las provincias agrarias, el reducto de su poder social, venía declinando[51]. En segundo lugar, la aceptación de su apoyo por parte de Frei y la Democracia Cristiana sin negociación ni concesiones, convirtió a la derecha en un elemento negativo, en el sentido que sólo buscaba evitar un triunfo de la izquierda, sin poder proponer nada. A esto se agregó entre 1963 y 1964 la candidatura presidencial de Jorge Prat, que fue retirada en abril de 1964, en la que se movilizó a elementos nacionalistas y fascistas, poniendo el acento en el carácter antisistema y antipartido de la organización que crearon, Acción Nacional, la cual sin embargo, luego será uno de los embriones de la reconstrucción de la derecha[52].

La candidatura de la Democracia Cristiana aceptó el apoyo de la derecha difundiendo el supuesto (evidentemente falso) de que todo apoyo a Frei era un apoyo a su programa de reformas[53], que consistía en un detallado plan de

[50] U.S. Senate, *Covert Action in Chile*, pp. 14-16.

[51] Tomás Moulian, *La forja de ilusiones: el sistema de partidos 1932-1973*, pp. 109-122.

[52] Mario Arnello, *Proceso a una democracia: el pensamiento político de Jorge Prat.*

[53] Véase por ejemplo el "Discurso de la Patria Joven", 21 de junio de 1964.

desarrollo elaborado por los profesionales y técnicos del partido y simpatizantes, conteniendo las ideas ya asociadas con la CEPAL, y en el último período, con la Alianza Para el Progreso[54].

Por su parte, la izquierda también elaboró un programa de desarrollo económico, también basado en las ideas de la CEPAL, con participación de economistas vinculados a ese organismo de Naciones Unidas[55] (al igual que en el caso de los democratacristianos). Se puso a la defensiva frente a la campaña del terror e intentó proyectar una imagen de moderación, alentando la organización y movilización político-electoral pero desalentando las movilizaciones gremiales y desenfatizando la solidaridad con la Revolución Cubana, principal fuente de imágenes para la campaña del terror[56].

El conjunto del sistema de partidos aparece así desplazado hacia la izquierda, dejando a los partidos de la derecha sin plataforma ideológica propia. El centro y la izquierda comparten y se disputan las ideas de desarrollo económico nacional, teniendo el centro sólo un sesgo más tecnocrático. Al mismo tiempo, la Democracia Cristiana busca reemplazar a la izquierda en su influencia en los sectores populares, poniendo en ejecución un plan de organización y movilización

[54] Informe preliminar para un programa de gobierno de la Democracia Cristiana. Primer Congreso Nacional de Profesionales y Técnicos de la Democracia Cristiana e Independientes (*Libro Azul*).

[55] *Las bases técnicas del plan de acción del gobierno popular*. OCEPLAN, Comando Nacional de la Candidatura Presidencial del Dr. Salvador Allende.

[56] Esto es negado enfáticamente por Allende en una entrevista con el periodista Carlos Núñez en 1970, incluida en el libro de éste, *Chile ¿la última opción electoral?*, pp. 94-95.

de sectores no influidos políticamente (según sus teorías), tales como campesinos, pobladores y mujeres[57].

Las medidas más importantes llevadas a cabo por el gobierno de Eduardo Frei Montalva, entre 1964 y 1970, fueron la chilenización del cobre[58], la sindicalización campesina y la reforma agraria[59]. Las tres estaban vinculadas con los planes de desarrollo económico y con la competencia política e ideológica con los partidos de la izquierda. El propósito estratégico de la Democracia Cristiana era convertirse en un partido de gobierno que realizara dentro de sí mismo la alianza social necesaria para impulsar y respaldar las reformas que proponía. En esto rompía con el estilo de funcionamiento del sistema de partidos. Esto fue posible, en primer lugar, porque en la elección de Frei la derecha no tuvo otra alternativa que, ante el peligro de un triunfo de la izquierda, apoyar, sin condiciones explícitas, al mal menor. En segundo lugar, porque a la elección presidencial de Frei, en septiembre de 1964, le siguió una elección parlamentaria en marzo de 1965, en la cual la Democracia Cristiana obtuvo una mayoría nunca repetida en la Cámara de Diputados, en parte como producto del efecto "band wagon" y en parte como efecto de la ideologización de la sociedad en la coyuntura presidencial.

Las reformas introducidas por el gobierno democratacristiano no alcanzaron ni las metas específicas propuestas ni redituaron el efecto político esperado por quienes las habían ideado. Por su importancia para la economía nacional, el que

[57] Sobre la ideología y práctica de esta concepción véase Yocelevzky, *op. cit.* capítulo V, pp. 189-212.

[58] Luis Maira, "Camino a la nacionalización del cobre".

[59] David Lehman, *Agrarian Reform in Chile: 1965-1972.*

la chilenización del cobre resultara insatisfactoria fue un argumento de peso en la producción del consenso con el que contó el gobierno siguiente para nacionalizar del todo esos minerales[60]. La sindicalización campesina, en combinación con la reforma agraria, eliminaron definitivamente la influencia electoral cautiva de la que disponía la oligarquía terrateniente, base de la representación liberal y conservadora en el parlamento, sin embargo, al no cumplirse las metas de la reforma agraria en términos de número de beneficiarios, la movilización social y política en el sector rural terminó por favorecer a la izquierda[61]. Lo mismo ocurrió en el sector urbano, donde la organización y movilización de los pobladores, en lugar de crear una base popular sin ideología clasista, como era la perspectiva de la Promoción Popular, terminó por fortalecer también la presencia de los partidos marxistas en ese sector[62].

La evolución de la generación de jóvenes aspirantes a una carrera en la política en la década de los sesenta obedeció a los fenómenos ideológicos internacionales por una parte y, por otra, a sus perspectivas de ascenso y desarrollo dentro del sistema de partidos políticos. La Revolución Cubana tuvo un impacto difícil de exagerar en América Latina[63].

[60] Julio Faúndez, "A Decision Without a Strategy: Excess Profits in the Nationalisation of Copper in Chile".

[61] A partir de la promulgación de la ley de sindicalización campesina en 1967 el crecimiento de las organizaciones campesinas fue explosivo. De entre ellas, la de crecimiento más rápido, entre 1968 y 69, fue la Confederación Nacional de Campesinos e Indígenas *Ranquil*, afiliada a la CUT.

[62] Franz Vanderschueren, "Political significance of neighbourhood committees in the settlements of Santiago".

[63] Costa Rica es el único país de América Latina que no tuvo algún movimiento armado inspirado en el modelo guerrillero de Cuba.

Sin embargo, los elementos que en cada país se sumaron primero a lo que luego se llamó el "castrismo", no eran los que provenían del marxismo o de las tendencias socialistas. Eran jóvenes de las clases medias con educación universitaria, por lo general formados en los partidos y movimientos que habían dominado en los años cincuenta, a través de ideologías nacionalistas y desarrollistas, y que encontraban sus carreras políticas obstruidas o retardadas por una generación que envejecía lentamente para sus intereses.

En Chile, las primeras manifestaciones de esta tendencia se produjeron antes de 1964 entre la juventud del Partido Radical. En el momento en que ese partido se subordinó a la derecha, ingresando al gobierno de Jorge Alessandri y ocupando algunos de sus miembros puestos en el gabinete ministerial, una fracción importante de la Juventud Radical abandonó el partido y formó el movimiento Social-Progresista[64]. Después de las elecciones de 1964, una fracción de la Juventud Socialista de Concepción, fundamentalmente de universitarios, se sumó a grupos marxistas extraparlamentarios que reunían disidencias comunistas y socialistas de las décadas anteriores, y formaron el Movimiento de Izquierda Revolucionaria (MIR)[65], que llegó a ser el más importante de la izquierda fuera del sistema de partidos políticos.

En la derecha ocurrió un movimiento semejante pero no simétrico. En la medida en que en la izquierda aparecían

[64] Algunos nombres asociados con este movimiento resultan sorprendentes hoy. A pesar de que este movimiento, en el mejor estilo chileno, no fue un movimiento armado, se adhirió ideológicamente a la Segunda Declaración de La Habana.

[65] La fundación del MIR en 1965 consistió en la unificación de tendencias marginales de izquierda: trotskistas y "reinosistas" de la década del cuarenta con jóvenes castristas.

elementos que buscaban un desarrollo fuera del sistema de partidos, planteando principalmente —dentro del modelo guevarista en boga—, la lucha armada como vía de acceso al poder, en la derecha ocurrió un realineamiento ideológico que incorporó al sistema de partidos elementos que habían hecho una vida política más o menos marginal, fundamentalmente algunos nacionalistas, que asumieron posiciones de liderazgo en el nuevo Partido Nacional, que fusionó a partir de 1966 a conservadores y liberales con el movimiento de Acción Nacional que había lanzado la candidatura presidencial de Jorge Prat en 1963. También aparecieron jóvenes ubicados fuera del sistema de partidos y con ideologías contrarias a la dirección del desarrollo que el país iba tomando. Estos grupos fueron de tres tipos: *1*) integristas católicos opuestos a las limitaciones del derecho de propiedad que la reforma agraria imponía[66]; 2) estudiantes de la Universidad Católica opuestos a la dominación de la vida política universitaria, y más tarde de la vida nacional, por los partidos políticos ("gremialistas")[67], y *3*) nacionalistas que permanecieron al margen del Partido Nacional[68].

[66] Este es el origen público de la Sociedad Chilena de Defensa de la Tradición, la Familia y la Propiedad (TFP), conocidos por el nombre de su publicación, la revista *FIDUCIA*. En 1965 recolectaron firmas para protestar contra la reforma constitucional del derecho de propiedad que haría posibles las expropiaciones necesarias para la reforma agraria, enviada por el gobierno de Frei al Congreso en diciembre de 1964. Esta protesta se publicó en *El Mercurio* del 15 de mayo de 1965.

[67] Su origen se ubica en 1966, en la Escuela de Derecho de la Universidad Católica. Jaime Guzmán, *Escritos personales*, p. 39.

[68] Fascistas marginales tradicionales, como el MRNS, o movilizados por las coyunturas de cambio que se avecinaban, como Patria y Libertad.

Tanto en la izquierda como en la derecha, estos desarrollos tuvieron una influencia no reconocida explícitamente por los actores pertenecientes al sistema de partidos. La derecha hacía caudal de la presencia de una izquierda violentista, y la izquierda se escandalizaba de lo retrógrado del pensamiento de la nueva derecha que surgía. Sin embargo, el conjunto del sistema de partidos seguía canalizando lo fundamental de la vida política nacional y, en general, expresando las reivindicaciones sociales, en tanto las acciones al margen de la ley eran esporádicas.

El clima en el que se enfrentó la campaña electoral por la presidencia en 1970 estaba caracterizado por una movilización social creciente a partir de 1964, terreno en el cual la Democracia Cristiana intentó, primero, competir con la izquierda pero luego, en la segunda parte del gobierno de Frei, optó por reprimirla[69].

En el terreno ideológico, se produjo una polarización encarnada en los sectores, en la derecha y en la izquierda, organizados fuera del sistema de partidos, pero que ejercían influencia en los partidos más cercanos a través, sobre todo, de los sectores juveniles, para los cuales representaban una alternativa.

El cambio ideológico alcanzó incluso al centro, al partido de gobierno que, al promediar su período en el poder, debió optar por una radicalización de su programa de reformas, para competir con la izquierda, o adoptar una actitud de moderación que le permitiera presentarse como alternativa a la izquierda entre los sectores de derecha, tal como había ocurrido en 1964. Al resolver a favor de esta última posibilidad,

[69] Sobre la movilización social y política durante el gobierno de Frei véase Julio Faúndez, *Marxism and Democracy in Chile: From 1932 to the Fall of Allende*, p. 152.

la Democracia Cristiana vio a sectores juveniles separarse del partido y formar su propia organización, el Movimiento de Acción Popular Unitaria (MAPU)[70].

En términos culturales, la sociedad chilena se veía sacudida por polémicas ideológicas universales abstractas. Por ejemplo, la ya mencionada ultraderecha católica se organizó en la Sociedad Chilena de Defensa de la Tradición, la Familia y la Propiedad (FIDUCIA) que, según su expresión más conocida, veía en el gobierno democratacristiano y su programa de reformas la antesala del comunismo. Gente como ellos rechazaba la moda de la época, el pelo largo en los hombres, la música rock, etcétera, y dieron lugar a incidentes violentos entre jóvenes de clase media y alta. Movimientos estudiantiles culminaron en 1967 con la ocupación de la casa central de la Universidad Católica y un letrero en el frontis denunciando como mentiroso al principal periódico del país, naturalmente de derecha, *El Mercurio*.

En las universidades del Estado, entretanto, se hacía popular entre los estudiantes el Movimiento de Izquierda Revolucionaria (MIR), que dirigía la Federación de Estudiantes en la Universidad de Concepción y que realizó algunos asaltos a bancos en 1968 y 1969.

Si con el triunfo del reformismo democratacristiano el conjunto del sistema político aparecía desplazado hacia la izquierda, al subordinar primero a la derecha en la elección presidencial y al derrotarla en las parlamentarias del año siguiente, a comienzos de 1970 el sistema aparecía aún desplazado en la misma dirección, pero con una derecha en

[70] Sobre las luchas internas en el Partido Demócrata Cristiano durante el gobierno de Frei Montalva véase Yocelevzky, *op. cit.* pp., 279-315.

rápida recuperación[71]. La percepción de una amenaza desde fuera del sistema de partidos es parte de nuestra reconstrucción, con la ventaja del tiempo transcurrido. Para los actores, la percepción de amenaza no era más que el triunfo de alguno de los adversarios. El Partido Nacional aparecía reforzando al sistema al incorporar a él a corrientes nacionalistas que se habían manifestado hasta entonces como anti-sistema y anti-partidos[72]. Sólo la derecha, y no en su totalidad, percibía el triunfo de Allende como una amenaza al sistema mismo. Si había una amenaza explícita a la existencia del sistema, ésta provenía de la ultraizquierda, la cual no podía ser siquiera considerada capaz de poner en crisis a la política chilena del momento. Era un elemento de la propaganda de derecha el intentar asociar a la candidatura de Allende con las acciones armadas del MIR y otros grupos, o confundir las movilizaciones sociales, a veces ilegales, con acciones que amenazaban al sistema.

En apariencia, el sistema encaraba la elección presidencial de 1970 repitiendo las fuerzas de enfrentamientos anteriores (la muy manida tesis de los tres tercios), representada por candidatos ya vistos, alguno incluso en el desempeño del cargo para el cual se postulaban. Un análisis un poco más cuidadoso puede mostrar elementos de continuidad y cambio relacionados de manera compleja.

[71] El Partido Nacional, de reciente creación, tuvo un éxito notable en las elecciones parlamentarias de 1969, triplicando la representación en la Cámara de Diputados que los partidos Conservador y Liberal habían obtenido en 1965.

[72] Es el caso del movimiento de Acción Nacional, que dio su nombre al nuevo partido, en el cual militaban antiguos ibañistas y nazis, más antiguos aún.

En la derecha, el elemento de continuidad era el candidato, Jorge Alessandri, que como se ha visto ya había desempeñado el cargo entre 1958 y 1964. Tenía el apoyo de conservadores y liberales, ahora fusionados en el nuevo Partido Nacional. Sin embargo, este nuevo partido contaba en su liderazgo con elementos que hasta entonces habían sido marginales al sistema de partidos. Algunos desde tan antiguo como el nazismo criollo de los años treinta, habiendo, con otros, participado en la efímera experiencia populista de Ibáñez, con una ideología nacionalista, que siempre había permanecido en una situación de subordinación dentro del sistema, pero aspirando a conquistar una clientela electoral de clase media urbana que reemplazara al cómodo voto cautivo de los campesinos, que ahora era movilizado tanto por la Democracia Cristiana como por la izquierda a partir de las nuevas formas de organización en el sector rural.

La crisis sufrida por los partidos tradicionales de la derecha también había movilizado a las organizaciones corporativas de los empresarios, dentro de las cuales se produjo durante el gobierno de Frei una competencia entre los democratacristianos y la derecha tradicional por la influencia en esos sectores, la cual tuvo el paradójico resultado de aumentar la influencia de sectores empresariales en el gobierno, a costa de la influencia más ideológica de los miembros del propio partido Demócrata Cristiano, pero que activó nuevas fuerzas políticas fuera del sistema de partidos[73].

Con todo, la candidatura de Alessandri ejerció una influencia centrípeta con respecto al sistema político, atrayendo hacia él y subordinando a sus reglas a los nuevos elementos

[73] Véase Yocelevzky, *op. cit.*, pp. 222-228.

que representaban una renovación de la derecha, dentro y fuera del sistema de partidos. Esta renovación parecía hacer a la derecha lo suficientemente fuerte como para no subordinarse a la Democracia Cristiana, aun en presencia de las posibilidades crecientes de un triunfo electoral de la izquierda. Sin embargo, esta derecha alessandrista de 1970 siguió dentro del modelo ideológico del sistema de partidos en lo referente al desarrollo económico del país. En la campaña de Alessandri se enfrentan, a propósito de la redacción del programa de gobierno, "los titulados en Chicago" contra "las cabezas pensantes de los capitanes de industria, crecidos al amparo de la sustitución de importaciones"[74].

De este modo, si bien hoy se pueden rastrear los embriones de las fuerzas que iban a liquidar el sistema de partidos hasta tan atrás en el tiempo como los años sesenta, no se puede decir que éste estaba en crisis en 1970. Por el contrario, tanto en la izquierda como en la derecha las campañas electorales pudieron, si no introducir al sistema de partidos a las fuerzas centrífugas, al menos neutralizarlas. Lo que desató el proceso crítico fue el resultado de las elecciones del 4 de septiembre de 1970, el triunfo de Salvador Allende y la Unidad Popular.

[74] Arturo Fontaine Aldunate, *La historia no contada de los economistas y el presidente Pinochet*, p.32. Agrega: "De Castro y su gente mandan una carta al candidato fijando posiciones y declinando proseguir en su trabajo".

CAPÍTULO 2
LA UNIDAD POPULAR Y LA CRISIS DEL SISTEMA POLÍTICO EN 1973

2.1. EL PROBLEMA Y LOS ENFOQUES QUE LO HAN EXAMINADO

La experiencia chilena de 1970 a 1973 ha sido objeto de una verdadera avalancha bibliográfica a partir de la elección de Allende como Presidente y, más aún, después del trágico fin de su gestión[1]. Los ejes temáticos de esta amplia y creciente literatura son variados. Entre ellos, lo más común eran los intentos de evaluar las posibilidades de un tránsito pacífico al socialismo, tanto entre los partidarios del socialismo, en general, como entre sus enemigos[2]. Más tarde, una vez derrotada la izquierda chilena, aparecen las evaluaciones de la experiencia, conservando en gran parte las mismas posiciones previas[3].

[1] Sólo el recopilar y clasificar la bibliografía referente al tema constituiría un proyecto de investigación. Aquí sólo se señalarán ejemplos representativos de ella.

[2] Ejemplos de publicaciones posteriores a la elección de Allende son: Kate Clark, *Chile. Reality and Prospects of Popular Unity*; Regis Debray, *Conversations with Allende: Socialism in Chile*; Richard E. Feinberg, *The Triumph of Allende: Chile's Legal Revolution*; Joan Garcés, *Chile: el camino político hacia el socialismo*; Eduardo Labarca, *Chile al rojo*; David J. Morris, *We Must Make Haste-Slowly. The Process of Revolution in Chile*; Luis Vitale *¿Y después del 4, qué?*

[3] Sólo un ejemplo, por la significación del autor, amigo y asesor de Salvador Allende, véase Joan Garcés, *Allende y la experiencia chilena. Las armas de la política.*

A esto hay que agregar las justificaciones del papel desempeñado por algunos actores, individuales o colectivos que sobreviven a los hechos, como vencedores o vencidos[4]. Entre los partidarios del socialismo predominan dos posiciones: los que concedían crédito a las posibilidades de la vía pacífica al socialismo y los que negaban esa posibilidad, proponiendo la lucha armada como única vía para la toma del poder[5]. Sin embargo, entre los primeros, existía una diferencia entre los que justificaban sus esperanzas en términos teóricos generales o doctrinarios y los que aceptaban la excepcionalidad del "caso chileno"[6]. Entre los enemigos, predominaba la visión del gobierno de la Unidad Popular como una "conspiración comunista" que, pacífica o no, conduciría, tarde o temprano, a una dictadura, por lo cual toda la discusión en la izquierda no tenía sentido para ellos[7].

Una vez producido el desenlace del proceso, los mismos argumentos asumen nuevos significados. Para los que creían en la vía pacífica al socialismo, las causas de su derrota se encuentran en la inmoralidad de sus enemigos, la derecha chilena y el gobierno de los Estados Unidos, y en la

[4] Carlos Altamirano, *Dialéctica de una derrota*; Genaro Arriagada, *De la "vía chilena" a la "vía insurreccional"*, (con prólogo de Eduardo Frei M.); Genaro Arriagada y Claudio Orrego, *Leninismo y democracia*; Helios Prieto, *Chile: los gorilas estaban entre nosotros.*

[5] Véase Joan Garcés, *op. cit.*, como ejemplo de los que creían en la vía chilena, y MIR, "Mouvement de la Gauche Revolutionaire, 1970-1973, Recueil de Textes" como ejemplo de la otra posición.

[6] Aun cuando la diferencia es de matices, es interesante verla, por ejemplo, entre el Primer Mensaje del Presidente Allende al Congreso Pleno, 21 de mayo de 1971 y los argumentos de Joan Garcés en *El Estado y los problemas tácticos en el gobierno de Allende*, pp. 225-277.

[7] Andrés Echeverría y Luis Frei B., (compiladores), *1970-1973: La lucha por la juridicidad en Chile*, tomo I, p. 9.

acción irresponsable de la ultra-izquierda[8]. Para los que, desde la izquierda, criticaban el intento pacífico, la responsabilidad recae en los "reformistas" que condujeron el proceso y llevaron al pueblo a la derrota[9]. Para los enemigos del socialismo, triunfantes ahora, se trata de "probar" la existencia de la conspiración comunista, lo que, de nuevo, deja sin sentido a la discusión anterior y, además, justifica moralmente la acción de todos los que intervinieron en el golpe de Estado[10].

Sólo por excepción se podría encontrar algún estudio que busque enmarcar en otros términos la situación que llevó a Chile del triunfo de la izquierda en 1970 a la dictadura militar en 1973. Esto se debe, sin duda, a la importancia paradigmática que se atribuyó desde el comienzo a la experiencia chilena, sin relación alguna con la importancia del país en el mundo.Por ello, es prácticamente imposible asumir un punto de vista indiferente a los valores que estuvieron en juego y a los resultados de todo el proceso.

Sin pretender dar respuesta a las preguntas planteadas por toda la literatura acerca del caso, el propósito de este análisis es examinar la evolución de los actores entre 1970 y 1973 prestando especial atención a las formas organizativas e ideológicas en que se acumularon las fuerzas para el enfrentamiento final.

[8] *El Pleno de agosto de 1977 del Comité Central del Partido Comunista de Chile.*

[9] *"¿Qué es el MIR?"* Documento preparado por el Comité Central del MIR en la clandestinidad. Diciembre de 1974, en *MIR 1973-1975*. La posición del pequeño sector "maoísta" está expuesta en Jorge Palacios, *Chile: An Attempt at "Historic Compromise". The Real Story of the Allende Years.*

[10] Robert Moss, *Chile's Marxist Experiment.*

Más que evaluar la vía chilena al socialismo, se busca aquí describir el destino de los partidos políticos y del sistema de resolución de conflictos establecido entre ellos, en una situación que ponía a prueba su capacidad para canalizar un conflicto social crucial[11].

2.2. El programa de la Unidad Popular y sus interpretaciones

Tanto contemporáneamente a los hechos como con posterioridad, los problemas del gobierno de Allende y la izquierda chilena tienden a ser conceptualizados por casi todos los que se han ocupado de ellos como un conflicto ideológico. Éste estaría centrado en cuestiones tácticas que planteaba la aplicación del Programa Básico de Gobierno de la Unidad Popular, suponiendo un grado de consenso alrededor de este programa como definición estratégica. En este conflicto se definirían dos posiciones que corresponderían a dos bloques de fuerzas dentro de la izquierda: por un lado una posición que estaría representada en lo fundamental por el mismo Allende y el Partido Comunista, y que es calificada de "reformista" por sus críticos, y, por otro, una posición "revolucionaria" o "ultra-izquierdista", según la visión sea favorable o crítica, y que estaría representada por el MIR y sectores del Partido Socialista y del MAPU.

[11] El análisis de la génesis del sistema se encuentra en Ricardo Yocelevzky , "El desarrollo de los partidos políticos chilenos hasta 1970", en *Argumentos,* N° 7, México, agosto de 1989 y, sintetizando, en el capítulo anterior.

En las confrontaciones posteriores a 1973, los argumentos se exponen como si la acción de estos sectores hubiera sido una independiente de la otra y se explicaran, preferentemente, por su consecuencia o no con los puntos de vista doctrinarios expuestos por cada uno de ellos. De este modo aparece un cruce de mutuas recriminaciones en que los hechos referidos son fundamentalmente las acciones del "otro".

La parte adecuada de estas versiones del proceso se limitan a la existencia del conflicto ideológico. De ahí en adelante, lo que se refiere a la encarnación organizativa y a la representatividad social de cada posición suele ser arbitrario y, en algunos casos, francamente abusivo[12]. Una forma de salvar este problema, es definir el conflicto ideológico a partir de las relaciones que se establecieron entre ambos sectores en lugar de suponer su división tajante o, incluso, su independencia absoluta. Esto permite ver un cuadro mucho más complejo en el nivel organizativo y poner en duda algunas de las suposiciones acerca de la representatividad social de cada una, aun cuando el costo de este punto de vista es terminar de forma mucho menos conclusiva que otros comentarios de este período.

El conflicto ideológico parece bien definido si se toma como eje la adhesión a la vía chilena en tanto se la considera una posibilidad de tránsito al socialismo sin ruptura violenta del marco institucional y, por lo mismo, a través de la transformación paulatina de ese mismo marco, en la medida en que la fuerza social se expresara como apoyo al gobierno[13].

[12] Como ejemplos de esto véase Prieto, *op. cit.* y Palacios, *op. cit.*

[13] Luis Corvalán, "Nada hay más revolucionario que luchar por el éxito del Gobierno Popular". Informe al Pleno del Comité Central del Partido Comunista, 26 de noviembre de 1970.

Frente a esta visión se encontraba la que suponía que la elección de Allende en 1970 era sólo un accidente histórico y que, en la medida en que el proyecto estratégico fuera realmente el tránsito al socialismo y no sólo un conjunto de reformas, el proceso se "normalizaría" a través de una ruptura violenta que, de resultar triunfantes las fuerzas socialistas, tendría que dar paso a la dictadura del proletariado[14].

Estas posiciones tenían como primera consecuencia dos definiciones distintas del sentido de la acción que debería asumir el gobierno. Para la primera, era fundamental la legitimación del gobierno en tres niveles: el respeto a la legalidad, el desarrollo económico y la satisfacción de demandas populares[15]. Estos tres planos distintos de la acción gubernamental tendrían que traducirse en apoyo electoral y movilización social que, expresándose dentro de la legalidad, tuvieran el efecto de desmovilizar a la oposición. En este punto se hacía evidente la necesidad de coherencia entre el proyecto de desarrollo económico y la estrategia política.

Para el sector que llamaremos "rupturista" (para evitar su autocalificativo de "revolucionarios" o los peyorativos "ultra-izquierda" o "violentista", usados respectivamente por sus críticos dentro del gobierno y por la oposición de derecha) la táctica política debería tener como único eje la movilización popular, como manera de hacer conciencia de la inminencia de la confrontación. A partir de él, los niveles

[14] "Análisis de la significación y de las consecuencias de la elección de Salvador Allende a la Presidencia de la República". Documento elaborado por el Secretariado Nacional del MIR y publicado en la revista *Punto Final* en octubre de 1970.

[15] Respecto de esto último véase "*Las Primeras Cuarenta Medidas del Gobierno Popular*".

en que el gobierno buscaba legitimar su acción cambiaban de importancia relativa. Lo que pasaba a primer plano eran las reivindicaciones inmediatas de los sectores populares, aun a costa de los objetivos del plan de desarrollo económico y de la mantención de los marcos legales[16].

De esta manera, las dos visiones tácticas se enfrentaban en puntos concretos que requerían definiciones de política por parte del gobierno. Uno era la cuestión de ritmo y profundidad en la aplicación del programa económico. Otro era el problema de las alianzas sociales, en particular, la necesidad de ajustar las políticas al objetivo de ampliar el apoyo al gobierno entre las clases medias. El tercero era la mantención del orden legal, en presencia de movilizaciones sociales nunca antes vistas.

Estos tres puntos resumen, en lo más general, la multiplicidad de ejes de encuentro entre las dos interpretaciones. El primero planteaba la armonización de dos objetivos distintos: el crecimiento de la economía y la transformación de su estructura. El Programa Básico de Gobierno, orientado por la visión del desarrollo económico que vinculaba la distribución del ingreso y la redefinición de una estrategia de crecimiento[17], buscaba armonizar estos objetivos a través de la definición de tres áreas de propiedad en la economía: el área de propiedad social, el área mixta y el área privada. El área de propiedad social tendría que garantizar al gobierno

[16] Véase la crítica a esta actitud en Luis Corvalán, Informe al Pleno de agosto de 1977 del Comité Central del Partido Comunista de Chile, *op. cit.*, p. 35.

[17] Pedro Vuskovic, "Distribución del ingreso y opciones de desarrollo". En *Economía política en la Unidad Popular. Materiales de los Cuadernos de la Realidad Nacional (1970-1973).*

la capacidad de dirección estratégica del desarrollo del país, en tanto las áreas mixta y privada se sujetarían a esa estrategia, estimuladas por otros instrumentos de política económica, fundamentalmente el control del comercio exterior y la banca por parte del Estado y, por otro lado, por una demanda que sería producto de la redistribución del ingreso y que compensaría la restricción en las utilidades, por el control de precios, con un aumento en el volumen de las ventas[18].

Esta estrategia de desarrollo parecía coherente con una estrategia política que buscaba ampliar el apoyo al proyecto entre las clases medias. Los sectores dependientes entre estas últimas, serían beneficiarios directamente de la redistribución del ingreso, en tanto los sectores independientes (pequeños industriales y comerciantes), lo serían indirectamente, en la medida en que su producción y ventas aumentaran al ritmo de la demanda. Esto permitiría aislar, social y políticamente, a los grupos que se verían afectados por las expropiaciones necesarias para entregar al Estado el control de los sectores estratégicos de la economía.

Todo esto suponía el apoyo popular, expresado en movilizaciones dentro de los marcos organizativos legales, partidos y sindicatos, que, sumados al apoyo creciente de las clases medias, dieran un respaldo social y político al gobierno que le permitiera aislar a las clases dominantes y neutralizar su acción opositora dentro del sistema político[19].

La visión alternativa a ésta, que se fue perfilando a lo largo del proceso, partía de la inevitabilidad del enfrentamiento, por lo cual las tareas de legitimación perdían importancia

[18] *Programa Básico de Gobierno de la Unidad Popular.*

[19] Gladys Marín, "La clase obrera y su política de alianzas". En *Los 1000 días de revolución*, pp. 88-105.

frente a la necesidad de emprender transformaciones rápidas y profundas. De este modo, los límites a las expropiaciones no debían estar determinados por la estrategia respecto de las clases medias sino por la urgencia de lograr la organización y movilización de sectores populares. Esto último requería de la producción de formas nuevas de organización y del respaldo del gobierno a las reivindicaciones que reforzarían la conciencia de la profundidad de las transformaciones, dejando a las demostraciones de la fuerza social así acumulada el resolver la inclinación de las clases medias, a partir de mostrarles la inevitabilidad de los cambios o, como se le llamó, la "irreversibilidad del proceso"[20].

La coexistencia de estas dos versiones tácticas definió la acción del gobierno, pero no en el sentido de una de ellas como propia del gobierno y la alternativa como externa a él, sino como ambas coexistiendo dentro del gobierno. Aun cuando una de ellas predominara, la otra actuaba parcialmente fuera del gobierno pero siempre tratando de ganar posiciones dentro de él. Esta situación determinó las ambigüedades de la acción del gobierno y de las fuerzas que lo apoyaban[21].

2.3. La acción del gobierno y sus ambigüedades

La situación planteada por el triunfo electoral de Allende en 1970 hizo aparecer las contradicciones que iban a marcar su

[20] Véase discurso de Nelson Gutiérrez, miembro del Secretariado del MIR y Presidente de la Federación de Estudiantes de la Universidad de Concepción, en 1971. Reproducido en *MIR, Mouvement... op. cit.*, pp. 22-26.

[21] Véase la ambigüedad a este respecto de la Resolución Política del Congreso de La Serena del Partido Socialista.

gobierno. Por una parte, la legitimidad que le daba el actuar dentro de las reglas del sistema y, por otra, el apoyo que obtenía a partir de las expectativas de cambio de ese mismo sistema. En el capítulo anterior se ha señalado ya la existencia de una dualidad en las fuerzas políticas de derecha y de izquierda, constituida por la presencia en ellas de elementos que buscaban ubicar su acción dentro del sistema para dominarlo y otras que, desde fuera de él, buscaban su destrucción. En el caso de la izquierda, con la perspectiva de convertirse en gobierno a partir de su triunfo electoral, la subordinación de los elementos externos al sistema (fundamentalmente el MIR) se vio reforzada en un primer momento.

Si el contenido del programa y el estilo de conducción de la campaña habían dejado sin banderas alternativas al MIR, excepto la cuestión de las vías para la toma del poder, el triunfo electoral significó un primer golpe al argumento de la imposibilidad de la vía electoral. Sin embargo, la hegemonía de la estrategia que actuaba dentro del sistema se acentuó en la medida en que el período que va de la elección a la toma del mando por Allende estuvo marcado por acciones de la derecha que buscaban por medios legales o ilegales impedir su acceso a la presidencia. En esta eventualidad, el MIR y otros grupos menores que actuaban fuera del sistema, se plantearon la posibilidad de tener que participar en un enfrentamiento en el que defendieran la legitimidad del triunfo electoral[22].

Este tipo de ambigüedades significó, durante todo el período de gobierno de la Unidad Popular, la subordinación táctica al gobierno por parte de la izquierda extraparlamentaria pero no la pérdida de su independencia relativa, que

[22] MIR: "Análisis de la significación y de las consecuencias de la elección de Salvador Allende a la presidencia de la República", *op. cit.*

se expresaba prácticamente en todos los puntos de encuentro entre el gobierno y la oposición. Entre ellos, es necesario examinar a lo menos cuatro campos de acción: los procesos electorales, como pruebas de fuerza entre el gobierno y la oposición; la movilización de masas; el uso de los recursos legales por parte del gobierno en sus enfrentamientos con la oposición y, por último, la política con respecto a las fuerzas armadas.

En el plano organizativo, la dualidad de acciones (dentro y fuera del sistema) constituyó una franja intermedia en algunos partidos que, actuando dentro del sistema y formando parte del gobierno, comenzaron a ser influidos por posiciones y elementos que se habían ubicado, hasta entonces, fuera de él[23]. Esto se debió a cambios que habían empezado a ocurrir antes de 1970, pero cuya importancia se vio reforzada a partir del triunfo electoral, y que afectaron a todos los niveles del sistema político[24].

Entre el liderazgo profesional, algunos dirigentes habían adoptado desde la década de los sesenta una posición que, en un sentido muy laxo, se puede caracterizar como "castrista"[25]. Después de 1970 esta posición se convirtió, en general, en la que se ha definido aquí como rupturista, siendo reforzada por nuevos elementos. Los representantes más importantes de esto son, sin duda, Carlos Altamirano, que

[23] Los partidos receptores de estos cuadros fueron, principalmente, el Partido Socialista y, en menor medida, el MAPU (Movimiento de Acción Popular Unitaria).

[24] Véase Yocelevzky, *op. cit.* y, del mismo autor, *La Democracia Cristiana chilena y el gobierno de Eduardo Frei 1964-1970.*

[25] Ver como ejemplo la conferencia dictada por Carlos Altamirano al regreso de un viaje a Cuba y publicada por la revista *Punto Final*, N° 31, Segunda quincena de junio de 1967.

llegó a secretario general del Partido Socialista en el congreso nacional de esta organización en La Serena en 1971, y Guillermo Garretón, secretario general del MAPU después de la muerte del fundador de ese partido, Rodrigo Ambrosio.

En el nivel de base militante o membrecía de los partidos, ocurrió algo semejante; pero quizá más importante aún, fue el ingreso al Partido Socialista de cuadros e incluso organizaciones completas, provenientes de la izquierda extraparlamentaria[26]. Sin embargo, no es ésta la única tendencia que se refuerza en este nivel; hay que considerar la reactivación de miembros generalmente pasivos de los partidos y el ingreso de nuevos miembros causados por el acceso de las organizaciones de la izquierda al gobierno y las consecuentes expectativas de obtener puestos y prebendas en todos los niveles del sector público[27].

En el tercer nivel, el de las clientelas de los partidos, también ocurrieron estos cambios, al ritmo del aumento general de la movilización social provocada por la elección de 1970. En los sectores de obreros, campesinos y pobladores se produjo una verdadera explosión de organización y movilización que, en muchos casos, fortalecieron significativamente a la posición rupturista dentro y fuera de los partidos de la Unidad Popular. En este último caso, el principal beneficiario de este fenómeno fue el MIR[28].

En estas condiciones, el problema político que enfrentaba el gobierno se podía formular en términos abstractos de

[26] Es el caso del Movimiento Revolucionario Manuel Rodríguez (MR-2).

[27] Parte del enraizamiento de los partidos en la sociedad se debía a la capacidad de "patrocinio", es decir, a la promoción de intereses individuales o de grupo por parte de los políticos profesionales de todos los partidos.

[28] Maurice Najman, *Le Chili est proche: Révolution et contre-révolution dans le Chili de l'Unité Populaire*, pp. 14-22.

la siguiente manera: debía transformar la economía, el Estado y el sistema político sin romper el marco normativo del Estado y reforzando el sistema político, en la medida en que los partidos en el gobierno eran parte de él. En esta formulación, la estrategia y la táctica del gobierno se definían así: fortalecer los partidos de la Unidad Popular, apoyándose en la política redistributiva[29], lo cual extendería la base social de apoyo de éstos al profundizar su influencia entre los sectores populares y, además, la extendería hacia sectores de las clases medias. De este modo, la política económica permitiría dar paso al cambio político sin ruptura sino más bien por una autotransformación del sistema político.

La política económica se transformó en el campo preferente de confrontación entre el gobierno y la oposición, pero también en el punto de concentración de las demandas impulsadas entre los sectores populares por los cuadros que se adherían a la posición rupturista. Para éstos, el encabezar ese tipo de movilizaciones se justificaba por el nivel de conciencia que los sectores movilizados alcanzaban a través de ellas, al mismo tiempo que les permitía ampliar su grado de penetración e influencia entre los sectores sociales considerados estratégicos para el triunfo del proyecto socialista. Así, se observaron desarrollos nuevos en la lucha sindical, entre los campesinos y entre los pobladores[30].

[29] Fernando Cortés y Ricardo Yocelevzky, "La distribución del ingreso en el gobierno de la Unidad Popular (1970-1972)", *Demografía y Economía*, N° 43.

[30] El crecimiento de la afiliación a sindicatos es un buen ejemplo. En los tres años del gobierno de la UP el número de afiliados creció, en términos absolutos, en un volumen semejante al alcanzado en los ocho años anteriores. Guillermo Campero y José A. Valenzuela, *El movimiento sindical en el régimen militar chileno. 1973-1981.*

Todos estos procesos de movilización tenían un carácter ambiguo. Por una parte, la izquierda extraparlamentaria parecía fortalecer su apoyo de masas en la movilización pero, al mismo tiempo, se negaba a ingresar al sistema, por lo cual, finalmente, su clientela terminaba apoyando al gobierno en los enfrentamientos electorales con la oposición, aun cuando esto se hiciera a través del voto por candidatos que, actuando dentro del sistema, se identificaban con la posición rupturista (fundamentalmente del PS).

Por otra parte, dado el carácter corporativo de las reivindicaciones alrededor de las cuales el sector rupturista organizaba las movilizaciones, no se garantizaba que la conciencia política que desarrollaban estos sectores coincidiera con lo esperado por los cuadros políticos que los organizaban. Dependiendo del logro o no de las reivindicaciones, el efecto podía ser una integración o por lo menos mayor contacto con el sistema político, sus cuadros profesionales y sus canales de funcionamiento. Esto es muy claro en el caso de las industrias en que la demanda de los trabajadores era su integración al área social de la economía, o de los campesinos que pedían incorporar tierras a la reforma agraria, o los pobladores que demandaban vivienda y dotación de servicios urbanos. Aun cuando el movimiento se organizara con participación de la izquierda extraparlamentaria, la franja intermedia, los rupturistas dentro del sistema, actuaban como gestores de las demandas y la satisfacción de éstas dependía del gobierno. De manera que no se puede afirmar que todo movimiento reivindicativo de sectores populares que planteara demandas que ponían en cuestión los límites tácticos que el gobierno había fijado en la aplicación de su programa fuera necesariamente a resultar, al final, en un fortalecimiento de la posición rupturista y un debilitamiento del gobierno y quienes apoyaban su versión táctica de la estrategia general.

Por su contenido, la acumulación de demandas se transformó en un problema para el gobierno. Al menos en el sentido más general, éste era uno de los componentes de la principal disyuntiva táctica que se buscó resolver en 1972 al cambiar el ministro de Economía y la política económica de corto plazo[31]. Sin embargo, este reflejo en el ámbito de la política económica ocultaba otro problema quizás más profundo. Por su contenido tanto como por los métodos de movilización y acción para el logro de sus demandas, estos movimientos ponían en tensión la relación entre el gobierno y los aparatos del Estado, en particular con la policía, las fuerzas armadas y el Poder Judicial. Para la oposición, el punto era poder demostrar que el gobierno toleraba el rebasamiento de la legalidad por sus partidarios y, más tarde, que la acción del mismo gobierno se ubicaba fuera de la ley[32].

En este punto se entra en un terreno muy poco firme porque así como no se puede afirmar que toda acción reivindicativa fuera de los límites de la táctica del gobierno reforzara a la posición rupturista, tampoco es claro que la política del gobierno de no recurrir en lo posible a la represión lo colocara fuera de la ley, como afirmaba la oposición, o que el resultado de toda movilización no controlada por el gobierno fuera a redundar, por la vía de proporcionar argumentos a la derecha, en un fortalecimiento de la oposición. Ambas acusaciones se formularon, apoyadas en pruebas

[31] Carlos Mistral, *Chile: del triunfo popular al golpe fascista*, pp. 67-73.

[32] Echeverría y Frei (compiladores), *op. cit.*, tomo II, "Acusaciones Constitucionales".

no conclusivas[33]. Sin embargo, en un nivel más profundo, este punto de la lucha ideológica se resolvió en favor de la oposición, no porque sus afirmaciones fueran verdaderas sino porque le permitieron profundizar una separación entre el Estado y el gobierno que, finalmente, fue importante en la resolución de su propia situación interna, en favor de la otra ruptura, la que triunfó, el golpe de Estado.

Sin duda, todo este proceso incrementó la participación popular y desarrolló la conciencia de los sectores populares en términos de una opción estratégica por el socialismo. Esto se puede ver en elementos de la conducta social y política poco recordados hoy[34]. Sin embargo, en términos de las opciones tácticas explícitas, lo único claro es que, en la práctica, la opción rupturista debió subordinarse hasta el final al gobierno y a la alianza de partidos que lo apoyaba y que ubicaba su acción dentro del sistema.

Si esto ocurría en el nivel de las clientelas de masa movilizables por las organizaciones, con fines electorales o reivindicativos, las expresiones de la contradicción entre las opciones tácticas que coexistían alcanzaban su mayor virulencia ideológica y práctica en el nivel intermedio, el de la base militante de los partidos. Esto es quizás lo que más contribuye a la imagen de irreductibilidad con que se ha proyectado esta contradicción, pero ya se han señalado también las ambigüedades que en este nivel se podían observar.

En el nivel cupular, lo que llamamos la élite política profesional es donde la contradicción se resolvía en favor

[33] Véase, por ejemplo, el Informe al Pleno del Comité Central del PC, de agosto de 1977, *op. cit.*, pp. 22-23.

[34] Como ejemplo, véase la historia de los obreros textiles de la industria Yarur contada por Peter Winn en *Weavers of Revolution: The Yarur Workers and Chile's Road to Socialism.*

del sistema político. Ciertamente, la evidencia a este respecto no abunda, ni los actores que hoy asumen posiciones, semejantes o distintas a las que los identificaban entonces, estarían demasiado dispuestos a aceptar esta conclusión. Sin embargo, la sola persistencia de esta élite política puede ser considerada hasta hoy un buen indicador. Por otra parte, ya se ha mencionado la ambigüedad que comportaba la acción de líderes que buscaban mejorar su posición dentro del sistema a través de un discurso rupturista. Por otra, ellos cumplían en parte la tarea de subordinar a los sectores que, en los tres niveles, ubicaban tanto su acción como su discurso fuera del sistema (la otra parte la cumplían los contactos directos en el nivel de la cúpula entre líderes de las dos posiciones)[35].

La subordinación real de la posición rupturista al gobierno y a quienes apoyaban la táctica de mantención del sistema institucional se ve opacada por dos factores que tuvieron consecuencias más allá de su significación real en la correlación de fuerzas dentro de la izquierda: la política hacia las fuerzas armadas y el impacto de la confrontación ideológica en los sectores intelectuales.

A la luz de su acción en el golpe de Estado, las fuerzas armadas han sido objeto de discusión en casi todos los comentarios posteriores a la experiencia chilena. Se ha destacado la contradicción entre las políticas del gobierno y del sector rupturista hacia ellas. Aparentemente, la dualidad se expresaba en la intención del gobierno de mantener la estructura de las fuerzas armadas como parte del sistema

[35] Alain Touraine parece apuntar al mismo tipo de hechos sin que esto suponga que estaría de acuerdo con el análisis que se hace aquí. Véase *Vida y muerte del Chile popular*.

institucional, y obtener, si no la adhesión, al menos la obediencia y prescindencia política de ellas a partir de la influencia directa del gobierno en los altos mandos[36]. La política rupturista buscaba influir a partir de la composición social de las fuerzas armadas, llamando a los soldados y suboficiales a adoptar una postura clasista[37], o atrayendo a sectores de oficiales y suboficiales a actividades de tipo conspirativo, en la perspectiva de un enfrentamiento crucial[38]. Es importante recordar que todas estas actividades no eran nuevas. Adquirieron una significación distinta en la situación del gobierno de la Unidad Popular, pero cada una de ellas podía apelar a una tradicción en la política chilena. En cuanto a su evaluación, sólo se puede afirmar que, en sentido negativo, el que el golpe de Estado no ocurriera antes de cuando realmente ocurrió puede tomarse como un indicador del predominio de la política del gobierno por sobre la de los sectores rupturistas. Sin embargo, la imagen que la oposición buscaba proyectar era la contraria, y eso es parte de la política opositora respecto de las fuerzas armadas. En cuando a la significación de las políticas de la izquierda hacia los sectores militares, se puede decir que, si bien reflejaban una conciencia respecto de la separación entre Estado y gobierno que definía la situación, no tuvieron la capacidad de producir una acción adecuada en ese terreno, en tanto la oposición (como se verá más adelante) centró su táctica desde el triunfo de Allende en ese punto.

[36] Carlos Altamirano, *op. cit.*, p. 153.

[37] MIR, *op. cit.*, pp. 84 - 85.

[38] Los casos más conocidos son, antes del golpe de Estado, el de los marineros y, después, el proceso en la Fuerza Aérea. Respecto del primero, véase el libro de Patricia Politzer, *Altamirano*.

En cuanto al papel de los intelectuales, es importante señalar que éste era doble, lo que contribuye a oscurecer la significación de la dualidad táctica en la izquierda. Por una parte, son ellos quienes expresaron, durante y después del gobierno de Allende, los conflictos ideológicos, y, por lo tanto, definieron las visiones que predominan acerca de éste. Sin embargo, por otra parte, eran actores privilegiados en varios sentidos, además de su papel de ideólogos. En un sentido general del término intelectual, el gobierno de la Unidad Popular produjo una movilización política sin precedente de estos sectores. Tanto las necesidades de proveer personal para las múltiples tareas del gobierno como la agudeza de la lucha ideológica pusieron tareas nuevas a los intelectuales y los lanzaron, si no por primera vez, a una actividad política inusual en ellos. En este punto hay que recordar que este tipo de personal era el que conformaba la élite profesional de casi todos los partidos y que, en este sentido, hay una tendencia clara a la radicalización y la toma de posición rupturista entre los sectores intelectuales de más corta o menor integración a la política dominada por los partidos antes de 1970. Sin duda, el criterio de la duración de la integración se ve afectado por la edad y esto marca un corte generacional, que ubica a los componentes de las nuevas organizaciones, dirigidas, en general, por los estudiantes universitarios de la década de los sesenta (MIR, MAPU y, en menor medida la Izquierda Cristiana) entre los sectores rupturistas. Sin embargo, también existe el fenómeno de la radicalización hacia las posturas rupturistas entre intelectuales de generaciones anteriores pero que no habían hecho una carrera como políticos profesionales y pasaron de tareas académicas o tecnocráticas a la práctica del gobierno y, de ahí, a los partidos políticos, a los cuales podían haber estado afiliados antes pero en los que no habían sido dirigentes activos.

En suma, no parece posible, desde el punto de vista particular adoptado aquí, atribuir la derrota a la existencia de dos tendencias ni al predominio de una sobre la otra. Si bien la evidencia disponible muestra que la brecha entre ellas no era absoluta y que, por el contrario, los contactos entre ambas introducían algún grado de ambigüedad en su acción y, que, por otra parte, el predominio del gobierno y la posición institucionalistas entre quienes lo apoyaban es bastante claro, no se puede deducir de allí el que la derrota fuera producto de esta correlación de fuerzas en la izquierda. Por lo menos, parece razonable aceptar que si la derrota no se produjo antes, se debió a ese predominio táctico del gobierno. La duda sobre la validez estrátegica de esa posición permanece, sin embargo, en tanto lo que decidió el enfrentamiento fue que, en una división de la oposición semejante a la que se ha descrito aquí en el caso de la izquierda, fue la posición rupturista la que subordinó a las demás fuerzas.

2.4. Las estrategias de la oposición

Dentro de la simetría política que se ha planteado en términos de la división en la oposición y en el gobierno, la situación de la primera presentaba ciertas diferencias en otros niveles. Desde el punto de vista social, el problema de la nueva derecha era conformar una base de apoyo electoral que supliera al voto rural, cuya pérdida había determinado la crisis de la derecha tradicional a mediados de la década anterior. El recurso a los sectores medios urbanos como clientela, sin embargo, requirió de un cambio radical en los modelos organizativos e ideológicos de acción política[39]. Esto, que parecía poco claro antes de la elección de 1970, se transformó en el rasgo predominante de la oposición al gobierno de Allende.

El hecho de no haberse llegado a un acuerdo entre la derecha y la Democracia Cristiana para enfrentar unidos al "peligro comunista" representado por la Unidad Popular en 1970, indica que la derecha o no evaluaba bien el peligro real de un triunfo electoral de la izquierda o no limitaba sus opciones a las que aparecían dentro de la legalidad que normaba el sistema político. Por cierto, ambas razones no son excluyentes. La evidencia que la conducta posterior permite aportar, más algunos otros indicios, hacen suponer que la coexistencia de ambas posiciones es anterior a 1970[40]. Lo que sí cambia definitivamente a partir del triunfo de Allende es la correlación de fuerzas entre ambas y, en este sentido, si la historia del gobierno es la historia de la ambigüedad producida por el predominio de la posición institucional, la subordinación de la posición rupturista y las relaciones entre ambas, la historia de la oposición es el cambio desde el predominio de una posición institucionalista al de una posición rupturista. Sin embargo, esto no es sólo un

[39] Véase Ricardo Yocelevzky, *op. cit.*, pp. 258-263.

[40] En 1967, el gobierno democratacristiano hizo detener a la directiva del Partido Nacional acusándolos de promover un golpe de Estado. Los tribunales los liberaron incondicionalmente. Esta actitud del Poder Judicial es aducida como prueba de inocencia por Sergio Onofre Jarpa en entrevista realizada por Silvia Pinto y reproducida en el libro de Jarpa, *Creo en Chile*. Sin embargo, los antecedentes de esa detención son revelados por el ministro del Interior de esa época, Bernardo Leighton, en entrevista acerca de su vida política. Véase Otto Boye, *El hermano Bernardo*.

cambio en la opinión opositora. Se trata de cambios ideológicos y organizativos y de un proceso de movilización social y política que, finalmente, se traduce en el apoyo, consciente por parte de unos e inconsciente por parte de otros, a la destrucción del sistema político[41].

En principio, desde el punto de vista ideológico, la oposición intentó proyectar, desde la elección de 1970 y hasta el momento mismo de la resolución del conflicto, la imagen que denominaremos "restauradora"[42]. Esto quiere decir que, en su discurso, la amenaza al sistema provenía del gobierno y de las fuerzas que lo apoyaban. En este sentido, las expresiones ideológicas (al igual que en el caso de la izquierda) opacaban la visión de la real correlación de fuerzas en la oposición[43]. En cuanto a las características de los cuadros que conformaban la base militante y la cúpula profesional de la oposición, es posible observar en ella los mismos principios de diferenciación que se han anotado en el caso de la izquierda: por una parte, un corte generacional que delimita una nueva élite, o un sector de base militante que aspira a integrarse a la élite profesional de la política, pero que no se

[41] Véase Ricardo Yocelevzky, "Agrupamiento corporativo y estrategia política: el golpe de Estado en Chile". *International Review of Sociology.* Serie IIe, vol. XIX, N° 1-2-3, Roma, 1983, pp. 137-154.

[42] Aún al momento del golpe de Estado, la Junta de Gobierno se compromete a "restaurar[...] la institucionalidad quebrantada". Véase Decreto Ley N°1, "Acta de constitución de la Junta de Gobierno", del 11 de septiembre de 1973. Editorial Jurídica de Chile: *100 primeros decretos leyes dictados por la Junta de Gobierno de la República de Chile*, pp. 6-8.

[43] En este sentido, los principales engañados fueron los democratacristianos que apoyaron el golpe creyendo que la "restauración" los llevaría a ellos de vuelta al poder. En cambio tuvieron que esperar 16 años y medio.

integra, o se integra sólo parcialmente, al sistema de partidos[44]. Por otra, también en la derecha se activan cuadros que, perteneciendo a generaciones anteriores, habían permanecido al margen del cauce principal de los acontecimientos políticos, dominado como estaba por los partidos y el sistema de negociaciones establecido entre ellos[45].

El contenido ideológico de esta renovación de la derecha tenía también un punto en común con la correspondiente en la izquierda: una tendencia rupturista que consideraba incompatible el logro de sus objetivos estratégicos con la mantención del sistema político[46]. Sin embargo, en otro terreno, no existía el campo común que unificaba a la izquierda. Si en ésta el acuerdo se asentaba sobre la definición del socialismo como modelo de sociedad y como vía de desarrollo deseables, en la derecha las propuestas eran más variadas. Había críticas al desarrollo económico y al sistema político, pero no se unificaban necesariamente en una propuesta alternativa. Las críticas se ubicaban en terrenos ideológicos tan variados como la historiografía, en el cual los nacionalistas de varios pelajes coincidían en una visión del período de la historia nacional que se estaba viviendo como "decadencia"[47], o en la economía, donde hacía su aparición

[44] Entre estos sectores hay que considerar, principalmente, a los "gremialistas" de la Universidad Católica y a algunos jóvenes del Partido Nacional.

[45] Aquí se incluyen los nacionalistas que se integran al Partido Nacional desde 1965, así como los que se activan a raíz del triunfo de la izquierda en 1970, como los de Patria y Libertad.

[46] En esto hay también matices, desde Jarpa que consideraba necesario ilegalizar al Partido Comunista (*op. cit.*, p. 75), hasta Pablo Rodríguez Grez, que proponía reemplazar el sistema político por uno de carácter corporativo. Véase su libro *Entre la democracia y la tiranía.*

[47] Juan Luis Ossa, *Nacionalismo hoy*, pp. 28-32.

el neoliberalismo de inspiración monetarista[48]. Con estos elementos, de los cuales surgían propuestas de todo tipo para la "reconstrucción" del país, desde visiones corporativistas hasta liberales, no parece claro que el encarar la confección de un programa alternativo hubiera podido ser la vía para conformar un bloque de oposición capaz de derrotar al gobierno de la Unidad Popular.

Toda esta heterogeneidad se reflejaba en el "movimiento" alessandrista, en su programa[49] y en los discursos del candidato. Sin embargo, este rasgo se veía atenuado por el contexto mismo que constituía la campaña presidencial. Las opciones se abrieron bruscamente a partir del triunfo electoral de la izquierda, en septiembre de 1970. Entre esa fecha y la toma de mando por Allende se expresaron todos los actores y posiciones que más tarde intervendrían en el derrocamiento del gobierno de la Unidad Popular[50]. Sin embargo, entre esas fechas y el momento del golpe hay dos cambios importantes: uno es la coordinación de todas esas expresiones en un solo bloque político y, el otro, es la hegemonía de una opción por la ruptura del sistema político en el conjunto de ese bloque. Ambos cambios son resultado del complejo proceso de maduración que constituye la práctica de la oposición al gobierno por parte de todas esas fuerzas.

[48] Hermógenes Pérez de Arce, *Comentarios escogidos*, pp. 325-359.

[49] Joan Garcés y Frédéric Debuyst, "La opción de 1970 y la ideología. Análisis de los tres programas presidenciales", en *Chile: el camino político hacia el socialismo, op. cit.*, pp. 79-143.

[50] Este período vio desde actos terroristas, que incluyeron el asesinato del Comandante en jefe del Ejército, General Schneider, hasta maniobras parlamentarias para elegir al candidato que obtuvo la segunda votación, Alessandri, pasando por conspiraciones militares para dar un golpe de Estado.

Las reacciones al resultado de la elección presidencial mostraron las líneas de desarrollo que habría de seguir la actividad opositora. Éstas se ubicaban tanto dentro del sistema político como fuera de él. Dentro del sistema, se producen los primeros acercamientos entre la derecha y la Democracia Cristiana, en busca de una salida constitucional que impidiera el acceso al poder del candidato triunfante. Fuera del sistema se produce el primer movimiento de boicoteo económico (apoyado ideológicamente desde el gobierno), los primeros atentados terroristas de grupos de derecha (aun cuando intentan atribuirlos a la izquierda en un primer momento), las primeras conspiraciones con sectores militares, con vistas a propiciar un golpe de Estado (una de las cuales tiene por resultado el asesinato del Comandante en jefe del Ejército, General René Schneider). Por otra parte, hay que agregar el apoyo activo del gobierno de los Estados Unidos a todas estas manifestaciones[51].

El predominio de la posición institucional en esta oposición conjunta, derecha y Democracia Cristiana, que recién comienza a conformarse, se expresa en la imposibilidad práctica a que se enfrentaron los intentos más extremos en esa etapa. En la Democracia Cristiana predominaba, sin duda, la adhesión al sistema político, dentro del cual tenía sentido la existencia misma del partido[52]. La participación democratacristiana en esas maniobras se limitaba a la

[51] Hay bastante literatura acerca de todo esto, pero un testimonio que resulta de gran fuerza probatoria acerca de la ocurrencia de estos hechos, aun cuando su veracidad en muchos detalles sea cuestionable, es Henry Kissinger, *White House Years*, pp. 670-678.

[52] Otto Boye, *op. cit.*, pp. 160-168, presenta un análisis escrito por Bernardo Leighton en 1970, contemporáneo a los hechos, pero inédito hasta 1986.

búsqueda de una fórmula que permitiera escamotear el triunfo electoral a Allende pero que conservara la legalidad y el funcionamiento del sistema. Al no encontrar una fórmula que garantizara ese resultado, optaron por una estrategia de cercamiento al nuevo gobierno. Este sentido tiene el condicionamiento de los votos democratacristianos en el Congreso Pleno a la aprobación de una reforma constitucional, conocida como "Estatuto de garantías democráticas", que, en general, limitaba los poderes presidenciales pero, quizás lo más importante para lograr esto, buscaba independizar al Estado de la acción del gobierno. El propósito de impedir las transformaciones contenidas en el Programa Básico de Gobierno de la U.P. era explícito[53].

La separación del Estado con respecto al gobierno puede parecer una abstracción innecesaria para entender el resultado final del enfrentamiento. Sin embargo, para comprender el desarrollo que condujo a ese resultado, es importante examinar cómo se fueron produciendo las condiciones ideológicas y prácticas que confluyeron en él. Entre los elementos ideológicos, el primero que apunta en esta dirección es el que, interpretando el sentido de la mayoría relativa que dio el triunfo a Allende, deduce que la legitimidad de su gobierno es limitada. Aun cuando acepta que la votación permite a Allende ocupar legítimamente la presidencia y organizar su gobierno, niega que, en ausencia de una mayoría absoluta, ese gobierno pueda legítimamente emprender las

[53] Véase el texto de la reforma constitucional que contiene el Estatuto de garantías democráticas y sus principales antecedentes, incluyendo la discusión y votación en el Senado, en Echeverría y Frei (compiladores), *op. cit.*, tomo I, pp. 29-101.

transformaciones contenidas en su programa[54]. En este punto se trata de preservar el sistema político de la acción transformadora que se teme por parte del gobierno, pero, como ya se apuntó, las medidas que se proponen para esto incluyen el separar a un aparato del Estado tan importante como las fuerzas armadas[55].

La ambigüedad de este argumento quedó en descubierto al producirse las elecciones municipales de abril de 1971. En ellas, las fuerzas del gobierno alcanzaron el 50% de la votación. Sin embargo, por tratarse de renovación de los municipios, la acción que desde el gobierno pudiera emprenderse no se veía frente a una ampliación sustancial de sus posibilidades. En esta situación, la oposición no estaba dispuesta a conceder a la votación ningún otro significado más allá de las consecuencias institucionales que de la misma elección se derivaran[56]. La noción del significado doble del voto, el institucional y el de expresión de fuerza social a favor o en contra del cambio, fue tomada esta vez por el gobierno pero sin

[54] El primero en exponer públicamente estos argumentos fue el vocero más tradicional de la derecha chilena, el diario *El Mercurio*, en su editorial del 23 de septiembre de 1970, describiendo la paradoja que representaba el que una democracia sólida permitiera, con menos de un tercio del electorado, dar pie al cambio revolucionario de las instituciones. El mismo argumento es retomado por Jaime Castillo Velasco, ideólogo de la Democracia Cristiana, en una entrevista concedida al mismo periódico pocos días después (*El Mercurio*, Santiago, 27 de septiembre de 1970).

[55] Véase la reforma del artículo 22 de la Constitución de 1925 contenida en el Estatuto de garantías democráticas mencionado más arriba, Echeverría y Frei (compiladores), *op. cit.*, p. 35.

[56] En su comentario de los resultados de la elección de abril de 1971, *El Mercurio* afirma que la UP aumentó su votación en un 5% respecto de la elección de regidores de 1967 y que fracasó en su intento de conseguir una mayoría absoluta. Véase FLACSO, *Chile: cronología del período 1970-1973*, p. IV. 87.

consecuencias apreciables en otro terreno que no fuera la discusión ideológica[57].

Dentro de la oposición, en cambio, esta elección tuvo el efecto de reforzar el predominio de la posición "institucional", representada por la Democracia Cristiana. Al reunir este partido la mayor fuerza electoral opositora al gobierno en esta ocasión, parecía ubicarse como fuerza hegemónica del conjunto de la oposición. A partir de esta correlación de fuerzas en la oposición, y del avance del gobierno en el apoyo electoral, la estrategia opositora se concentra en el intento de limitar por medios institucionales la aplicación del programa de gobierno. El centro de actividad de esta estrategia es el parlamento, por lo tanto la forma de organización dominante son los partidos y, dentro de ellos, en el campo opositor, el predominio pertenece sin duda a la Democracia Cristiana[58].

En apariencia, la derecha, representada por el Partido Nacional, quedaba subordinada a la estrategia institucional de la Democracia Cristiana. Sin embargo, el Partido Nacional no agotaba las opciones ideológicas y organizativas de la derecha; fuera del sistema de partidos se organizaba un grupo de corte fascista, Patria y Libertad, y, conectada al Partido Nacional surgía una organización juvenil que tendía en la acción a confluir con Patria y Libertad, el Comando Rolando Matus[59]. Por otra parte, la posición antisistema

[57] Según algunos, debido a que el resultado de la elección desestabiliza la correlación de fuerzas internas de la Unidad Popular al aumentar su votación el Partido Socialista, permanecer estable el Partido Comunista y disminuir los radicales. Boye, *op. cit.*, p. 172.

[58] Véase Echeverría y Frei (compiladores), *op. cit.*, tomo II, "Acusaciones Constitucionales".

[59] Dick Parker, *La nueva cara del fascismo*, pp. 150-151.

político se expresaba también en el movimiento "gremialista", surgido en la Universidad Católica, y que representaba un modelo ideológico que daría coherencia a una forma de organización que sería decisiva en la movilización en contra del gobierno: las agrupaciones corporativas y los movimientos sociales ajenos al sistema de partidos[60].

Con todo esto, la oposición presentaba un cuadro abigarrado y ambiguo. Sin embargo, al igual que entre las fuerzas del gobierno, los puntos de comunicación entre las distintas formas de organización hacían que las fuerzas dentro de la oposición fueran redefiniendo su carácter en la práctica, aun cuando conservaran posiciones distintas en lo ideológico. En particular, la movilización social opositora fue el campo que permitió resolver los problemas insuperables en el terreno ideológico.

La primera ocasión en que la oposición mostró el nuevo rumbo que se proponía tomar fue la "marcha de las cacerolas vacías". En ella se podía observar una movilización de un sector social, las mujeres, que no era controlado directamente por los partidos. Planteaba una crítica a la política económica del gobierno y al desabastecimiento, que no implicaba una alternativa a esa política, por lo tanto podía ser apoyada por todos los sectores de la oposición. La movilización callejera permitía la acción de grupos paramilitares, de dentro y fuera del sistema de partidos y, por último, creaba un clima de agitación en el que, incluso, algunas

[60] Esta línea ideológica y de acción fue promovida en los editoriales de *El Mercurio* desde antes que Allende asumiera la presidencia, como reacción al resultado de la elección presidencial.

acciones terroristas no provocaban un rechazo claro de los sectores de oposición más apegados al sistema político[61].

El paro de los gremios patronales (del 11 de octubre al 5 de noviembre de 1972) marcó una nueva etapa del conflicto. En ese momento ya se podía observar un rechazo al proyecto del gobierno que se apoyaba en el poder económico del sector privado, pero como organismo de masas que movilizaba a medianos y pequeños empresarios de todas las ramas, además de las profesiones liberales. En este punto, la oposición organizada dentro del sistema de partidos pierde por primera vez la conducción del movimiento opositor. Sin embargo, la principal fuerza de este sector, la Democracia Cristiana, se resiste a tomar conciencia de la importancia y la proyección de este hecho[62].

El gobierno sí se da cuenta del peligro y, puesto ya a la defensiva, recurre a la fuerza del Estado para detener el enfrentamiento estratégico; incorpora a las cabezas de las fuerzas armadas al gabinete. Sin embargo, este movimiento, sin duda exitoso en lo inmediato, tendrá un efecto contrario en el plazo más largo. Por lo pronto, la presencia de los comandantes de las fuerzas armadas contribuyó a terminar ese enfrentamiento, en particular, y a estabilizar provisoriamente el sistema, hasta la elección parlamentaria de marzo de 1973, con lo cual, al menos en apariencia, la hegemonía

[61] La marcha tuvo lugar el 1° de diciembre de 1971, dando lugar a incidentes que se prolongaron casi una semana en Santiago, lo que lleva al gobierno a declarar "Zona de Emergencia" a la capital. En el mismo mes, la Democracia Cristiana entra en las primeras alianzas electorales con el Partido Nacional. FLACSO, *op. cit.*, pp. IV.163 - IV.170.

[62] Véase la crónica y análisis de estos hechos desde el punto de vista democratacristiano en Claudio Orrego Vicuña, *El paro nacional: Vía chilena contra el totalitarismo.*

del bloque opositor volvía a las manos de los partidos políticos que actuaban dentro del sistema[63].

Lo aparente de este último cambio reside en que ya la elección se plantea como un enfrentamiento de bloques electorales en que la Democracia Cristiana aparece no sólo dirigida por su sector más derechista, el de Frei, sino que dentro de un conjunto, la Confederación Democrática, CODE, en el que el Partido Nacional, como otro componente, introduce un elemento rupturista que forma parte de él y, a la vez, conecta a todo el bloque con los elementos rupturistas que actúan fuera del sistema[64]. El clima de movilización electoral, unido a la movilización social que, si bien no plantea otro enfrentamiento estratégico como el de octubre de 1972 tampoco desaparece, contribuye a una radicalización del conjunto de la oposición por la base, proceso en el cual insensiblemente los democratacristianos van desdibujando su perfil ideológico y siendo subordinados a las otras fuerzas de oposición[65].

[63] Ver una versión de este período en las memorias póstumas del Comandante en jefe del Ejército que asumió como ministro del Interior, Carlos Prats González, *Memorias. Testimonio de un soldado.*

[64] "Durante el paro gremial de octubre de 1972 el presidente del partido [Nacional], Sergio Onofre Jarpa, modificó el programa para incorporar un elemento de corte gremialista o semi corporativo, lo cual produjo un acercamiento más estrecho entre las diversas manifestaciones de la derecha (Frente Nacionalista Patria y Libertad y Movimiento Gremialista)". Reinhard Friedmann, *1964 - 1988 La política chilena de la A a la Z*, p. 103.

[65] El análisis del paro de octubre de 1972 que hace Orrego,(*op. cit.*, pp. 20-22), plantea correctamente la relación partidos-gremios en la estructura chilena. Sin embargo, en la coyuntura de ese movimiento, sobreestima al mismo tiempo el papel de los partidos en general y el del suyo en particular. Es verdad que el paro creció y se mantuvo gracias a la participación de gremios cuyas bases se identificaban con la Democracia Cristiana, pero

El resultado de la elección parlamentaria muestra la no viabilidad de una oposición que esperaba eliminar al gobierno antes de que finalizara el período presidencial, y este hecho determinó el paso a primer plano de la estrategia rupturista[66]. Para ello, los pasos decisivos fueron agudizar los conflictos entre los otros poderes del Estado y el gobierno, por un lado, y dar independencia de acción y presionar a los aparatos del Estado para alinearlos en contra del gobierno. En esta última etapa se consuma la subordinación de la Democracia Cristiana a la derecha, dentro del sistema, y de ambos a una estrategia rupturista que busca en las fuerzas armadas su instrumento militar y político, al cual legitima un bloque político y social de oposición al gobierno de la Unidad Popular, pero que no representa una alternativa clara en lo ideológico[67]. El consenso en el bloque opositor es puramente negativo, y el programa a aplicar por el gobierno que suceda al de Allende no forma parte de sus planteamientos.

2.5. El golpe de Estado del 11 de septiembre de 1973

El apartado anterior se ha centrado en la conformación del bloque de fuerza social y política que, con su apoyo, hizo

---

esto no es una prueba de la influencia de ese partido en el movimiento sino, al contrario, una muestra de su subordinación a una estrategia que le era ajena.

[66] *El Mercurio* vuelve al doble carácter de las elecciones, esta vez afirmando que se trató de un "plebiscito". Editorial del 5 de marzo de 1973.

[67] Este es el significado más claro de la declaración aprobada por la Cámara de Diputados el 23 de agosto de 1973 con votos de nacionales, democratacristianos y socialdemócratas.

posible el golpe de Estado. No hay duda de que el golpe mismo es producto de una actividad conspirativa que complementa lo observable en el terreno social, político e ideológico. Sin embargo, por el carácter mismo de esta parte de la historia, su reconstrucción no es satisfactoria con la información disponible hasta hoy, y no es de extrañar que nunca llegue a serlo[68].

Sin embargo, no es sólo la curiosidad lo que lleva a preguntar por lo que ocurrió en este otro nivel de actividad opositora. Hay una parte de lo que se puede observar en la oposición, tal como se la ha descrito aquí, que sólo puede ser explicado a la luz de lo que permanece oculto. Por una parte, el carácter del futuro gobierno que, como se ha indicado, no podía ser discutido por las fuerzas opositoras porque el planteamiento del tema habría, muy probablemente, hecho imposible la conformación del bloque; más bien fue definido en un nivel de actividad "técnica" en el que, en realidad, se resolvió la subordinación ideológica de una parte de los cuadros de la Democracia Cristiana (algunos de sus economistas) y se fijó un plan de reconstrucción del capitalismo chileno en términos tales que la destrucción del sistema político era condición *sine qua non* de su puesta en práctica[69].

[68] Las "memorias" de Pinochet son aún más dudosas que las de Kissinger. De todas maneras véase, Augusto Pinochet Ugarte, *El día decisivo: 11 de septiembre de 1973.*

[69] "La crisis económica profunda tenía que reflejarse en un grave conflicto social y político que debía concluir en un cambio de gobierno cuyo signo, por supuesto, nadie conocía, pero que, obviamente, iba a ser claramente no socialista."

"Esta convicción se produjo primero entre los economistas que entre los políticos y por ello no es extraño que llevaran a cabo un trabajo conjunto desde tan temprano como a fines de 1971. En ese tiempo, economistas de

La forma orgánica que tomó la elaboración de este proyecto y el contacto directo entre el poder económico privado y los economistas en su calidad de técnicos (desprendidos de sus afiliaciones políticas), revela los costos sociales y políticos que el modelo que diseñaban tendría que afrontar. Esto ocurría al margen de las otras formas de organización opositora, cuya heterogeneidad respecto de cómo veían el futuro quedó de manifiesto en sus primeras declaraciones después del golpe. En ellas queda claro que, con la excepción de los democratacristianos, la oposición acepta la eliminación de la actividad política como tal. Esto es parte de la explicación del cruento carácter asumido por la represión; de lo que se trataba era no sólo de derrocar al gobierno y dispersar a las fuerzas que lo apoyaban, sino de redefinir las relaciones entre las clases. La represión fue política, en general, en el sentido de afectar a los partidos de la izquierda y sus cuadros, pero el verdadero "terror" implantado fue social, dirigido a resubordinar a las clases populares en términos de eliminar sus conquistas de los últimos cuarenta años.

El otro aspecto que queda oculto es el proceso por el cual las fuerzas armadas llegaron a intervenir y la determinación de la forma en que lo hicieron. Sin embargo, la posición que ocupaban en el aparato institucional, la composición social de la oficialidad, las influencias ideológicas predominantes entre ellos y el proceso de autonomización que sufrieron

---

los departamentos técnicos de los partidos opositores se reunían, más allá de las directivas, para asesorar a los parlamentarios especializados en asuntos financieros y presupuestarios"[...]

"Al producirse el cambio de gobierno [sic] el 11 de septiembre de 1973 existía un borrador de programa bastante desarrollado..." Álvaro Bardón, Camilo Carrasco y Álvaro Vial, *Una década de cambios económicos. La experiencia chilena 1973-1983*, p. 5.

durante el gobierno de la Unidad Popular, son condiciones que facilitaron su intervención. La prescindencia política de los institutos armados y su personal, que en un primer momento aparecía como una de las condiciones que hacía posible el proyecto de la Unidad Popular, se fue transformando en el principal instrumento de su destrucción en la medida en que el proceso político hacía tomar conciencia a los militares de su posición como columna vertebral del Estado. La composición social de la oficialidad, predominantemente de clase media, los puso en contacto con el desarrollo de la movilización de esos sectores en el proceso de construcción de una nueva derecha, enemiga del sistema político vigente. La ideología anticomunista, convertida en doctrina de su formación profesional y ligada a sus intereses corporativos de modernización técnica y de equipamiento, para lo cual eran dependientes de los Estados Unidos, sumado a su tradicional inclinación por el "orden", tenían, fatalmente, que ponerlos en contra del proyecto mismo del gobierno y, más aún, de la movilización social y política que necesariamente tendría que acompañar a un proceso de cambio de esa envergadura. Finalmente, la oposición logró, crecientemente, que las fuerzas armadas pudieran actuar como aparato del Estado con independencia del gobierno, y culminó legitimando e incitando su intervención. De este modo construyó un aparato armado que ve su "misión histórica" en el reordenamiento de la sociedad, apartada de sus cauces de desarrollo "sano" o "normal" por la política y la acción de "los políticos".*

* Este capítulo fue publicado como artículo en el N° 12 de la revista *Argumentos*, abril de 1991, División de Ciencias Sociales y Humanidades de la Unidad Xochimilco de la Universidad Autónoma Metropolitana, (UAM), México, D.F.

CAPÍTULO 3

Ascenso de la dictadura, destrucción y reemplazo del sistema político

3.1. Introducción

De los tres elementos fundamentales para la comprensión del período histórico que constituyen los dieciséis años de dictadura militar, hay dos que reúnen consenso en cuanto a su importancia como herencia perdurable del gobierno dictatorial: el cambio del modelo económico de desarrollo del país y el nuevo sistema político establecido por la Constitución de 1980. El tercero, que condiciona y define todo el proceso, la participación de las fuerzas armadas como aparato de Estado en la restauración, reordenamiento y estabilización de la dominación social, aparece como discutible en sus características debido a algunos de sus rasgos fundamentales. El considerarlas como un aparato del Estado implica, desde mi punto de vista, establecer su papel de garantes de las relaciones de dominación que son constitutivas de la sociedad chilena, mientras que, por otra, ese papel explica su actuación como fuerza represiva y define una responsabilidad institucional en los crímenes de la dictadura[1]. Por

[1] Una visión radicalmente distinta de la significación de la intervención de las fuerzas armadas en 1973, resaltando sin embargo su carácter de aparato del Estado se puede ver en el *Ensayo histórico sobre la noción de Estado en Chile en los siglos XIX y XX*, de Mario Góngora.

último, algunos procesos políticos fundamentales del período sólo se explican por las estructuras castrenses actuando como poder político.

Esta relación entre estos tres elementos es fundamental para establecer una periodización que separa en dos partes la dictadura: un período de ascenso, y la consecuente destrucción del sistema político anterior, con la muy notoria intención de eliminar a los partidos políticos y el sistema del que formaban parte y cuya culminación es la imposición de la Constitución de 1980; y una segunda parte, de desgaste, decadencia y crisis de la dictadura, cuyo eje es la reconstrucción del sistema de partidos políticos. Este capítulo se ocupará de la primera parte.

Las discusiones acerca de la participación personal de Pinochet en la conspiración que condujo al golpe de Estado tiene la obvia intención de realzar o demeritar su figura individual. Sin embargo, para el análisis de esta historia este hecho es importante, porque la muy probable no participación previa de Pinochet pone en primer plano la participación institucional del ejército en el movimiento[2]. Esto permite entender que el ascenso personal de Pinochet al poder se llevó a cabo sobre la base de la plataforma institucional. La idea de su supuesto liderazgo es una construcción publicitaria posterior que buscó legitimarlo fuera de la fuerzas armadas, ya que dentro de éstas la fuente del poder es la conservación de las estructuras jerárquicas.

[2] Patricia Verdugo, *Interferencia secreta,* capítulo uno, niega toda participación de Pinochet antes del fin de semana previo al golpe, citando testimonios de los generales Leigh y Arellano Stark. Por su parte, Pinochet fecha el comienzo de sus preparativos del golpe el 23 de junio de 1972. Véase, *El día decisivo, op. cit.*, p. 78.

No se puede esperar que ninguno de los actores que en distintos momentos formaron parte del bloque político y social que hizo posible el golpe de Estado, primero, y apoyó o se benefició de la dictadura, después, acepte esta interpretación de los hechos, pero su plausibilidad no depende de eso sino de dar una visión más clara de eventos y procesos que resultan equívocos o controversiales pero que están en los fundamentos de la situación posdictatorial. El tratamiento de los tres aspectos del proceso ya enunciados es complejo porque sus interrelaciones son cambiantes a lo largo del tiempo y esto implica cambios en cada uno de ellos.

3.2. Militarismo y represión

El carácter represivo de la dictadura militar ha sido objeto de denuncias desde el momento mismo del golpe de Estado[3] y sigue siendo objeto de controversia judicial, ahora en el ámbito internacional[4]. La primera característica de la violencia militar fue su objetivo desmovilizador. Hay que recordar que el proceso político-social chileno había sido caracterizado como "hipermovilización"[5]. Desmovilizar a una sociedad a partir del nivel de organización alcanzado en Chile por los partidos políticos, los sindicatos y otras organizaciones sociales, requirió de un gobierno terrorista. El terrorismo de

[3] NACLA *Latin America & Empire Report*, vol. VII, N° 8, october 1973, p. 29.

[4] Véanse los documentos de las acusaciones del juez Garzón en *El País*, en Internet, http:/www.elpais.es

[5] Hanry Landsberger y Tim McDaniel, "*Hypermovilization in Chile 1970-1973*".

Estado implantado en Chile hoy es recordado fundamentalmente por el número de muertos y desaparecidos, que es lo que se ha registrado con mayor precisión, pero eso es sólo una parte de la historia, quizás la más irreparable, pero hay que recordar los datos del nivel de masividad alcanzado por la represión.

La justificación de la represión fue una supuesta situación de guerra civil, en lo cual algunos insisten hasta ahora. Sin embargo, hay que establecer que si bien existían algunos grupos partidarios de la toma del poder por la vía armada, entre las fuerzas que apoyaban al gobierno de Allende éstos ocupaban un papel subordinado a la estrategia del gobierno, en primer lugar y, en segundo, las armas de que disponían no bastaron para ofrecer resistencia significativa desde el punto de vista militar a los golpistas[6]. Es un hecho establecido hoy que la justificación del golpe de Estado y de la subsecuente represión política contenida en el *Libro Blanco* —fundamentalmente el Plan Z— publicado con posterioridad constituye una falsificación histórica cuyos responsables son conocidos[7].

[6] "El combate del 11 de septiembre duró prácticamente cuatro horas". Augusto Pinochet en entrevista con la revista *Ercilla*, seis meses después del golpe. *Ercilla*, N° 2015, 1974. Citado por Nancy Guzmán J., en *Un grito desde el silencio*, pp. 44-45

[7] *Libro Blanco del cambio de gobierno en Chile. 11 de septiembre de 1973.* Diario *La Tercera*, Santiago, 11 de abril de 1999. Reportaje Nacional, "Gonzalo Vial Correa, vapuleado por la izquierda y recriminado por la derecha. El conservador incomprendido".

Este hecho que hoy es público, la participación de Vial en la redacción del *Libro Blanco* en 1973 y en la del informe de la Comisión Rettig en 1990-1991, fue insinuada por el General (R) Manuel Contreras en su respuesta al *Informe Rettig*, en entrevista al diario *La Tercera*, publicada el 26 de marzo de 1991. En ella insiste en una versión del Plan Z (véase p. 3).

El aspecto masivo de la represión desmovilizadora es lo que da su carácter terrorista a la dictadura militar chilena. Bajo condiciones de excepción, estado de guerra, de sitio, etcétera, con toque de queda por años, las cifras de las víctimas del régimen son sin duda impactantes. Fugitivos, asilados en embajadas durante los primeros meses de la dictadura, llegaron a 10.000 antes del fin de 1973. En 1979, el relator especial de las Naciones Unidas sobre los derechos humanos en Chile, informó que hasta mediados de 1975, entre 40.000 y 50.000 chilenos habían sido detenidos por más de 24 horas, lo que representaba alrededor de 1 de cada 125 adultos laboralmente activos de la población[8]. Las cifras oficiales de la dictadura coinciden con este informe sólo parcialmente. Ninguno de los datos puede reflejar lo que significó la represión masiva para las víctimas. En marzo de 1975 se daban las siguientes cifras: arrestados desde el 11 de septiembre del 73: 41.759; liberados: 36.605 (entre ellos 9.167 expulsados del país o refugiados en el extranjero); personas condenadas en alguna forma de juicio: 1.557; personas sujetas a proceso: 1.780; personas detenidas en virtud del estado de sitio: 1.116. En octubre de 1974, el ministro del Interior afirmaba que los detenidos como medida administrativa —en virtud del estado de sitio (es decir sin acusación ni proceso de ningún tipo) eran 748[9]. Nótese que entre las dos fechas citadas, los presos políticos todavía iban en aumento.

Después de desocupar los estadios y campos deportivos, improvisados como centros de detención e interrogatorio de

[8] Datos citados por C.G. Brown, *10 años de atropellos a los derechos humanos en Chile*. Informe del Americas Watch Committee, p. 44.

[9] La Documentation Française, *Notes et Études Documentaires*, N° 4421, 4422, 4423. Cronologie du Chili: septembre 1973-decembre 1976, pp. 31 y 34.

sospechosos durante los primeros meses, se crearon campos de concentración. Es importante en este punto destacar la ambigüedad que el maltrato y la tortura adquieren. Por una parte son una rutina en el trato al "enemigo", desde el momento mismo de su detención. En segundo lugar, no son en principio, en su forma masiva, una práctica de averiguación sino una forma de "castigo". Tercero, siendo negados como práctica oficial es necesario que otras posibles víctimas se enteren de lo que les espera, por lo cual no es difícil establecer el hecho de su ocurrencia y el grado de difusión, de esto se encargan los liberados y los que quedan presos una vez que salen de la incomunicación primera.

Los datos que siguen provienen del campo de concentración establecido en la ex oficina salitrera Chacabuco y de su funcionamiento entre el 10 de noviembre de 1973 y el 17 de agosto de 1974[10]. El total de presos que ingresó en ese período fue de 1,253, que permanecieron en promedio 177 días cada uno en el campo. Es necesario recordar que esto es sólo una parte de su período de detención. Sólo por excepción alguno fue procesado, tal como indican las cifras oficiales citadas más arriba. El promedio de presos en el campo durante el período fue de 802[11]. Posteriormente, la dictadura cuenta como liberados a más de 300 de éstos, los cuales fuimos expulsados del país, sin autorización para regresar

[10] Chacabuco se ubica a casi 110 kilómetros de Antofagasta, en medio del desierto de Atacama. Abandonado desde 1938, se usaba para prácticas militares del ejército.Funcionó como campo de prisioneros desde principios de noviembre de 1973 hasta abril de 1975. *Dossier sobre Derechos Humanos en Chile, El País* en Internet, http:/www.elpais.es

[11] Todos estos cálculos están hechos sobre la base del registro establecido por los propios presos políticos de los ingresos, egresos, procedencia y destino de los detenidos en Chacabuco.

por más de diez años (las autorizaciones comenzaron recién en 1983)[12]. Y éste no era el único campo[13].

La represión se transformó en un fenómeno muy complejo: para mantener el carácter masivo, prolongarse en el tiempo y adquirir luego un carácter que no por más selectivo era menos terrorista, debió definir varios objetivos distintos y complementarios, el primero de los cuales fue establecer la unidad y disciplina necesarias dentro de las fuerzas armadas. Este objetivo implicó varios tipos de acciones: primero, reprimir directamente cualquier manifestación de desacuerdo con la acción emprendida a partir del golpe[14]; segundo, involucrar a los vacilantes en acciones de represión contra la población civil[15]; tercero, ejercer medidas ejemplificadoras de la decisión con que estaba dispuesto a actuar el

[12] La primera lista de autorizados para regresar a Chile consta de 1,160 nombres de exiliados y fue publicada en *El Mercurio* en Santiago, el 28 de agosto de 1983.

[13] El *dossier* ya citado del diario *El País* de Madrid en Internet describe además los campos de Pisagua, Melinka (Puchuncaví), Ritoque, los barcos prisiones de Valparaíso, Tejas Verdes, Colonia Dignidad y las islas Quiriquina y Dawson. Además en otro capítulo describe los centros de detención y tortura en Santiago.

[14] Pinochet cuenta en *El día decisivo, op. cit.*, p. 131: "...mi Ayudante me expresó no estar de acuerdo con lo que se iba a realizar. Le acepté su posición, y dispuse su arresto de inmediato en una sala del edificio de Telecomunicaciones del Ejército".

[15] "Otro temor que jugó su papel, también, en la consolidación e impunidad del grupo, [DINA], fue su alta eficacia para maniobrar dentro de los institutos militares, y en particular del Ejército, paralizando o cortando las carreras profesionales de quienes se les oponían (y a los cuales calificaban de 'blandos'). Paralelamente, se veía que altos oficiales 'blandos' eran convocados de manera perentoria, sumariados, destituidos en sus mandos, e incluso sufrían vejaciones y perdían sus carreras." *Informe Rettig*, p. 11.

mando[16]. Un problema que surgió más adelante fue lo anómalo en la estructura de las fuerzas armadas de un aparato de represión e inteligencia, especializado y obediente al mando militar en su función política, la DINA, lo cual implicó ambigüedades estructurales y de funcionamiento, como el involucramiento de personal civil.

El otro nivel de la represión desmovilizadora es el "selectivo", dirigido a los cuadros de organizaciones que se definen como armadas o susceptibles de armarse en contra de la dictadura. Éste es el terreno en que se produjeron las desapariciones sistemáticas de personas, después de la primera oleada de ejecuciones sumarias. Éste es el ámbito del horror, de las detenciones reiteradas, las torturas sistemáticas, los asesinatos más horribles[17]. Éste es el nivel mejor documentado caso por caso gracias a la organización de los familiares de los afectados, de las iglesias y otros organismos de defensa de los derechos humanos y, finalmente, a la Comisión de Verdad y Reconciliación[18].

El grado de adhesión al golpe y a la dictadura, tanto de individuos como de organizaciones, se puede determinar por el tipo de justificación que ofrecen de las prácticas represivas. En el extremo, los incondicionales de la dictadura

[16] A propósito del proceso a la "Caravana de la muerte" por parte del juez Guzmán se han puesto al descubierto los hechos ya registrados por la periodista Patricia Verdugo en su libro *Los zarpazos del puma.*

[17] Los casos primeros, documentados recientemente, afectaron al MIR, Bautista van Schowen y Patricio Munita, Lumi Videla y Sergio Pérez, Edgardo Enríquez, y muchos otros. Más tarde, algunos de los casos más conocidos afectaron al Partido Comunista, como la "Operación Albania" y los degollados.

[18] Informe de la Comisión Nacional de Verdad y Reconciliación (*Informe Rettig*).

siguen afirmando la tesis de la guerra civil y de la providencial intervención de las fuerzas armadas que "los salvó del comunismo". Sin embargo, esto es una muestra de primitivismo político que es poco usual entre la élite profesional de la política. Más común entre la vieja y la nueva derecha es el culpabilizar a las víctimas, lo cual es una versión más sofisticada de lo anterior. La visión conciliadora más difundida es la de los "excesos", que apuntarían a responsables individuales de los abusos. La más hipócrita es la de nublar los hechos apelando al "contexto", para luego condenar el uso político de los reclamos por abusos en contra de los derechos humanos[19].

La evolución de la represión y de los aparatos especializados en ella de las fuerzas armadas son un registro de la evolución de la dictadura. El primer cambio importante, con posterioridad al golpe de Estado es la ruptura del consenso en el bloque golpista y la aparición de un proyecto político, adoptado por la dictadura como propio, que iba más allá de la restauración de la normalidad del funcionamiento del sistema político y apuntaba, en cambio, a su reemplazo. Este cambio se expresaba en la pérdida del sentido de transitoriedad de la dictadura y la construcción de instituciones que hacían más larga la perspectiva de su permanencia en el poder. Esto se expresó, primero, en la aparición de la DINA, como un aparato de inteligencia y represión nuevo y ajeno a los servicios de inteligencia de las distintas ramas de las fuerzas armadas.

[19] Jaime Guzmán Errázuriz, *Escritos personales*, pp. 133-156. Al contexto también apela Hermógenes Pérez de Arce en el reportaje de *La Tercera* sobre el *Libro Blanco*, ver la referencia en nota 7, más arriba.

El origen de este organismo es confuso. A finales de 1973, la represión masiva, cuyo objetivo era la desmovilización social y política de las masas, había producido la acumulación de detenidos por razones político-ideológicas sin acusación ni juicio posible dentro de la legislación vigente. En esto habían participado los distintos servicios de inteligencia sin lograr una real coordinación entre ellos. La Junta Militar aprobó un decreto cuyo contenido fue mantenido en secreto y cuya fecha sólo es posible deducir aproximadamente por el número correlativo que se le asignó, el 117. En él se creó la Secretaría Ejecutiva Nacional de Detenidos (SENDET), y para encabezarla fue designado el coronel Jorge Espinoza. Este organismo sería el encargado de unificar y organizar los registros, orientar a los familiares de los detenidos, darles información, autorizar las visitas a los presos, etcétera "En el artículo número tres del decreto ley 117 se había alojado, sin embargo, el germen: la Dirección de Inteligencia Nacional sería ahora una dependencia del SENDET y su misión consistiría en fijar normas de interrogatorios, clasificar a los presos y coordinar las funciones de inteligencia"[20].

La creciente independencia de la DINA a pesar de su humilde estatus legal parece haber obedecido a tres tipos de factores: 1) el cambio en la naturaleza de la represión, que pasó de la primera etapa, en que predominó el objetivo desmovilizador masivo, a una etapa de predominio del tipo "guerra sucia", focalizado en ciertas organizaciones, lo cual había sido en parte ya emprendido por servicios de inteligencia de alguna rama de las fuerzas armadas[21]; 2) su conformidad sólo

[20] Ascanio Cavallo, Manuel Salazar y Óscar Sepúlveda, *La historia oculta del régimen militar. Chile, 1973-1988*, p. 44.

[21] Ricardo Boizard, *Proceso a una traición. Detalles íntimos del sumario de la FACH.*

parcial con la organización de las fuerzas armadas (estar dirigida por un coronel cuando los servicios de inteligencia de cada rama tenían usualmente a un general a la cabeza); 3) el incorporar un tipo de colaborador civil que, siendo un componente ideológico del bloque opositor a Allende y de apoyo a la dictadura, representaba un tipo de acción y de proyectos políticos que fueron desechados más o menos rápidamente y que pueden ser caracterizados, en general, como nacionalistas pero que contenían también a los más caricaturescos fascistas criollos[22]. Todo esto ha sido explicado por la supeditación directa de todo este aparato a Pinochet, cuya cabeza, el entonces coronel, Contreras, parece haber sido de toda la confianza del dictador y haber respondido sólo a él.

El cambio de etapa y tipo de represión contiene entonces, además, los primeros síntomas de que el proceso político de la dictadura abandona el sentido restaurador del golpe de Estado que reunía el consenso del bloque opositor a la Unidad Popular. Comienzan a aparecer elementos que están fuera de la estructura de las fuerzas armadas, pero que amparadas en el carácter de aparato del Estado de éstas, buscan impulsar proyectos políticos que van en la dirección del reemplazo del sistema político anterior, muy particularmente de los partidos y de su personal, los políticos.

Lo más visible de estos procesos es la concentración del poder en la persona de Pinochet, pero sujeto a determinantes que operan como límites. De éstos, el más importante es la conservación de la institucionalidad militar, su fuente de poder y legitimidad, la cual sin embargo debe ser controlada para mantener lealtades que vayan más allá de la simple

[22] Manuel Salazar, *Contreras: historia de un intocable*, pp. 73-74.

línea del mando. Si bien las fuerzas armadas nunca fueron del todo despolitizadas y desideologizadas, ahora las decisiones políticas que debían tomar los oficiales puestos en los distintos niveles de la administración del Estado amenazaban con hacer aparecer inclinaciones ideológicas, e incluso partidistas, mantenidas con discreción en tiempos normales.

Un segundo elemento que transformó al aparato de represión en un instrumento de gobierno fueron las decisiones políticas que redujeron la amplitud del bloque golpista, en particular la separación de la Democracia Cristiana, que es emblemática de la decisión de eliminar los partidos políticos en general. En este caso la represión fue siempre menor y selectiva. Sin embargo, como el espíritu del golpe se perpetuaba en la tesis de la conspiración comunista internacional contra Chile, los democratacristianos que rechazaron el golpe y participaron en la denuncia de los abusos de la dictadura pasaron a ser blanco de la DINA. Las tareas de inteligencia se ampliaron hacia cualquier expresión de disidencia, incluyendo al personal de las fuerzas armadas y a políticos que nada tuvieron que ver con la izquierda o con el gobierno de Allende. En previsión del rechazo y la posible oposición a algunas medidas, el aparato de inteligencia estuvo presente en algunas decisiones cruciales de la dictadura.

Un elemento importante en el análisis de la relación entre los componentes de la dictadura es que los civiles vinculados al aparato represivo constituido por la DINA representaban una contradicción ideológica, por una parte, y también planteaban un problema sociológico como caso de marginalidad cultural ideológica y política. Tanto en el ámbito nacional como en los contactos internacionales, los civiles vinculados a la DINA, hasta donde han sido identificados, fueron reclutados en la franja extraparlamentaria de derecha, en su mayoría[23], con algunos elementos de izquierda que han alcanzado notoriedad, pero que comparten con sus semejantes de derecha el carácter marginal de su participación política[24]. Entre ellos predominan las personas con inclinación a la violencia y a las explicaciones conspirativas en política, en su mayoría no miembros de partidos políticos sino de sectas, logias y otros modelos de organizaciones con condiciones para la acción clandestina. Otro rasgo notorio es el explícito rechazo a los políticos y a sus modelos de acción. Las caracterizaciones psicologistas de estas personas se ofrecen como demasiado fáciles. Lo que resulta interesante es su existencia casi permanente y su disponibilidad para ser usados en condiciones como las producidas en Chile por la dictadura.

La actuación les dio notoriedad, pero desde el punto de vista ideológico y político debe haber sido una frustración más. El proyecto económico puesto en marcha por la dictadura fue rechazado por los nacionalistas, cuya derrota ideológica en este terreno los llevó a marginarse pero no a oponerse a ella, y el modelo político propuesto recurrentemente por

[23] Un grupo notable son los abogados incorporados como funcionarios, reclutados entre la gente vinculada a publicaciones nacionalistas como *Tacna, Tizona* y *Orden Nuevo.* Salazar, *op. cit.*, p. 65. Un elemento ideológico que identifica a los elementos civiles que colaboraron con la DINA es el nacionalismo. La marginalidad de los nacionalistas, su lugar subordinado dentro del sistema de partidos existente hasta 1973 ha sido señalada en el capítulo 1.

[24] Los casos más notorios son los de Luz Arce, la *Flaca* Alejandra, el *Guatón* Romo y, menos citado porque no sobrevivió, el del militante de las Juventudes Comunistas René Basoa, que fue ejecutado por sus ex-camaradas. Los casos de colaboradores de izquierda de la DINA parecen haber sido el producto de las presiones sobre cada individuo más que de alguna afinidad ideológica. Al ser casos individuales, los elementoas psicológicos probablemente tienen mayor peso en la explicación.

ellos —la constitución de un movimiento cívico-militar que reemplazara a los partidos políticos— nunca encontró las condiciones para fructificar, a pesar de que parece haber sido considerado por Pinochet más de una vez durante todos esos años[25].

La participación civil en la represión, más allá de la anécdota grotesca que representan sus personajes, es reveladora de la evolución ideológica y política de la dictadura hacia la búsqueda de un nuevo modelo político de gobierno y de participación social que reemplazara a los partidos políticos y el sistema conformado por ellos. Esto significaba la erosión del consenso antiallendista que había permitido el golpe y eliminaba al aliado principal dentro del sistema de partidos, la Democracia Cristiana. El nuevo consenso negativo era antipolíticos y antipartidos. En él coincidían los fascistas más plebeyos, incorporados a las sucias tareas represivas; los nacionalistas más intelectualizados, que buscaron no mezclarse en ese tipo de actividades; y los intelectuales más elitistas, los gremialistas, representados por su ideólogo principal, Guzmán, que finalmente expresarían mejor que nadie y, de hecho, formularían el nuevo proyecto de sistema político.

[25] El caso más típico de esto, que personalmente no se le ha vinculado a los aparatos de represión aunque algunos de sus seguidores alcanzaron una figuración notoria en ellos, es Pablo Rodríguez Grez.

3.3. LAS AMBIGÜEDADES DEL TRIUNFO Y LA FORMACIÓN DE UNA ALIANZA ESTRATÉGICA

Hasta el día de hoy, los militares chilenos se imaginan haber protagonizado una gesta libertadora que salvó al país de las garras del comunismo. Esta imagen es el cemento del bloque que apoyó el golpe de Estado del 11 de septiembre de 1973 y el argumento que pretende legitimarlo. Es también la justificación de la represión y, entre aquellos que aún hoy no condenan la represión, un vehículo para traspasar la culpa a las víctimas[26]. El carácter negativo del consenso que permitía la convivencia de un bloque tan heterogéneo se expresaba con cierta lógica en el tono "restaurador" de las primeras expresiones de los golpistas: se afirmaba la ilegitimidad del gobierno de Allende y se definía como "transitorio" el gobierno establecido por el golpe, sin comprometer plazos. El Bando Nº 5 emitido por la Junta Militar de Gobierno, muchas veces citado, decía que las fuerzas armadas "han asumido el deber moral que la patria les impone de destituir al gobierno que aunque inicialmente legítimo, ha caído en la ilegalidad flagrante, asumiendo el poder por el solo lapso en que las circunstancias lo exijan, apoyadas en la evidencia del

[26] Para la vigencia de estos argumentos véase "El engaño", de Arturo Fontaine en la revista *Qué Pasa*, Nº 1444, diciembre de 1998. Fontaine era director de *El Mercurio*, en la peor época de las falsificaciones periodísticas para ocultar los atropellos a los derechos humanos. Véase también el discurso del General Ricardo Izurieta (sucesor de Pinochet en el mando del ejército chileno) reseñado en el diario *La Tercera*, de Santiago, el 8 de junio de 1999.

sentir de la gran mayoría nacional, lo cual de por sí, ante Dios y ante la Historia hace justo su actuar"[27].

Uno de los primeros comunicados, difundido por radio durante el golpe de Estado, y que había sido firmado por los conspiradores la tarde anterior, decía: "Los trabajadores de Chile pueden tener la seguridad que las conquistas económicas y sociales que han alcanzado hasta la fecha no sufrirán modificaciones en lo fundamental"[28]. El mismo Leigh cita a Pinochet, quien en la primera entrevista que concedió a los corresponsales extranjeros, en la Escuela Militar, afirmó: *"Tan pronto el país se recupere,* la Junta entregará el gobierno a quien el pueblo desee"[29].

Sin duda, quien expresaba la posición restauradora con mayor claridad era la Democracia Cristiana en el punto 3 de su declaración del 12 de septiembre de 1973: "Los propósitos de restablecimiento de la normalidad institucional y de paz y unidad entre los chilenos expresados por la Junta Militar de Gobierno interpretan el sentimiento general y merecen la patriótica colaboración de todos los sectores. Su logro requiere una acción justa y solidaria, respetuosa de los derechos de los trabajadores, que conjugue el esfuerzo colectivo en la tarea nacional de construir el porvenir de Chile, ajeno a los afanes minoritarios de quienes buscan modelos regresivos o reñidos con la vocación democrática de nuestro pueblo"[30].

[27] Bando N° 5 de la Junta Militar de Gobierno. *Libro Blanco...*, pp. 248-249. Esta cita textual del Bando N° 5 ha sido incorporada al texto escolar de *Historia de Chile* de Francisco Frías Valenzuela (p. 492).

[28] Florencia Varas, *Gustavo Leigh. El General disidente*, p. 55.

[29] *Ibíd.*, p. 56. (Subrayado R.Y.).

[30] *Chile-América*, N° 4, Roma, 1975, p. 43.

El otro componente significativo del bloque golpista dentro del sistema de partidos, el Partido Nacional, expresaba su "apoyo irrestricto" y llamaba a "respaldar sin reservas la acción rectificadora de la Junta Militar de Gobierno"[31]. Estos partidos políticos, los que apoyaron el golpe, fueron declarados en "receso", condición que fue reglamentada en enero de 1974[32]. Los partidos que apoyaban al gobierno de Allende pasaron a la acción clandestina como consecuencia de la represión desatada en contra de sus militantes.

La presencia de actores políticos ajenos a los partidos legitimados por su participación en el sistema aparece insinuada en las declaraciones de la Democracia Cristiana y esa sospecha es confirmada por el general Leigh, *a posteriori*, cuando él se atribuye la posición restauradora: "Comenzaron a emerger los ideólogos, asesores, cortesanos y, principalmente los grupos económicos del más diverso orden.[...] Y comenzaron a brotar las consignas: éste no es un gobierno de transición; metas y no plazos; fuera las manos del Estado, etc."[33]

La ambigüedad de la posición de la Junta Militar se comenzó a despejar a los seis meses: la "Declaración de principios del Gobierno de Chile", dada a conocer el 11 de marzo de 1974, con la firma de sus cuatro miembros, fija su posición respecto de estas cuestiones: "Las Fuerzas Armadas y de Orden no fijan plazo a su gestión de Gobierno, porque la tarea de reconstruir moral, institucional y materialmente al país requiere de una acción profunda y prolongada."[...]

[31] Rafael Valdivieso Ariztía, *Crónica de un rescate (Chile 1973-1988)*, p. 13.
[32] *Chile-América*, Nº 5, Roma, 1975, p. 48.
[33] Florencia Varas, *op. cit.*, p. 53.

"...el actual gobierno ha sido categórico para declarar que no pretende limitarse a ser un Gobierno de mera administración, que signifique un paréntesis entre dos Gobiernos *partidistas* similares o, en otras palabras, que no se trata de una 'tregua' de reordenamiento para devolver el poder a *los mismos políticos* que tanta responsabilidad tuvieron, por acción u omisión, en la virtual destrucción del país"[34]. Hoy es reconocida la mano de Jaime Guzmán y, consecuentemente el tono "gremialista" de esa declaración, entre los cuales destacan el principio de subsidiariedad del Estado y el pretendido "apoliticismo". Sin embargo, la ambigüedad de la situación persistía, en la medida en que los procesos de reubicación de los centros del poder seguían su curso.

El más publicitado de estos procesos es la concentración de poderes en Pinochet, que de *primus inter pares* en la Junta Militar terminó siendo Presidente de la República, monopolizando el Poder Ejecutivo y relegando a los otros comandantes al papel de legisladores. Según Leigh, al momento del golpe se estableció la rotación en la presidencia de la Junta Militar como "acuerdo de caballeros", que nunca se cumplió[35]. "El decreto-ley 527 del 17 de junio de 1974, reservó el ejercicio del Poder Ejecutivo al Presidente de la Junta de Gobierno, sin perjuicio que los integrantes de ésta colaboraran con aquél en tal ejercicio al asumir para el efecto 'la dirección superior de las actividades, áreas y funciones que él les encomiende'. Más adelante, reguló esta situación el decreto-ley 806 de 16 de diciembre de 1974, que señaló al mandatario con el título de Presidente de la República"[36].

[34] Declaración de principios..., pp. 28-29. (Subrayado R.Y.).
[35] Florencia Varas, *op. cit.*, p. 56.
[36] Luis Valencia Avaría, *Anales de la República*, vol. 1, p. 711, nota 206.

La relación con el Partido Demócrata Cristiano aparecía, de hecho, como la relación con los partidos políticos en general. La DC, como eje del sistema de partidos, cuestionaba los plazos de la situación que definía como anormal. Las comunicaciones entre el gobierno y la DC eran respondidas indirectamente como resoluciones respecto de los partidos políticos en general. El decreto-ley 27, del 21 de septiembre de 1973 había disuelto el Congreso Nacional, centro de la actividad partidista. En diciembre, se había dispuesto que los miembros de partidos políticos que ocupaban cargos públicos renunciaran a su afiliación para poder continuar en sus cargos[37].

Los miembros de la Junta y otros personeros de la fuerzas armadas tenían contactos con civiles procedentes de los partidos políticos integrados al sistema, los cuales continuaron colaborando con la dictadura a título personal, pero también con grupos político-ideológicos marginales al sistema antes de 1973, algunos que habían sido muy activos en la oposición a Allende[38] y otros de definitiva vocación ideológica marginal, pero que encontrarían su lugar para colaborar a través del aparato de represión que desarrolló la dictadura[39].

El segundo campo de definiciones, el de la economía, era también conflictivo. Aquí existía un enfrentamiento ideológico cuya resolución resultaría decisiva para la significación

[37] Ascanio Cavallo, Manuel Salazar y Óscar Sepúlveda, *La historia oculta del régimen militar*, *op.cit.*, p. 28.

[38] De éstos el que alcanzó mayor proyección fue el grupo de los "Gremialistas" procedente de la Universidad Católica.

[39] Una variedad de grupúsculos fascistas, preexistentes como el MRNS (Movimiento Revolucionario Nacional Sindicalista) o de efímera existencia durante la dictadura, como Avanzada Nacional.

histórica de la dictadura. Desde la campaña presidencial de 1970, en la candidatura de Jorge Alessandri, se encontraban enfrentados un grupo de economistas y empresarios, que llegarían a ser conocidos como los "Chicago Boys", con los líderes ideológicos de la derecha tradicional. Estos últimos han sido caracterizados como, "las cabezas pensantes de los capitanes de industria, crecidos al amparo de la sustitución de importaciones"[40]. Estos últimos salieron triunfantes durante el primer enfrentamiento, en la redacción del programa económico de Alessandri para la campaña de 1970. Después del golpe, una de las cabezas del grupo de "Chicago", Sergio de Castro, fue contactado por el almirante Merino y nombrado asesor del ministro de Economía, general Rolando González. Sin embargo, el principal asesor económico de los primeros tiempos de la dictadura no pertenece a ese grupo, Raúl Sáez, quien llega a Santiago a fines de septiembre de 1973 y, propuesto por él, la Junta nombra a Fernando Léniz ministro de Economía el 10 de octubre. Esto deja pendiente el conflicto ideológico, puesto que Léniz es un ex ejecutivo de la Compañía Manufacturera de Papeles y Cartones y, durante el gobierno de Allende, presidente del Consejo de *El Mercurio*, todo lo cual lo vincula a la derecha más tradicional[41].

Durante un tiempo, Sáez funge como árbitro del conflicto entre los grupos de asesores económicos. En tal calidad es nombrado ministro de Coordinación Económica en julio de 1974[42]. Sin embargo, el desarrollo ideológico es desigual; la

[40] Arturo Fontaine Aldunate, *Los economistas y el presidente Pinochet*, p. 32.

[41] *Ibíd.*, pp. 59-61.

[42] Ministerio creado por el decreto-ley N° 558 del 8 de julio de 1974, Raúl Sáez asume el cargo tres días después, el 11. Valencia Avaria, *op. cit.*, vol. 1, 713, nota 208.

propuesta de los "Chicago Boys" ha madurado durante el gobierno de la Unidad Popular en un documento, producto del trabajo de un grupo de economistas de la oposición, incluyendo hasta democratacristianos, que ha sido transformado en una leyenda: "El Ladrillo". En la práctica, estos economistas no enfrentaron una oposición ideológica sino una inercia. En capítulos anteriores[43] se ha mostrado cómo la ideología del desarrollo económico, centrado en la industrialización por sustitución de importaciones, era un terreno de consenso relativo que permitía el funcionamiento del sistema de partidos, en el cual, en otro nivel, se enfrentaban los modelos de organización global de la sociedad que, con un lenguaje universalista, promovía cada partido. Sin embargo, el consenso acerca del modelo de desarrollo económico reducía las diferencias a cuestiones de formas y velocidad en la que se debían efectuar cambios cuyo sentido general y metas eran objeto de un consenso básico. Dicho consenso permitía separar las cuestiones "técnicas" de las "políticas" en el terreno de la política económica. El objetivo de la nueva ideología económica era reemplazar a la anterior en ese papel y éste fue su logro mayor.

Su aliado político decisivo en esta fase fue Jaime Guzmán, ideólogo gremialista a quien se atribuye un papel fundamental en la redacción de la "Declaración de Principios", ya mencionada. En 1974, Guzmán se conecta con el grupo de economistas y, a pesar de que en "la primera etapa del régimen se siente más afín a los empresarios alessandristas", como asesor de la dictadura, "en cuanto es pertinente, sugiere afirmar la línea de la libertad económica y se vale del

[43] Ver pp. 44-45; 54-55; 57-58, en el capítulo 1.

principio de subsidariedad para dar respaldo a la economía de mercado". Invitado por estos economistas a una reunión en las oficinas de la Sociedad de Fomento Fabril, en 1974, "advierte que todos, salvo Kelly, tienen la calidad de asesores y los exhorta a ocupar los cargos ejecutivos. A Guzmán le parece indispensable que los economistas realicen sus ideas y planes por sí mismos"[44].

Una alianza entre Jaime Guzmán y el grupo de economistas es emblemática del significado de todo el período de la dictadura. A primera vista no es posible establecer las conexiones ni afinidades. Incluso se ha considerado una renuncia o "traición" por parte de Jaime Guzmán a sus principios declarados[45]. Ambos elementos, Guzmán y los economistas neoliberales (por llamarlos de alguna manera), encarnan dos de los cambios más radicales que subsecuentemente produjo la larga dictadura: la nueva Constitución y el nuevo modelo de desarrollo económico. Ninguno de los dos aparecía como proyecto con posibilidades de ser puesto en práctica en las condiciones que precedían al golpe, no por el gobierno de Allende sino por la existencia del sistema político, el sistema de partidos y el modelo ideológico que constituía a ambos como tales. Eliminarlos, ponerlos en receso, suspender su accionar, despejar el escenario para experimentar estos nuevos proyectos sólo era posible en condiciones de dictadura, de un gobierno que no es responsable ante nadie, en que los elementos "técnicos" se pueden presentar como "apolíticos". Creadas estas condiciones por el golpe militar y la represión, la política asume un aspecto distinto al del juego parlamentario. La anécdota de los contactos y

[44] Fontaine, *op. cit.*, pp. 84-85.

[45] Alfredo Jocelyn-Holt, *El Chile perplejo*, p. 238.

el establecimiento de relaciones ilustra la forma conspirativa que asume la política. Algunos análisis abundan sobre las características individuales del nuevo personal político (aunque algunos no son en absoluto nuevos como funcionarios de gobierno).

Los modelos ideológicos identificables como actuantes a través de los nuevos políticos permiten conectar su acción con las estructuras sociales que se sentían amenazadas. De hecho, la renovación de los cuadros políticos de la clase dominante durante la dictadura reflejó un cambio al nivel de la estructura social, al ser reemplazados como eje estratégico los intereses de los capitales industriales por los del capital financiero, los cuales fueron representados por los tecnócratas que, sin embargo, debieron aliarse con los cuadros políticos de una derecha que derrotada en el campo de la ideología económica se atrincheró en el diseño de un nuevo sistema político[46]. El triunfo ideológico de los economistas del nuevo modelo se consumó en abril de 1975, cuando al renovar el gabinete en la perspectiva de enfrentar su primera crisis económica, Pinochet entregó el conjunto de los mandos de la economía a este grupo y adoptó su plan de *shock* como política económica oficial.

La anécdota de la reunión en Viña del Mar en la que se tomaron las decisiones cruciales, contiene algunos elementos que muestran la estructura del poder de la dictadura, como la presencia del "Coronel Manuel Contreras y otros oficiales de la Dirección Nacional de Inteligencia (DINA), convocados para que contribuyan a apreciar los efectos del plan sobre la opinión pública.[47]" En la misma reunión, se evidenció

[46] Es el caso de Alessandri, pero no así el de Guzmán.

[47] Fontaine, *op. cit.*, p. 89.

el reemplazo de Raúl Sáez como principal asesor económico del gobierno, reduciéndose sus tareas prácticamente a las negociaciones de la deuda externa[48].

La profundidad del cambio de política económica en términos de ruptura con el pasado se aprecia en función del desahucio del sistema político anterior, pero de éste sólo la Democracia Cristiana sobrevive en condiciones y con la voluntad para expresar que toma nota de ello. Recién a fines de 1975, en la forma de un folleto escrito por Eduardo Frei Montalva, se produce la toma de distancia decisiva entre el partido eje del sistema anterior y la dictadura[49]. Las relaciones de la dictadura con la Democracia Cristiana son el mejor indicador del avance del proyecto de reemplazo del sistema político anterior, puesto que los partidos de izquierda se encuentran sometidos a una persecución implacable y los de la derecha han acordado un apoyo incondicional, situación en la que el interés del Partido Demócrata Cristiano pasa a identificarse con el interés del sistema de partidos en su conjunto, en tanto representa el derecho a existir de todos y cualquier partido. Sin embargo, el PDC permanece en una situación ambigua puesto que su legitimidad como interlocutor de la dictadura descansa en su apoyo al golpe de

[48] Cavallo *et al.*, *op. cit.*, p. 87. Además, un decreto-ley del 10 de abril de 1975, el 966, denominó al ministerio de Sáez "de Coordinación Económica y Desarrollo". El decreto-ley 1263 suprimió la mención "y Desarrollo", y el decreto-ley 1370, del 9 de marzo de 1976 suprimió definitivamente el ministerio. Sáez renunció el 3 de noviembre de 1975 y su renuncia fue aceptada a contar del 10 de febrero de 1976 (D.S. de 25-XI-1975). Véase Valencia Avaría, *op. cit.*, vol. 1, p. 713, nota 208.

[49] "El mandato de la historia y las exigencias del porvenir", en *Chile-América*, N° 14-15, Roma, enero-febrero de 1976, pp. 92-110.

Estado y, consecuentemente, sus denuncias y protestas respecto del carácter represivo de la dictadura están limitadas a aquellos abusos que los afectan directamente y sólo de manera muy general se refieren a lo peor de la represión, que es la que afecta a los partidos de la izquierda.

La alianza entre los economistas de Chicago y los gremialistas se enfrentaba todavía a otras alternativas para consolidarse como el proyecto de los militares: por una parte, en el terreno ideológico, los nacionalistas eran influyentes en un sentido difuso entre los militares, pero Pinochet los consideraba cuando pensaba en un movimiento cívico-militar que reemplazara a los partidos; por otra parte, la ambigüedad de los democratacristianos hacía que permanecieran todavía en contacto con la dictadura algunos cuadros técnicos de ese partido y que algunos oficiales, particularmente generales, recordaran todavía su simpatía por ellos. Esto desató una lucha sorda de conspiradores que acusaban a otros de conspiración, pero cuya resolución iba siendo conocida por el terreno que una y otra posición perdía o ganaba.

Los gremialistas se vieron afectados por el escándalo que rodeó a la quiebra de la Cooperativa de Ahorro y Crédito "La Familia". Un grupo de ahorrantes se querelló por estafa. Entre los directivos de la cooperativa figuraban algunos de los principales dirigentes gremialistas, incluyendo hasta a Jaime Guzmán, quien demostró no tener que ver con la cooperativa después que se le dictó una orden de arraigo[50].

En el año 1977, la DC vio clausurada su estación de radio, Radio Balmaceda. En el terreno financiero, se supone que el

[50] El abogado de los ahorrantes estafados fue el dirigente nacionalista Pablo Rodríguez. Véase Cavallo *et al.*, *op.cit.*, p. 157.

acoso al grupo económico Fluxá-Yaconi se debía a que ellos, a través del Banco Osorno y la Unión eran un canal de financiamiento del PDC. Finalmente, el 11 de marzo de ese año, se dicta el decreto que disuelve a todos los partidos hasta entonces en receso; asimismo estaba dirigido explícitamente a parar una conspiración democratacristiana cuyas pruebas eran dos documentos internos del partido redactados por Andrés Zaldívar y por Tomás Reyes[51].

Con la eliminación de todos los partidos políticos, el camino hacia la normalización de la vida política del país quedaba aparentemente desierto. Sin embargo, en ese mismo año, se comenzaron a precisar las características del nuevo sistema que eventualmente impondría la dictadura, las etapas que habría que cumplir y, tentativamente, un cronograma de dicha transición. Todo esto quedó especificado en el conocido como "Discurso de Chacarillas", leído por Pinochet el 9 de julio de 1977,en el cerro de ese nombre, en un acto organizado por la Secretaría Nacional de la Juventud —organismo de la Secretaría General de Gobierno—, y un Frente Juvenil de Unidad Nacional, organizado por los gremialistas de la Universidad Católica. El discurso, redactado por Jaime Guzmán según la información disponible, reitera lo dicho en la "Declaración de Principios" de 1974, pero define el nuevo régimen de gobierno hacia el cual se avanza: "...una nueva democracia que sea autoritaria, protegida, integradora, tecnificada y de auténtica participación social...". El tránsito a este nuevo sistema de gobierno está diseñado por etapas: "El proceso concebido en forma gradual contempla tres etapas: la de recuperación, la de transición y

[51] Los documentos aparecieron en un suplemento especial del diario *La Tercera* el 12 de marzo de 1977.

la de normalidad o consolidación. Dichas etapas se diferencian por el diverso papel que en ellas les corresponde a las Fuerzas Armadas y de Orden, por un lado, y a la civilidad por otro. Asimismo se distinguen por los instrumentos jurídico-institucionales que en cada una de ellas deben crearse o emplearse".

"En la etapa de recuperación, el poder político ha debido ser integralmente asumido por las Fuerzas Armadas y de Orden, con la colaboración de la civilidad, pero en cambio, más adelante, sus aspectos más contingentes serán compartidos con la civilidad, la cual habrá de pasar así de la colaboración a la participación".

"Finalmente entraremos en la etapa de normalidad o consolidación. El poder será ejercido directa y básicamente por la civilidad, reservándose constitucionalmente a las Fuerzas Armadas y de Orden el papel de contribuir a cautelar las bases esenciales de la institucionalidad y la Seguridad Nacional en sus amplias y decisivas proyecciones modernas"[52].

Otras características de esas etapas, y el cronograma asociado a ellas son el tipo de ordenamiento normativo que las regiría y los grados y formas que asumiría la participación civil. En la primera etapa, de "recuperación", que se extendería hasta el 31 de diciembre de 1980, se completaría la derogación de la Constitución de 1925 y su reemplazo por "Actas Constitucionales". En la segunda etapa, de "transición", a partir de 1981, el Poder Constituyente de la Junta se ejercería en consulta con el Consejo de Estado y se instalaría una Cámara legislativa mixta de carácter "termal", aunque

[52] Extractos del "Discurso en el Cerro 'Chacarillas'. 9.7.1977." en *Pinochet: Patria y democracia*, pp. 86-88.

sin participación de los partidos en la designación de las "ternas". Un tercio sería designado por Pinochet; el resto vendría de las doce regiones, con el visto bueno del gobierno.

"*Normalidad Constitucional*, en 1985. El poder volvería a los civiles. Eso equivalía a ofrecer elecciones libres y directas a ocho años plazo. En esta segunda etapa del período de transición, los dos tercios de la Cámara legislativa se elegirían por sufragio popular directo y un tercio sería nombrado por el gobierno. Esa misma Cámara elegiría al próximo Presidente por seis años"[53]. También en esa fecha entraría en vigencia una nueva Constitución[54].

Las circunstancias del acto en que se leyó el discurso, y su contenido, marcaron la victoria total de los gremialistas sobre las tendencias nacionalistas y corporativistas. A partir del supuesto éxito del programa económico de los "Chicago Boys", los gremialistas veían culminar su lucha política al asumir Pinochet su programa de institucionalización. El contenido de este discurso es citado por Pinochet entre los primeros elementos de conflicto con el general Leigh, que culminó un año más tarde con la destitución de éste tanto de la comandancia de la Fuerza Aérea como de la Junta de Gobierno[55]. Los conflictos políticos se iban a centrar de aquí en adelante en las características del nuevo ordenamiento político y en las formas y plazos de su puesta en vigencia.

[53] Cavallo *et al.*, *op. cit.*, p. 162.

[54] Genaro Arriagada, *Por la razón o la fuerza. Chile bajo Pinochet*, p. 91.

[55] Florencia Varas, *op. cit.*, pp. 41-43.

3.4. Bases de un nuevo sistema político. Una nueva Constitución

Con respecto a la normatividad durante todo este proceso hay que anotar que la Junta de Gobierno en su "Acta de constitución", del 11 de septiembre de 1973, "Declara que la Junta...respetará la Constitución y las leyes de la república, *en la medida que la actual situación del país lo permitan...*"[56]. En un decreto-ley aclaratorio del sentido y alcance del artículo 1° del decreto-ley N° 1 (el acta antes citada), establece que a partir del golpe, la Junta ha asumido "el ejercicio de los poderes Constituyente, Legislativo y Ejecutivo", estableciendo su capacidad para reformar la Constitución por medio de decretos-leyes. Hasta diciembre de 1975, se dictaron quince de tales decretos reformando la Constitución de 1925. A partir del 31 de diciembre de ese año se dictaron cuatro Actas Constitucionales y, a continuación, hasta el 1° de julio de 1980, se dictaron siete decretos-leyes reformando las Actas Constitucionales[57]. En esa fecha, el Consejo de Estado (creado por el Acta Constitucional N° 1, del 31 de diciembre de 1975) entregó a la Junta Militar su informe sobre el proyecto de una nueva Constitución. El 10 de agosto siguiente, Pinochet anunció que el 11 de septiembre se realizaría un plebiscito para aprobar ese proyecto. "El proceso de estudio de la nueva Constitución había tomado cinco años en la Comisión redactora del antreproyecto; veintidós meses en el Informe del Consejo de Estado; cuarenta días para su

[56] Valencia Avaría, *op. cit.*, p. 268.

[57] *Ibíd.*, pp. 269-330.

aprobación por la Junta Militar... pero sólo admitiría treinta días para que fuera conocido, discutido y votado por el pueblo en un plebiscito"[58].

Las discusiones entre los juristas acerca de las características de esta Constitución han sido muchas. Sin embargo, la cuestión central no es técnica más que en un sentido subordinado. El propósito central al que obedece todo el proyecto fue invariable: evitar a toda costa la posibilidad de repetición de la experiencia de la Unidad Popular. En el punto de partida estaba presente también el consenso negativo. Luego, en la implementación de la idea central aparecieron las distintas visiones y se fueron diferenciando los intereses y, tal como ocurrió con el proyecto económico, Pinochet y las fuerzas armadas terminaron por imponer un proyecto de sus allegados civiles que no habría podido ser aprobado si el sistema de partidos políticos hubiera estado funcionando. Es más, explícitamente este ordenamiento estaba diseñado para que sus aspectos de participación de la población entraran en funcionamiento una vez que desapareciera la posibilidad de que resurgieran los actores políticos anteriores al golpe.

En palabras de Pinochet: "Pasar abruptamente del régimen actual a la plenitud democrática, con generación de la autoridad por elección, sólo encontraría, como actores aventajados, a los antiguos grupos y partidos políticos, cuya obra fue funesta para Chile".

"No sólo debemos crear las nuevas instituciones que favorezcan el progreso sostenido del país tanto espiritual como material. No basta fomentar prácticas que confieran solidez a esas nuevas instituciones. Es igualmente indispensable

[58] Genaro Arriagada, *op. cit.*, 107.

estimular el desenvolvimiento de una nueva generación civil, impregnada de los referidos valores"[59].

Ya se iban a cumplir seis años de dictadura, lo que habría durado un gobierno constitucional, pero, además de las garantías que pudieran diseñar en las normas, requerían ahora de plazos de transición que podrían ser indeterminados, dada la definición de las metas impuestas. Lo que importa del nuevo orden político establecido por la Constitución de la dictadura es la forma en que busca obtener algunos fines estratégicos: establecer la exclusión ideológica de la izquierda y garantizar por la fuerza la estabilidad de la dominación. Además, poner en ventaja a una nueva élite, hija de la dictadura. Cumplir estos objetivos implicaba enfrentar obstáculos ideológicos graves. Por ejemplo, el sentido práctico no aconseja en el mundo de hoy establecer un sistema que no contemple el sufragio universal. Éste fue aceptado, por razones prácticas por Jaime Guzmán, no por principio puesto que, ideológicamente, él cuestionaba la soberanía popular como fundamento de la legitimidad del Estado[60]. Aun así, hubo quien propusiera un sistema de voto censitario o ponderado[61].

[59] Clase magistral del Presidente de la República, General de Ejército don Augusto Pinochet Ugarte, con motivo de la inauguración del año académico de la Universidad de Chile. (Santiago, 6 de abril de 1979), p. 46.

[60] Jaime Guzmán, *Escritos personales*, capítulo 4, "Democracia y elecciones", pp. 101-131.

[61] El voto de minoría, firmado por Pedro Ibáñez y Carlos Cáceres en el Consejo de Estado "sentó la discrepancia de ambos en torno a varios puntos del proyecto, de los cuales el más relevante fue su oposición al sufragio universal y su sugerencia de que las autoridades máximas fueran elegidas por votación indirecta." Cavallo *et al.*, *op. cit.*, p. 314.

Desde el comienzo, los trabajos de los diseñadores del nuevo orden se dirigieron a limitar la actividad de los partidos. La Comisión de Estudio de la Nueva Constitución[62] efectuó su primera sesión el 24 de septiembre de 1973, presidida por Enrique Ortúzar. El 26 de noviembre de ese año elevó a la consideración de la Junta de Gobierno un "memorándum de intenciones constitucionales". Éste era ya un primer resultado de una intensa labor ideológica.

En el acta de la 3ª sesión de esta Comisión (26 de septiembre de 1973) se inserta el primer memorándum, en el cual se afirma que la nueva Constitución:

"*b*) Debe contemplar un precepto que declare que los partidos políticos que según sus fines o la conducta de sus partidarios, vayan en contra del sistema democrático de gobierno, son contrarios a la Constitución. Disposiciones análogas se contemplan en las Constituciones más modernas de países que han atravesado por esta emergencia; baste citar como ejemplo la Constitución alemana. Asimismo, las personas que propicien la alteración del régimen democrático no podrán ocupar cargos públicos, sean o no de representación popular".

"*c*) Con relación a los demás partidos políticos, la Constitución debe contemplar normas generales destinadas a asegurar que su labor se desarrolle en las materias que le son propias e inspiradas en el bien común. En este sentido deberá contemplar expresa prohibición de extender sus actividades a la administración pública y a las elecciones que tengan lugar en los gremios, universidades y establecimientos

[62] La información y las citas que siguen están tomadas del trabajo de Rafael Larraín Cruz y Leopoldo Núñez Tomé, *Protección de la democracia. ¿Deben proscribirse los partidos marxistas?*, pp. 13-15.

educacionales y en general en otras actividades análogas, estableciendo las sanciones correspondientes"[63].

En la 6ª sesión (9 de octubre de 1973) "... el señor Ortúzar al hacer uso de la palabra señaló que de acuerdo con los postulados y propósitos manifestados por la Junta, los partidos marxistas deberán quedar al margen de la ley, pues constituyen asociaciones ilícitas. Con relación a los demás, será preciso contemplar normas para que cumplan su misión de velar por el bien público alejando la influencia partidista de las demás actividades de la Nación ajenas a su órbita".

El 23 de octubre, en la sesión 9ª "el señor Evans [...] Expresó que ha considerado útil, para no caer en una redacción negativa, disponer que los partidos políticos deberán comprometerse ideológicamente con el Estado de Derecho y con la subsistencia del régimen democrático y republicano". Propuso la siguiente redacción para esa parte del memorándum: "Los partidos políticos se organizarán y actuarán conforme a los principios de democracia interna que señale la ley y deberán mantener en su definición ideológica y en la conducta de sus militantes una irrestricta y permanente adhesión al sistema democrático y republicano de gobierno y a los principios y valores que sustentan al Estado de Derecho".

Sin embargo, todo esto quedaba corto respecto del proyecto que finalmente se impondría. La Comisión se fue depurando de los elementos que podrían haber representado

[63] Hasta ese momento la Comisión estaba presidida por Enrique Ortúzar, y además la integraban Sergio Díez, Jaime Guzmán y Jorge Ovalle. En la 6ª sesión (9 de octubre de 1973) se incorporan a la Comisión, Enrique Evans, Gustavo Lorca y Alejandro Silva Bascuñán.

visiones conectadas con los partidos políticos. Tres de sus miembros habían renunciado: Alejandro Silva Bascuñán, Enrique Evans y Jorge Ovalle. Los dos primeros, vinculados a la Democracia Cristiana, luego de la disolución de los partidos por decreto-ley en 1977 y el tercero, asociado con la Democracia Radical, por su vinculación con el general Leigh[64], y probablemente con la posición atribuida a la Fuerza Aérea de que bastaba con reformar la Constitución de 1925 y no se necesitaba una nueva[65]. "La comisión se recompuso con don Juan de Dios Carmona, que había sido democratacristiano, pero que ya se encontraba en una posición de apoyo político al actual régimen [...].Y se incorporaron también algunos profesores de derecho constitucional, sin afiliación política determinada, como Raúl Bertelsen y Luz Bulnes"[66].

El trabajo de la Comisión fue intenso, 417 sesiones, y la discusión en el Consejo de Estado ocupó "57 sesiones plenarias y un número no registrado de reuniones de comisión y entrevistas con especialistas"[67].

Estas discusiónes son muy ilustrativas del pensamiento de los redactores del proyecto de la nueva Constitución[68]. Sin embargo, lo que resulta importante aquí, es la idea muy

[64] Cavallo *et al.*, *op. cit.*, p. 310, y el mismo Pinochet citado por Florencia Varas, *op. cit.*, p. 41.

[65] Cavallo *et al.*, *op.cit.* p. 224 y 236.

[66] Jaime Guzmán entrevistado por Juan Pablo Illanes, en Jaime Guzmán, *Escritos personales*, *op.cit.*, p. 163.

[67] Citado por Rafael Valdivieso, *Crónica de un rescate*, p. 218.

[68] Por ejemplo la intervención de Jaime Guzmán el 25 de octubre de 1973, en la que expresa que "hablar de democracia pluralista es conflictivo, toda vez que aún no se conocen los límites exactos del pluralismo y se corre el riesgo de caer en contradicciones". *Ibíd.*, p. 15.

claramente expresada por ellos de que la penetración de los partidos políticos en la sociedad es indeseable para la mantención del régimen de gobierno. Esto es algo que efectivamente fue importante en la explicación de lo acontecido durante la Unidad Popular[69]. La Constitución de 1980 busca la restricción de la representatividad ideológica y social del nuevo sistema de partidos que se espera crear. La exclusión ideológica se estableció en el artículo octavo[70], y en el artículo 19 se establece como resguardo de la independencia de las organizaciones sindicales, la prohibición de que éstas "y sus dirigentes" intervengan en actividades político partidistas.

Los principios que orientaron la redacción de estos artículos están contenidos en el oficio que dirigió Pinochet al presidente de la "Comisión de Estudios de la Nueva Constitución", Enrique Ortúzar, el 10 de noviembre de 1977[71]. Exponiendo en el punto Nº 5, "ciertas ideas que considero básicas para plasmar los criterios político-institucionales que guían al gobierno", dice en el apartado *h*)"Establecimiento de sistemas electorales que impidan que los partidos políticos se conviertan en conductos monopólicos de la participación ciudadana y en gigantescas maquinarias de poder que subordinan a los legisladores a 'órdenes de partido', impartidas por pequeñas oligarquías que dirigen los partidos sin título ni responsabilidad real alguna, y que disponen de cuantiosos fondos de origen desconocido".

[69] Véase capítulo anterior.

[70] Una comparación de tres versiones del artículo 8º, la propuesta de la Comisión, la del Consejo de Estado y la que finalmente quedó en la Constitución, se puede ver en Larraín y Núñez, *op.cit.*, pp. 207-209.

[71] Reproducido en *Constitución de 1980. Comentarios de juristas internacionales*, pp. 137-143.

"El nuevo régimen constitucional y electoral debe favorecer la existencia de nuevas formas de agrupación política, entendidas como corrientes de opinión que prevalezcan por la calidad de sus miembros y la seriedad de sus planteamientos doctrinarios y prácticos. Además, es imprescindible que se establezcan requisitos básicos de idoneidad a quienes aspiran a un cargo público".

Sigue en el apartado "*n*) Preservación de los cuerpos intermedios entre el hombre y el Estado, conforme al principio de subsidiariedad, como un vehículo insustituible de participación social en una comunidad libre. Esta autonomía debe extenderse sólo al campo propio y específico de la entidad de que se trate, fuera de la cual aquella carece de legitimidad. Los mencionados cuerpos intermedios han de tener los medios institucionalmente legitimados para comunicarse con el poder político, pero no puede admitirse en caso alguno que éste se genere sobre la base de los organismos en cuestión, como equivocadamente lo propicia el llamado corporativismo, ya que el Estado tiene como misión precisa el velar por el bien común, objetivo que resulta imposible si se estructura un sistema en que los grupos de interés más poderosos se impongan sin contrapeso frente a los más débiles, o en que las leyes sean el fruto de simples arreglos entre intereses particulares".

"Estimo que con igual énfasis hay que impedir la intromisión de los futuros parlamentarios o grupos políticos en la generación y funcionamiento de las entidades gremiales o sindicales, estudiantiles, profesionales y vecinales, incluidos especialmente los conflictos laborales o estudiantiles. Las sanciones a quienes transgredan esta prohibición deben ser precisas y drásticas".

"Del mismo modo, considero fundamental estudiar normas de incompatibilidad que hagan imposible que las actividades gremiales se confundan con las políticas, o sirvan de trampolín para éstas. La utilización de los cargos gremiales como un medio para emprender futuras carreras políticas, perjudica seriamente al país, y debe ser tajantemente rechazada por el nuevo sistema institucional".

Si este discurso parece el de un muñeco manejado por un ventrílocuo gremialista, la explicación es que la redactora del oficio, Mónica Madariaga, a la sazón ministra de Justicia, contó con la asesoría de Jaime Guzmán, miembro de la comisión y, por lo tanto, también destinatario de su mismo oficio[72]. Como se dijo más arriba, los artículos 8° y 19° de la Constitución establecieron como normas la exclusión ideológica y el principio de separación entre sociedad y política encarnado en la prohibición de participación de los partidos en las actividades gremiales y de los dirigentes sindicales en los partidos. El texto aprobado en 1980 es el siguiente:

> "*Artículo* 8°.- Todo acto de persona o grupo destinado a propagar doctrinas que atenten contra la familia, propugnen la violencia o una concepción de la sociedad, del Estado o del orden jurídico, de carácter totalitario o fundada en la lucha de clases, es ilícito y contrario al ordenamiento institucional de la República.
>
> "Las organizaciones y los movimientos o partidos políticos que por sus fines o por la actividad de sus adherentes tiendan a esos objetivos, son inconstitucionales.
>
> "Corresponderá al Tribunal Constitucional conocer de las infracciones a lo dispuesto en los incisos anteriores.

[72] Cavallo *et al., op. cit.*, p. 310.

"Sin perjuicio de las demás sanciones establecidas en la Constitución o en la ley, las personas que incurran o hayan incurrido en las contravenciones señaladas precedentemente no podrán optar a funciones o cargos públicos, sean o no de elección popular, por el término de diez años contados desde la fecha de la resolución del Tribunal. Tampoco podrán ser rectores o directores de establecimientos de educación ni ejercer en ellos funciones de enseñanza, ni explotar un medio de comunicación social o ser directores o administradores del mismo, ni desempeñar en él funciones relacionadas con la emisión o difusión de opiniones o informaciones; ni podrán ser dirigentes de organizaciones políticas o relacionadas con la educación o de carácter vecinal, profesional, empresarial, sindical, estudiantil o gremial en general durante dicho plazo.

"Si las personas referidas anteriormente estuvieren a la fecha de la declaración del Tribunal, en posesión de un empleo o cargo público, sea o no de elección popular, lo perderán, además, de pleno derecho.

"Las personas sancionadas en virtud de este precepto no podrán ser objeto de rehabilitación durante el plazo señalado en el inciso cuarto.

"La duración de las inhabilidades contempladas en este artículo se elevarán al doble en caso de reincidencia".

"*Artículo* 19.- La Constitución asegura a todas las personas: [...]

"15°.- El derecho a asociarse sin permiso previo.

"Para gozar de personalidad jurídica las asociaciones deberán constituirse en conformidad a la ley.

"Nadie puede ser obligado a pertenecer a una asociación.

"Prohíbense las asociaciones contrarias a la moral, al orden público y a la seguridad del Estado.

"Los partidos políticos no podrán intervenir en actividades ajenas a las que les son propias ni tener privilegio alguno o monopolio de la participación ciudadana; sus registros y contabilidad deberán ser públicos; las fuentes de su financiamiento no podrán provenir de dineros, bienes, donaciones, aportes ni créditos de origen extranjero; sus estatutos deberán contemplar las normas que aseguren una efectiva democracia interna. Una ley orgánica constitucional regulará las demás materias que les conciernan y las sanciones que se aplicarán por el incumplimiento de sus preceptos, dentro de las cuales podrá considerar su disolución. Las asociaciones, movimientos, organizaciones o grupos de personas que persigan o realicen actividades propias de los partidos políticos sin ajustarse a las normas anteriores son ilícitos y serán sancionados de acuerdo a la referida ley orgánica constitucional".

Las disposiciones de la nueva Constitución que afectaban a los partidos políticos, en las que se ha centrado esta descripción, estuvieron entre las que más preocuparon a los críticos en el momento de su aprobación plebiscitaria, en 1980. La Comisión de Estudios Constitucionales, presidida por el abogado Manuel Sanhueza, que llegó a ser conocida como el "Grupo de los 24", venía cuestionando el proyecto constitucional desde su divulgación a raíz de su entrega al Consejo de Estado. El 27 de enero de 1979, el diario *El Mercurio* publicó un documento del "Grupo de los 24" titulado "Observaciones al proyecto Ortúzar"[73], en el cual se manifestaba: "Esta Comisión se hace un deber de prevenir al país sobre los aspectos que estima más graves en este

[73] Reproducido en *Chile-América*, N° 50-51, enero-febrero de 1979, pp. 140-141.

intento de otorgar una nueva Constitución Política del Estado". En la perspectiva actual, es interesante consignar los puntos centrales de esta crítica al proyecto que finalmente fue aprobado: *1*) establece el delito de opinión (artículo 8º, al que ya se ha hecho referencia); *2*) subordina el principio de soberanía del pueblo al superior control de las fuerzas armadas; *3*) fortalece el poder presidencial hasta un punto incompatible con un sistema democrático; *4*) distorsiona la función del Poder Judicial al limitarla, frente a los tribunales militares, en lo referente a delitos de terrorismo, e inmiscuirlo en cuestiones políticas en lo referente al Tribunal Constitucional y al Tribunal Calificador de Elecciones; *5*) no reconoce la personería jurídica de Derecho Público a los partidos políticos y no conserva la garantía constitucional de autonomía para darse la organización que estimen conveniente; *6*) por último, pretende imposibilitar el cambio del modelo económico en aplicación. Además, se cuestiona la ausencia de posibilidades de debate público para la aprobación de una nueva Constitución.

La aprobación de la Constitución en un plebiscito realizado el 11 de septiembre de 1980 marcó el punto culminante del triunfo de la dictadura y de la consecuente derrota de los partidos políticos. En el entusiasmo del triunfo de esa noche, Pinochet llegó a anunciar la creación de "un gran movimiento cívico-militar de Chile" (para pertenecer al cual habría que inscribirse en los municipios)[74]. *El Mercurio* lo expresaba así: "Los políticos que permitieron o generaron el estado de cosas que llevó al fracaso de la democracia chilena fueron derrotados por la alianza entre militares y economistas. Podría resumirse así el contenido del plebiscito del jueves 11.

[74] Cavallo *et al.*, *op. cit.*, p. 331.

Los militares proporcionaron el orden, la seguridad y la confianza. Los economistas brindaron ideas nuevas capaces de levantar al país de la postración y liberar las energías para emprender la marcha veloz del desarrollo. Los militares y los economistas de este régimen cumplieron la tarea que no realizaron los políticos que hoy encabezan desesperadamente la oposición... Tal es el sentido de la notable alianza entre militares y economistas"[75]. Este triunfalismo se basaba en la percepción del éxito de la política económica. El año 1979 es todavía recordado como el año de las expectativas desatadas. El 11 de septiembre de ese año, Pinochet afirmó "hacia 1985 u 1986 cada trabajador chileno va a tener auto, casa y televisor"[76]. En junio se fijó el dólar de Estados Unidos en 39 pesos y se desató la ola de importación de bienes de consumo y el endeudamiento en dólares. Esta situación puede haber influido en la decisión de realizar el plebiscito en 1980, y ciertamente formó parte de la explicación del resultado de éste con la que los derrotados se conformaron y, en buena parte, terminaron por legitimarlo.

Las irregularidades que rodearon todo el plebiscito fueron denunciadas en su tiempo desde múltiples fuentes y por varios medios[77]. Sin embargo, el haber aceptado, en esas condiciones, realizar una limitada campaña en favor del rechazo al proyecto de Constitución por parte del conjunto de la élite partidista, formalmente fuera de la ley en ese

[75] "La Semana Política", *El Mercurio*, 21 de septiembre de 1980, citado por Genaro Arriagada, *op. cit.*, p. 103.

[76] Citado en *La Tercera*, 29 de agosto de 1999, Reportajes, "1979: el año del cuesco Cabrera".

[77] Véase, Cavallo *et al.*, *op cit*, pp. 322-332, además de *Chile-América*, N° 64-65, junio-septiembre de 1980 y 66-67, oct., nov., dic. de 1980.

momento, encabezada por quien había sido Presidente de la República (1964-1970), Eduardo Frei Montalva, proporcionó toda la legitimidad que la dictadura necesitaba para imponer su Constitución[78]. De hecho, los opositores a la Constitución conformaban un bloque heterogéneo que incluía desde el General Leigh, expulsado de la Junta de Gobierno por Pinochet, hasta la izquierda que no tenía más opción que sumarse al llamado de Frei, que encarnaba la posición de la Democracia Cristiana que rechazaba una alianza con la izquierda y estaba consciente de su capacidad para liderar los proyectos o intentos de reconstrucción democrática. Esto quedó de manifiesto en el único acto público autorizado por la dictadura a los que se oponían al proyecto de Constitución, en el cual Frei fue recibido por un público que coreaba las consignas de la Unidad Popular[79]. Esto era sólo una muestra de capacidad de superviviencia en la consciencia de las masas, puesto que los partidos de la izquierda estaban pasando por su peor momento de dudas y vacilaciones[80].

[78] Véase Jaime Guzmán, *op. cit.*, pp. 102-106 y Enrique Cañas Kirby, *Proceso político en Chile: 1973-1990*, pp. 92-93.

[79] Ver Cavallo *et al.*, *op. cit.*, pp. 327-329.

[80] Además de diezmados por la represión, el Partido Socialista había sufrido su peor división en 1979 y, en vísperas del plebiscito, Luis Corvalán dijo su discurso aceptando todas las formas de lucha. Véase más adelante, capítulo 6.

Capítulo 4
CRISIS Y DESGASTE DE LA DICTADURA: LA RECONSTRUCCIÓN DE LA DERECHA

4.1. Cambio en la correlación de fuerzas y reactivación de la élite política

El triunfalismo que siguió al plebiscito de 1980 entre los partidarios de la dictadura, hizo surgir dos tipos de inquietudes que serían fuente de conflicto: por un lado, la participación de los civiles en el gobierno no tenía estructuras institucionalizadas y, por otra, la parte más polémica de la nueva Constitución fue, en lo inmediato, la de los artículos transitorios, que normaban la paulatina entrada en vigencia del nuevo orden político y su regularización, puesto que en ellos se establecían los extraordinarios poderes a disposición del dictador y de la Junta Militar y las posibilidades de perpetuarse en el poder por otros dieciséis años. Este plazo posible estaba dividido en dos períodos presidenciales de ocho años (la duración establecida por la Constitución para el cargo de Presidente de la República), de los cuales el primero comenzaría en marzo de 1981, con Pinochet en la presidencia, y el segundo quedaba sujeto a ratificación por un plebiscito en que la Junta Militar propondría un candidato a la consideración del electorado en 1988.

La idea y el diseño de este articulado transitorio fueron una inspiración de Jorge Alessandri, como presidente del

Consejo de Estado[1]. Sin embargo, la versión aprobada junto con la Constitución fue diseñada por los asesores de Pinochet y la Junta Militar[2]. La interpretación y aplicación de estas normas fue campo de confrontación entre tendencias que apoyaban a la dictadura, antes de convertirse en el campo del enfrentamiento con la oposición. Dado el receso político y la ausencia de organización formal, los miembros de corrientes ideológicas distinguibles dentro del bloque de apoyo a la dictadura fueron caracterizados por los periodistas, los analistas y, finalmente, entre ellos mismos, como "duros" y "blandos"[3]. Las cuestiones que los enfrentaban eran, por una parte, la actividad económica del Estado, en lo cual los "duros" aparecían derrotados desde el comienzo de la aplicación del modelo económico en 1975, pero dentro de lo cual habían obtenido una pequeña victoria al incluir en la nueva Constitución la preservación de la gran minería del cobre en manos del Estado, y, por otra parte, la cuestión de una nueva estructura de participación política. Esto último, ligado a la decisión respecto de la duración de la dictadura y los plazos para su paulatina normalización, pasaron ahora al primer plano.

Los sectores "duros" reunían a los nacionalistas, los corporativistas y los partidarios de una militarización permanente

[1] Jaime Guzmán, *op. cit.*, pp. 171-172.

[2] Cavallo *et al.*, *op. cit.*, pp. 316-318. Por otra parte, Alessandri, en 1983 dijo: "Reclamo para mí el honor de que se llegase a redactar una nueva Carta Política. No estoy de acuerdo con las modificaciones introducidas al proyecto que aprobó el Consejo de Estado y mucho menos lo estoy con la normativa de la transición que se introdujera a su texto". Citado por Andrés Allamand, *La travesía del desierto*, p. 36.

[3] Sergio Fernández, "Génesis de la Constitución de 1980", en Gonzalo Vial (editor), *Análisis crítico del régimen militar*, p. 51.

de la política a través de un movimiento cívico-militar. Sin embargo, como apunta un análisis contemporáneo, "El reciente anuncio del General Pinochet de crear un frente cívico-militar casi no alcanzó a formularse antes de perder vitalidad. A no mediar cambios políticos de importancia no parece probable la formación de tal movimiento político, fundamentalmente por la resistencia que podría encontrar en las propias Fuerzas Armadas"[4]. Esta idea de un "movimiento" había sido planteada antes, en 1975, por el Movimiento de Unidad Nacional, MUN[5], en el que participaban algunos de los dirigentes gremiales de la oposición a la Unidad Popular y que se anunció con la "Declaración de Codegua". Luego, en 1978, se intentó crear un movimiento "pinochetista". En 1980, el mismo Pinochet, en su discurso de la victoria en el plebiscito, llamó a inscribirse en las municipalidades para crear un movimiento cívico-militar. En 1981, el asesor de Pinochet, Federico Willoughby, estaba en campaña de organización recorriendo las ciudades del país y, todavía en 1982 y 1983 los nacionalistas como Pablo Rodríguez y el mismo Willoughby insistirían en el proyecto[6].

A pesar de que el triunfo en el plebiscito significaba la prolongación de la dictadura, los civiles involucrados en el gobierno percibían el comienzo de un primer período

[4] Taller de Análisis Político, *Informe Mensual de Coyuntura Política*, N° 4, octubre de 1980, p. 3.

[5] Más tarde habrá otro movimiento con la misma sigla pero diferente en todo lo demás.

[6] Este breve recuento apareció en *El Mercurio*, el 29 de mayo de 1983, p. D3. En agosto de 1983, Federico Willoughby con Gastón Acuña y Pablo Rodríguez publicaron un folleto titulado *¿Qué es el nacionalismo hoy?*, en el que no insisten en la idea por el momento pero descartan a los partidos como modelo de participación política.

presidido por Pinochet, el 11 de marzo de 1981, como el comienzo de una etapa distinta. Esto determinó una aceleración del proceso de cambio denominado "modernizaciones" por los publicistas de la dictadura[7]. Esto fue acompañado de un "endurecimiento" del régimen en los últimos meses de 1980 y los primeros de 1981[8].

La situación de las fuerzas que apoyaban a la dictadura presentaba ciertos rasgos de ambigüedad que recuerdan al bloque que se oponía al gobierno de Allende[9]. En aquel entonces se trataba del proceso por el cual las fuerzas que actuaban desde fuera del sistema político y del sistema de partidos fueron subordinando a su estrategia a los que lo hacían desde dentro de ambos. Ahora, se trataba de los que veían la perspectiva de institucionalización del régimen como un proceso en el que deberían tener algún papel los antiguos aliados, por un lado, y, por otro, los que pensaban que el viejo sistema debía ser reemplazado radicalmente. Esta diferencia abría brechas por donde se comunicaban los sectores blandos con sectores de la derecha en receso y hasta con personeros de la Democracia Cristiana, formalmente en

[7] "...mientras se estudiaba la Reforma Previsional, exactamente en el mensaje del 11 de septiembre de 1979, Pinochet proclamó solemnemente las 'siete modernizaciones': Plan Laboral, Reforma Previsional, Directiva Educacional, Reestructuración del Sector Salud, Modernización de la Justicia, Desarrollo Agrícola, Reforma Administrativa y Regionalización". Víctor Osorio e Iván Cabezas, *Los hijos de Pinochet*, p. 76.

[8] Por ejemplo el nombramiento de militares en servicio activo como rectores delegados en casi todas las universidades cuando se esperaba un cierto retorno de los académicos. Véase *Informe Mensual de Coyuntura Política*, N° 6, diciembre de 1980, p. 4.

[9] Véase capítulo anterior.

receso y en oposición a la dictadura[10]. El árbitro de todos estos movimientos era Pinochet, que parecía por momentos favorecer a los sectores "duros" o nacionalistas, por lo menos es lo que daba a entender su hija Lucía como vocera de un "centro de estudios"[11].

La oposición democratacristiana mantenía su histórica ambigüedad rechazando los llamados del Partido Comunista a formar un frente opositor unido, maniobrando con sectores exdemocratacristianos que se iban integrando al Partido Socialista y manteniéndose disponible para cualquier contacto que se posibilitara con los sectores del gobierno, a través de la antigua derecha partidista. Esta situación implicaba una reactivación moderada y vacilante de la vieja élite política que dirigía los partidos ("los señores políticos", en el lenguaje del dictador), que se movían en la expectativa de una institucionalización del régimen a partir de la entrada en vigencia de la nueva Constitución. Sin embargo, un proceso paralelo en la base social marcaba los límites de esta estrategia opositora. Especialmente entre los estudiantes, la

[10] Un testimonio de estos contactos entre el ministro del Interior Sergio Fernández y ex-senadores de derecha y democratacristianos, está en la entrevista a Francisco Bulnes Sanfuentes en la revista *Qué Pasa* del 5 de diciembre de 1979, reproducida en parte en *Chile-América*, N° 58-59, noviembre-diciembre de 1979, p. 149.

[11] La "Corporación de Estudios Nacionales". Este modelo de organización, el centro de estudios, cobró gran importancia como refugio de la actividad ideológica de los intelectuales de todos los sectores en ausencia de los partidos políticos. Además, algunos de ellos, especialmente los vinculados a la oposición a la dictadura, asumieron el estatus de Organizaciones No Gubernamentales (ONG), sirviendo para canalizar fondos de solidaridad externa destinados a mantener a la oposición de varias tendencias.

oposición social más activa en los primeros años de la década de los ochenta, se abría paso una unidad en la acción de la oposición de izquierda con la Democracia Cristiana[12].

Las fuerzas que apoyaban a la dictadura no permanecían en receso. Aun cuando tampoco formaban partidos políticos, las tendencias ideológicas generaban organizaciones de distinto tipo. Desde la década de los setenta, los gremialistas se dirigieron a la captación de la juventud desde el aparato del gobierno, la Secretaría Nacional de la Juventud, y un frente de estudiantes secundarios (de educación media), Frente Juvenil Unidad Nacional. En 1981, formaron también un instituto, "Instituto para una Sociedad Libre"[13]. Ya se han mencionado más arriba las actividades de los nacionalistas en este terreno. Todas estas alternativas a la organización de partidos políticos eran exploradas como canales de la actividad ideológica y formación de cuadros, en la perspectiva de una activación política que no tenía plazos. En la misma ausencia de organización partidaria, algunos sectores de la oposición exploraban también las posibilidades de la lucha armada y la organización militar clandestina, lo cual era respondido con la represión de los aparatos de la dictadura, rebautizados como CNI, y que endurecían al régimen en su relación con la oposición social y política e inclinaban la balanza a favor de los "duros" y nacionalistas en el enfrentamiento interno en el bloque de apoyo a la dictadura.

Lo que en definitiva disparó un proceso de realineamiento de los factores que hemos considerado hasta aquí, fue la

[12] Un ejemplo anecdótico de esto en Jorge Lavandero, *El precio de sostener un sueño*, p. 59. Por otro lado, políticos DC y de izquierda participaron en 1981 en la formación de un Comité de Defensa de la Libertad Sindical, amparado por la Iglesia católica. Cavallo *et al.*, *op. cit.*, p. 357.

[13] "Nuestra Historia", en la página www de la UDI.

crisis económica que hizo vacilar al bloque en el poder y reactivó a la oposición en un nivel no imaginado poco tiempo antes de ocurrir los hechos más espectaculares. Esto último fueron las protestas nacionales de 1983. Sin embargo, éstas eran una reacción a los efectos ya innegables y sentidos por el grueso de la población de una crisis económica que al correr el tiempo ha sido calificada como "colapso"[14]. El primer síntoma de debilidad en la economía, que hasta entonces era el fundamento del triunfalismo que hemos descrito, fue la quiebra de la Compañía Refinadora de Azúcar de Viña del Mar (CRAV), en 1981. Ésta era el resultado del desamparo del sector industrial frente a la apertura comercial del país, los bajos precios del azúcar en el mercado internacional y errores en la estrategia financiera de la empresa. Sin embargo, las conexiones en este último terreno, el financiero, hicieron que la quiebra tuviera resonancia en la economía. Por otra parte, la política de cambio fijo con apertura comercial volvía muy vulnerable al conjunto frente a una recesión externa.

El ataque de los nacionalistas no se hizo esperar. Su expectativa era no sólo pasar al primer plano político sino revertir el progreso en la implantación del proyecto económico liderado por los "Chicago boys".El carácter doctrinario de la inspiración de las políticas diseñadas por éstos hacía muy difícil el flexibilizar su aplicación. La devaluación de 1982 y el abandono de la política de paridad fija fue vivida dramáticamente por algunos de ellos[15]. El efecto político más importante fue que la crisis hizo desaparecer el "consenso

[14] Ricardo Ffrench-Davies, *Macroeconomic Performance and Achievements in Chile*, ECLAC, 1998, p. 4.

[15] Joaquín Lavín, *Miguel Kast. Pasión de vivir*, pp. 86-89.

interno del gobierno respecto de las políticas pertinentes[16]. Sin embargo, la oposición seguía centrada en el avance de la institucionalización y la aplicación de las garantías definidas por la nueva Constitución. El peso del costo de la crisis recayó, por supuesto, en los más débiles, los trabajadores y los pequeños empresarios endeudados, en tanto el Estado se preocupó de salvar al sector financiero, a pesar de la caída de algunos grupos de poder económico.

Las condiciones de derrota y desarticulación en la que se encontraba la oposición, en todas sus formas y expresiones no habrían permitido prever lo que ocurrió. Los trabajadores del cobre intentaron un movimiento y ante la perspectiva de fracasar en su movilización como gremio, lanzaron un llamado a una "jornada de protesta nacional", el 11 de mayo de 1983. El éxito de ésta, y sus consecuencias, transformaron ese día en una encrucijada del proceso político nacional. Las jornadas de protesta nacional se sucedieron con periodicidad mensual, marcando cada una de ellas un cambio en la correlación de fuerzas sociales y políticas: la segunda protesta, en junio, fue convocada por un Comando Nacional de Trabajadores, formado como consecuencia de la primera, en tanto la tercera fue convocada por organizaciones sociales y los partidos políticos de oposición, marcando la reactivación plena de la élite política a partir del eje constituido por la Democracia Cristiana. En la derecha no se hizo esperar el efecto y la cuarta protesta, agosto de 1983, coincidió con la designación de Sergio Onofre Jarpa como ministro del Interior, con lo cual se reactivaba la élite política

[16] Edgardo Boeninger, *Democracia en Chile: Lecciones para la gobernabilidad*, p. 297.

de derecha que había formado parte del sistema de partidos anterior a 1973.

En cierto sentido, este es el comienzo del fin del régimen dictatorial o, si se quiere, el comienzo de la transición hacia la plena aplicación de la nueva Constitución. Si bien este es el resultado del proceso, el análisis mostrará que no era la única posibilidad ni el único proyecto posible, pero fue el resultado de las composiciones de fuerzas que se fueron configurando. La participación de los civiles, que apoyaron a la dictadura desde distintas posiciones y de distintas formas, requiere de un análisis cuidadoso puesto que la situación fue cambiando con gran velocidad, y las posiciones que fueron adoptando los distintos actores estuvieron determinadas por las perspectivas con las que se fueron constituyendo. La trayectoria se hizo pendular, en un cierto sentido, oscilando alrededor del poder de Pinochet y las fuerzas armadas, pero integrando en cada movimiento a nuevos sectores de derecha que se activaron más o menos rápidamente.

Jarpa encarnaba el desconcierto que asaltó al bloque de apoyo a la dictadura al enfrentar a la protesta social y toda la ambigüedad de la respuesta. Por una parte, Jarpa representaba a las posiciones nacionalistas que habían ingresado a la derecha dentro del sistema de partidos depués de la crisis de conservadores y liberales en los años sesenta[17]. Por esto, era un puente entre los nacionalistas asociados con la dictadura y la vieja élite política del Partido Nacional, autodisuelto después del golpe. En un sentido su nombramiento buscaba revivir el bloque de oposición a Allende que

[17] Sergio Onofre Jarpa había sido dirigente de la Juventud Agrario Laborista, presidente del Partido Acción Nacional en 1963 y vicepresidente del Partido Nacional, al formarse éste en 1966.

había impulsado el golpe pero, esta vez, la Democracia Cristiana estaba en el otro bando. Sin embargo, Jarpa intentó negociar, primero con una instancia informal, el PRODEN, a través de su antiguo conocimiento y amistad con Jorge Lavandero, ofreciéndose incluso como eventual reemplazante de Pinochet[18]. Posteriormente las negociaciones debieron seguir con los partidos políticos que aun cuando seguían siendo formalmente ilegales se habían reactivado en un número mayor al existente antes del golpe. Con la Democracia Cristiana como eje, el sistema de partidos reactivó su nivel de élites dirigentes, formando acuerdos de partidos de distinta amplitud, con distintos grados de interlocución con el gobierno y separados de la protesta social pero teniendo en cuenta la identificación de las bases de los movimientos sociales con partidos y etiquetas políticas, lo cual les prestaba la autoridad para hablar a nombre de la oposición social en su conjunto.

La coyuntura de 1983 significó la apertura de una perspectiva de fin de la dictadura o de, al menos, su transformación en otra forma de gobierno, con una mayor formalidad de la participación de los civiles. La derecha, sintiendo amenazada la estabilidad de la dictadura se reactivó en defensa de ésta, pero con distinto grado de aspiraciones a constituir un eventual reemplazo si la permanencia de Pinochet y las fuerzas armadas se tornaba imposible. En esta circunstancia aparecen los que en definitiva serían los dos ejes principales de reagrupamiento de la derecha, la Unión Demócrata Independiente (UDI) y Unión Nacional (MUN), que confluirían más tarde (1987) en la constitución de Renovación Nacional, de la cual se separaría posteriormente (1988) la UDI, recuperando su independencia como partido.

[18] Jorge Lavandero, *op. cit.*, pp. 100-102.

Los procesos de constitución de estos dos partidos que conformarán la derecha del nuevo sistema de partidos que reemplazará a la dictadura, y de otras organizaciones que comparten algunas posiciones con ellos, pueden ser analizados en términos de su adhesión variable y combinatoria a los tres elementos fundamentales de la acción a largo plazo de la dictadura: primero, el nuevo modelo de desarrollo económico; segundo, la nueva institucionalidad política y, tercero, no menos importante y sí más conflictiva, la represión que fue necesaria para imponer al país los dos anteriores. Este último elemento se desdoblará en el transcurso del proceso, dando lugar a cuestiones ideológicamente distintas: por una parte la justificación y afirmación de la legitimidad del golpe de Estado de 1973 y, por otra, la garantía de impunidad para los responsables de los actos de represión que resultan punibles. Por detrás de estos elementos existen definiciones ideológicas más generales, por ejemplo acerca de la relación que debe existir entre los partidos y las fuerzas sociales y, en un nivel más inmediato, los liderazgos personales y su relación con los modelos organizativos que se proponen para canalizar la acción política.

Las primeras reacciones ante la situación planteada por las protestas estuvieron determinadas por el rechazo a la acción de los partidos y al modelo organizativo que representaban; rechazo que prevalecía entre los civiles cercanos a la dictadura como funcionarios de distintos niveles. El nombramiento de Jarpa activó a un parte de la élite que había perteneccido al Partido Nacional y que organizó una recolección de firmas que alcanzó una cifra cercana a las 60.000[19],

[19] Reinhard Friemann, *1964-1988 la política chilena de la A a la Z, op. cit.*, p. 91, y Andrés Allamand, *La travesía del desierto, op. cit.*, p. 35.

presentando al gabinete encabezado por Jarpa como una "apertura" de la dictadura. De esta campaña resultó el Movimiento de Unión Nacional (MUN), que coexistía con una reactivación de los exparlamentarios del Partido Nacional encabezada por Francisco Bulnes, que no resolvió el dilema de si revivir el partido o formar una organización nueva. Otro grupo intentó agrupar en un partido nuevo a "quienes compartían las inspiraciones fundamentales del gobierno de la Fuerzas Armadas"[20]. Sin embargo, el grupo "gremialista", que conservaba su cohesión y cuya ideología había servido a la dictadura para generar la nueva Constitución, ganó la delantera anunciando el 25 de septiembre de 1983 la formación de la UDI[21].

El problema que se planteaba, esta vez en forma impostergable, era la organización del apoyo civil a la dictadura. El objetivo principal era rechazar las manifestaciones de protesta, pero a continuación se planteaba el problema del inmovilismo de la dictadura. Oficialmente quedaba por delante la puesta en vigencia de la Constitución, normada por los artículos transitorios, pero la inestabilidad introducida por la crisis económica, primero, y la protesta social, después, abrió perspectivas ilimitadas y las correspondientes ambiciones. Las dos cuestiones que aparecían como metas posibles eran, en lo inmediato, los términos de la integración de civiles al gobierno de la dictadura y, a un plazo variable, el papel que jugaría cada uno en un nuevo sistema político gobernado por civiles. Esto implicaba redefinir los términos

[20] Allamand, *op. cit.*, p. 57.

[21] La nueva organización nombró una directiva formada por Sergio Fernández, Jaime Guzmán, Guillermo Elton, Javier Leturia, Luis Cordero y Pablo Longueira. Véase *El Mercurio Internacional*, 2 de octubre de 1983.

y plazos del proceso de transición asumiendo posiciones y proponiendo al gobierno medidas que serían evaluadas por éste, y en particular por el dictador en términos inusuales para los políticos, como lealtad y fidelidad a la misión, que eran parte de la retórica castrense habitual.

En el extremo de esta derecha se ubicaban los fascistas doctrinarios, eternos incondicionales de la dictadura militar. Movimientos extraparlamentarios cuya existencia se remonta a lo menos a la década de los sesenta, algunos vinculados a los aparatos de represión de la dictadura y a todos los proyectos de organizar el apoyo civil a través de "movimientos" de ideología nacionalista. Para éstos, la dictadura estaba justificada y la represión también porque la lucha contra el comunismo no es ni siquiera una lucha política, asume las características de una cruzada metafísica del bien contra el mal, como para los católicos integristas de FIDUCIA. Sólo aquellos más integrados a las tareas de gobierno o con pretensiones políticas o intelectuales de otro tipo objetaban la imposición del proyecto económico, y en la coyuntura de 1983 tuvieron la ocasión de no sólo airear sus críticas a los "Chicago boys", sino también disfrutar el breve "interludio populista" representado por el retorno de políticas económicas de inspiración estructuralista.

Jarpa y la UDI se ubican en un terreno intermedio, entre esos facistas y una derecha más orgánica, partidaria y partidista, que se ve como continuación o renovación de la derecha representada dentro del sistema anterior a 1973 por el Partido Nacional. Sin embargo, tanto Jarpa como Jaime Guzmán son viejos predicadores en contra de los partidos. Es sólo la fuerza de los acontecimientos la que los lleva a unirse a Unión Nacional, un movimiento con perspectivas de reemplazar al viejo Partido Nacional con el cual fundan

Renovación Nacional en 1987, partido del cual antes de un año se escindirá la UDI.

La proliferación de partidos, movimientos y otras organizaciones a que da lugar la reactivación de la élite política a partir de la "apertura" que provoca el movimiento de protesta entre 1983 y 1986, tiene varios motores. Primero el organizar la defensa y apoyo de la dictadura, del dictador y de su "obra". Después, en la perspectiva de un eventual reemplazo de la dictadura, el disputar la herencia, y al final, ante la perspectiva cierta del fin de la dictadura y la "normalización" de la vida política, asegurarse un papel en el sistema de partidos que reemplazaría al apoyo civil inorgánico que tuvo la dictadura. La búsqueda de esta viariedad de objetivos dio lugar a una serie de eventos políticos cuya marca distintiva fue asegurar un papel e influir en el "rayado de la cancha" para el eventual retorno de la política. Es en esa perspectiva que fueron apareciendo agrupaciones de múltiples partidos y organizaciones que jalonaron el trayecto de la transición desde la dictadura a la plena aplicación de la Constitución de 1980.

La reactivación de la élite comienza en la oposición, donde en 1982 ocurren cambios en el eje, centro del antiguo sistema de partidos, la Democracia Cristiana[22]. En marzo de 1983 se lanza el "Manifiesto democrático" y en agosto, al calor de la protesta social, se forma la Alianza Democrática, que representa el embrión de lo que será en definitiva el eje de reorganización del sistema de partidos, su centro y su

[22] A la muerte de Eduardo Frei Montalva, el liderazgo del partido recae en Gabriel Valdés, pero al mismo tiempo surge el Proyecto de Desarrollo Nacional (PRODEN) animado por Jorge Lavandero, un democratacristiano con antecedentes "movimientistas". Véase más arriba, nota 18.

centroizquierda[23]. Como reacciones a estos dos eventos, en marzo se forma un "Comité Nacional Constitucionalista", al que siguió en agosto la formación del Frente Constitucional, al que se adhirieron 48 exparlamentarios del Partido Nacional[24]. El punto de enfrentamiento era, en ese entonces, la validez de la Constitución de 1980, cuestionada en el Manifiesto y por la Alianza Democrática. Ya para comienzos de 1984, la derecha está reactivada en el "Grupo de los 8"[25]. La gestión de Jarpa no fructifica más que como un estímulo a la reactivación de los partidos políticos, con lo cual los problemas que quedan en el tapete son las alternativas de transición. La propuesta que alcanzó un mayor apoyo entre los políticos reactivados fue el "Acuerdo Nacional Para la Transición a la Plena Democracia", elaborado en agosto de 1985 por iniciativa del arzobispo de Santiago, Juan Francisco Fresno, y al cual se adhirieron partidos de la nueva derecha, buscando distanciarse de la dictadura, y partidos de oposición[26]. Nunca hubo diálogo con el gobierno sobre estas bases y la respuesta de Pinochet al Arzobispo se hizo famosa, "demos vuelta la página"[27].

[23] Agrupó a los siguientes partidos: Democracia Cristiana, Liberal, Republicano, Socialista (Briones-Núñez) y Unión Socialista Popular.

[24] Reinhard Friedmann, *op. cit.*, p. 186.

[25] Movimiento Unión Nacional (MUN), Democracia Radical, Movimiento Social Cristiano, Movimiento Acción Nacional (MAN), Talleres Socialistas Democráticos, PADENA, Partido Nacional y Unión Demócrata Independiente (UDI).

[26] Los partidos que firmaron el "Acuerdo" el 25 de agosto de 1985, fueron Social Democracia, Unión Nacional, Democracia Cristiana, Nacional Republicano, Radical, Unión Socialista Popular, Liberal, Socialista (Núñez), Socialista (Mandujano), Izquierda Cristiana y Socialista Histórico. Luego adhirió a sus postulados el MAPU. Reinhard Friedmann, *op. cit.*, p. 177.

[27] Reinhard Friedmann, *op. cit.*, p. 178; Andrés Allamand, *op. cit.*, p. 104; Ascanio Cavallo *et al.*, *op. cit.*, p. 488; Edgardo Boeninger, *op. cit.*, p. 311.

Pinochet nunca participó de las negociciones ni en las ideas de apertura. Hizo amplio uso de las facultades que le otorgaba el articulado transitorio de la Constitución, declarando el estado de sitio y endureciendo la represión masiva de las protestas y la represión selectiva por medio de asesinatos de conocidos militantes del MIR y del Partido Comunista. Su estrategia se mantuvo firme en el cumplimiento del itinerario de transición que dividía ésta en dos períodos presidenciales, separados por un plebiscito con candidato único propuesto por los cuatro comandantes en jefe, que en el caso de derrota daba paso a la elección directa del Presidente. Todas las alternativas que se buscaron para alterar esta ruta, desde las de la UDI que revivía la idea de un congreso termal, hasta la de la primera propuesta de la Alianza Democrática que pedía la renuncia de Pinochet y un congreso constituyente, fueron sólo ejercicios para la formación de un conjunto de organizaciones que realizaron una intensa lucha ideológica y política cuyo resultado fue la constitución de un sistema de partidos cuyos límites quedaron marcados por el reconocimiento conjunto de la Constitución de 1980, de la transición ajustada al itinerario marcado por los artículos transitorios y el reconocimiento mutuo de los participantes en las negociaciones.

La composición del Acuerdo Nacional marcó los límites izquierdo y derecho para el núcleo del sistema de partidos futuro al excluir por la izquierda a los miembros del Movimiento Democrático Popular (MDP). En la derecha, por su parte, la UDI, que no participó del Acuerdo, había solicitado al Tribunal Constitucional la declaración de inconstitucionalidad de esas organizaciones, de acuerdo con el artículo 8º de la Constitución de 1980. Aparte de la exclusión de la izquierda que conservaba su afiliación con lo que había sido el eje de la Unidad Popular, la alianza socialista-comunista (de la cual ya sólo quedaban algunos sectores socialistas aliados al PC), los partidos buscaban la desmovilización social por considerarla ineficiente y peligrosa. Como sistema en reconstitución o rearticulación, este conjunto de partidos se ocupaba del establecimiento de sus relaciones internas y de la fijación de sus límites externos. La diferencia de táctica entre la UDI y el MUN obedecía más a sus diferencias en la apreciación del papel de los partidos políticos que a diferencias estratégicas.Lo que la UDI pedía al Tribunal Constitucional, la exclusión de la izquierda, el MUN lo pedía a los firmantes del Acuerdo, logrando sólo la legitimación de la exclusión por las acciones y no por las ideas, en una paráfrasis del artículo octavo incluida en el "Acuerdo"[28]. Por lo demás, aun cuando el "Acuerdo" aceptaba la adhesión de otras organizaciones en las condiciones en que se produjo, los partidos del MDP rechazaron esa posibilidad[29].

El límite entre el sistema de partidos y el movimiento social fue más difícil de establecer y el proceso fue menos claro. Por una parte, el límite era borroso en cuanto a las alianzas no coincidentes en todos los niveles; por ejemplo, las alianzas de partidos en el movimiento estudiantil no coincidían con los límites de las alianzas de las directivas partidarias. Por otra parte, Unión Nacional estaba en contra de la movilización social opositora, en particular contra las jornadas de protesta que continuaban. El logro de la dictadura y sus partidarios fue que los partidos de oposición abandonaran la movilización social, condenando en un

[28] Andrés Allamand, *op. cit.*, pp. 92-97; entrevista telefónica con Luis Maira, 29 de septiembre de 1999.

[29] Edgardo Boeninger, *op. cit.*, p. 311.

mismo paquete la violencia callejera y la lucha armada contra la dictadura que llevaban a cabo las organizaciones afines al PC y otros partidos del MDP. Esto lo lograron por la inversión de la situación a partir de 1986. Por un lado, el equipo económico encabezado por Hernán Büchi retomó la política anterior a la crisis pero con un sentido menos doctrinario y más pragmático, comenzando a observarse signos de recuperación a partir de los resultados económicos de 1985. Por otro, la represión desgastó a las protestas sociales y, sobre todo, el fracaso del atentado contra Pinochet en septiembre de 1986 hizo vacilar todas las convicciones acerca de la efectividad de la lucha armada contra la dictadura.

En las nuevas condiciones, la acción política de la dictadura, y de Pinochet en particular, se concentró en retomar su propio itinerario de transición, el cual pasaba por un plebiscito en 1988. Para esto la actividad se concentró en gran parte en la definición de las que iban a ser las futuras normas de existencia y funcionamiento de los partidos políticos, definidas por las "leyes políticas", es decir las leyes orgánicas constitucionales, que fueron despachadas por la Junta Militar, en su calidad de Poder Legislativo, entre fines de 1985 y 1988[30], y por otra, en las alternativas que para enfrentar el plebiscito abría la Constitución. En el mes siguiente a

[30] Las principales son: Ley 18.460, Ley Orgánica Constitucional sobre el Tribunal Calificador de Elecciones, 12 de noviembre de 1985.

Ley 18.556, Ley Orgánica Constitucional sobre Sistema de Inscripciones Electorales y Servicio Electoral, 1° de octubre de 1986.

Ley 18.593, Ley de los Tribunales Electorales Regionales, 9 de enero de 1987.

Ley 18.603, Ley Orgánica Constitucional de los Partidos Políticos, 23 de marzo de 1987.

Ley 18.700, Ley Orgánica Constitucional sobre Votaciones Populares y Escrutinios, 6 de mayo de 1988.

la dictación de la ley de partidos políticos fue registrada la organización que reunía a las fuerzas de derecha, Renovación Nacional, la cual reunía al MUN, la UDI y el Frente Nacional del Trabajo, una creación de Jarpa. Quedó fuera el grupo que pretendía revivir el Partido Nacional y los grupos que buscaban constituir un partido liberal. La declaración de principios reafirmaba su adhesión a la legitimidad del golpe de Estado del 11 de septiembre de 1973, a la Constitución de 1980 y a la economía de mercado. Con respecto a la represión, la distancia que tomaron con la dictadura no pasó más allá de condenar, condicionadamente, el asesinato de Letelier, una vez que Fernández Larios confesó en Estados Unidos[31], y siempre defendieron la amnistía de 1978 como la solución al llamado "problema de los derechos humanos".

La precaria unidad de la organización se formó nombrando un presidente de consenso, Ricardo Rivadeneira, y asignando una vicepresidencia a cada una de las tres organizaciones concurrentes, que fueron ocupadas por los líderes reconocidos de cada una, Andrés Allamand por el MUN, Jaime Guzmán por la UDI, y, excepcionalmente, por un tiempo, Juan de Dios Carmona por el FNT, siendo luego reemplazado por el verdadero líder del grupo, Sergio Onofre Jarpa. Este intento iba a terminar con la separación de la UDI, antes de un año, por "diferencias de estilo". Esta anécdota es reveladora de la cultura política que es atributo del sistema de partidos y de los individuos que participan y se forman en él. Las elecciones internas de Renovación Nacional en 1988 provocaron acusaciones cruzadas entre los sectores MUN y UDI de usar métodos incorrectos en las elecciones de delegados. En el relato de Allamand de estos hechos se pone el

[31] Andrés Allamand, *op. cit.*, pp. 123-124.

acento en el carácter populista de la estrategia de lo UDI (movilización de pobladores), el apoyo de la dictadura (organismos oficiales al servicio de Jaime Guzmán) y cita calificaciones de los métodos usados por los UDI en la política interna del partido como "nazis" o, incluso, "comunistas"[32]. Por su parte, una hoja titulada "La historia de la Unión Demócrata Independiente", afirma que, "no existía el real interés de cambiar los los estilos políticos por parte de los otros dos conglomerados"[33]. La UDI siguió como movimiento y sólo al año siguiente logró su inscripción legal como partido político. Antes, sin embargo, ambos partidos, RN y UDI, participaron en la campaña por el "sí" en el plebiscito de 1988.

El marchar juntos en el apoyo a Pinochet en el plebiscito es una prueba de que aún en 1988 los nuevos partidos de la derecha no tenían capacidad de decisión frente al liderazgo y las maniobras de Pinochet. La transición diseñada por sus asesores contemplaba un plebiscito en que los electores aprobaran o rechazaran un candidato propuesto por los Comandantes en Jefe de las Fuerzas Armadas y Carabineros. Tanto Renovación Nacional como la misma UDI, siendo esta última más cercana al dictador, barajaron alternativas a este plebiscito, las cuales oscilaban desde que el candidato no fuera Pinochet hasta que fuera candidato pero en una elección competitiva, abierta a otras postulaciones. Finalmente Pinochet se hizo nombrar candidato único por los otros comandantes, y perdió el plebiscito con el apoyo de los dos partidos que conformarán la derecha del nuevo sistema de partidos representado en las cámaras a partir de 1990.

[32] *Ibíd.*, pp. 140-147.

[33] Material de propaganda de la UDI, sin fecha.

Con posterioridad al plebiscito, la UDI completó los trámites de registro como partido político. La Junta Militar de Gobierno promulgó una ley que completó la ley de elecciones y que contenía los elementos estabilizadores del sistema de los que se han beneficiado ambos partidos, el sistema binominal de elección de diputados y senadores y la definición de distritos para diputados, hecha a la luz de los resultados del plebiscito[34].

4.2. La nueva derecha en el nuevo sistema de partidos

La UDI y Renovación Nacional conforman una derecha con dos partidos que, sin embargo, presenta diferencias con aquella que conformaban liberales y conservadores. Ambos partidos comparten un verdadero "proyecto nacional" que han logrado imponer al conjunto del sistema de partidos a través de una compleja lucha ideológica que ha transcurrido en el substrato de la lucha política que encuadró el proceso de transición desde la dictadura a la aplicación de la Constitución de 1980. Este proyecto nacional está explicitado en una gran parte de las declaraciones de principios de ambos partidos, que tienen más de un 50% del texto, literalmente, común. Esto no ha sido por falta de tiempo para modificarlas puesto que RN tiene una versión revisada con fecha noviembre de 1994. Este proyecto nacional se compone de algunos principios generales: 1) legitimidad del golpe de Estado de 1973[35]; 2) legitimidad de la Constitución de

[34] Ley 18.799, 26 de mayo de 1989.

[35] En ambas declaraciones de principioa se afirma: [UDI o RN] "destaca el patriotismo y espíritu de servicio de las Fuerzas Armadas y de Orden

1980[36]; 3) inmutabilidad del modelo de desarrollo económico impuesto por la dictadura[37].

Los seguros de este orden están contenidos en la Constitución y en las leyes complementarias. La legislación sobre partidos políticos los aísla del movimiento social, y el sistema electoral favorece a la minoría que impide en la legislatura cambiar este estado de cosas. Por lo demás, la reconstitución del gremio político permite dudar de la decisión para cambiar algunos rasgos antidemocráticos de este orden, puesto que ya los intereses corporativos de la élite

---

de Chile, cuyo origen y gloriosas tradiciones se identifican con el surgimiento y defensa de la chilenidad a través de toda la historia del país, incluida su acción libertadora del 11 de septiembre de 1973, que salvó al país de la inminente amenaza de un totalitarismo irreversible y de la dominación extranjera, culminando así una valiente resistencia civil y recogiendo un clamor popular abrumadoramente mayoritario". Declaración de principios, UDI, p. 6; RN, p. 4.

[36] Su adhesión a la Constitución de 1980 incluye la reivindicación de la exclusión por motivos ideológicos (artículo 8°, derogado en 1989). "El sistema democrático sólo puede ser estable si las opciones electorales que compiten por el poder comparten sus elementos esenciales y se guardan un mínimo respeto recíproco. Ninguna elección o plebiscito puede representar amenazas para los valores fundamentales de la chilenidad, ni poner en juego legítimos principios esenciales para los integrantes de la sociedad. Es preciso aceptar, por tanto, que el pluralismo político tiene límites".

RN o UDI, en cada caso, "sostiene que es lícito que —a través de un órgano jurisdisccional independiente— se suspenda el ejercicio de los principales derechos cívico-políticos a las personas o grupos que pretendan valerse de ellos para conculcarlos propagando doctrinas totalitarias o violentistas". Declaración de principios, RN, p. 3; UDI, p. 4.

[37] La elevación a principios las características del modelo de desarrollo llamado "Economía social de mercado", está especificada en los apartados titulados "Sistema económico-social" y "El Estado en el ámbito económico-social", N°s 14 y 15 para RN y 16 y 17 para UDI.

política aparecen protegidos por las mismas leyes que sería deseable cambiar si se pretende una democratización del sistema.

Del proceso de formación de este nuevo sistema es interesante la dialéctica que impuso a los vencedores antipartido el modelo organizativo del partido político como instrumento de acción, y a los vencidos que rechazaban la legitimidad del nuevo orden les impuso, primero de hecho y más tarde de derecho, no sólo el nuevo orden sino las limitaciones a su propia organización y acción. Así es como se puede entender el complejo movimiento en que la protesta social que hizo vacilar a la dictadura reactivó a la élite política que, tras el fin estratégico de desmovilizar a la protesta social, contribuyó a la reconstrucción del sistema de partidos políticos, imponiéndole los límites que ya se han señalado. No son las inconsistencias ideológicas personales o colectivas las que explican este resultado, sino la constitución de una arena política cuyos límites se van dibujando por las relaciones entre los que participan en el juego de las alianzas y las negociaciones, a través de las cuales se produce el reconocimiento mutuo que estructura el sistema. Así, si el Acuerdo Nacional no produjo ningún cambio en la dictadura, dejó establecida la participación de una nueva derecha, el MUN, que no renunció a nada de su "pinochetismo", como eventuales participantes de un sistema de partidos que competiría en un juego democrático. Al mismo tiempo, los gremialistas debieron formar un movimiento, cuyo futuro sólo era posible en el sistema de partidos, lo que los llevó primero a integrar Renovación Nacional y luego a independizarse como partido, lo cual es revelador, en ambas instancias, del papel de "bisagra" de la nueva élite de Renovación Nacional al cumplir la doble tarea de "barrer hacia adentro" a estos sectores marginales al sistema de partidos anterior a 1973 y al establecer el puente que llevó a una oposición social y deslegitimadora a transformarse progresivamente en una oposición política que al aceptar de hecho las reglas comienza a legitimarlas y luego las defiende de la amenaza de la movilización social.

Capítulo 5
LA DEMOCRACIA CRISTIANA Y LA DICTADURA DE PINOCHET

5.1. Introducción

El estudio de las relaciones entre el PDC y la dictadura se puede enmarcar en la periodización siguiente:

1) Subordinación de la Democracia Cristiana dentro del bloque social y político de apoyo a la dictadura, situación que proviene de su participación en la oposición a Allende y de su respaldo y justificación del golpe de Estado. Subperíodo que comprende desde 1973 hasta el momento de la expulsión de la Democracia Cristiana del seno del bloque político de apoyo al gobierno, a través de la declaración de ilegalidad del partido a comienzos de 1977[1].

2) Subordinación de las bases democratacristianas en el bloque social que apoya a la dictadura, en tanto el partido permanece fuera del bloque político correspondiente defendiendo su identidad frente al intento del gobierno de identificarlo con la oposición "marxista" (el enemigo). Este subperíodo dura hasta el plebiscito de 1980, en el cual Pinochet aprueba su nueva Constitución, con lo que fuerza al partido a aparecer junto a la izquierda dando, en la interpretación

[1] Decreto-ley N° 1697, del 12 de marzo de 1977, que disuelve todos los partidos políticos que mantenían existencia legal en las condiciones de "receso político".

oficial de los resultados del plebiscito, por cancelada la influencia democratacristiana en el bloque social de apoyo al gobierno[2].

3) Repliegue del partido, recomposición de su dirección (precipitada además por la muerte de Eduardo Frei Montalva) y acción en los niveles social y político, independiente de la dictadura, pero sin capacidad de iniciativa. En este subperíodo se crean las condiciones para el paso a la ofensiva observado en 1983 y que revierte la situación del conjunto del período iniciado en 1973. Estas condiciones son, fundamentalmente, la descomposición del bloque social de apoyo a la dictadura, provocada por la crisis del modelo de desarrollo económico impuesto por ésta, descomposición que da oportunidad no sólo para una reactivación de la Democracia Cristiana sino que produce también intentos embrionarios de reorganización de una representación política de derecha relativamente independiente de la dictadura[3].

4) Participación en la oposición política (los distintos agrupamientos de partidos) y social (principalmente las protestas), compitiendo por el liderazgo con las fuerzas de izquierda y discrepando con éstas respecto de la estrategia para terminar con la dictadura. Las discrepancias se referían

[2] Véase capítulo 3, pp. 144-145 y 146.

[3] En realidad sólo se produce como novedad durante este período el comienzo de reagrupamientos de sectores de derecha fuera del gobierno. Elementos aislados se habían ido desprendiendo de él, como el general Leigh, o expresando su oposición a algunos proyectos de la dictadura, como Hugo Zepeda que anunció públicamente que votaría por el NO en el plebiscito de 1980. La derecha política se reorganiza para apoyar a la dictadura, pero visualizando su reemplazo, por lo que intentan crecientemente tomar distancia de Pinochet y del carácter militar de la dictadura. Véase capítulo anterior.

a la lucha armada, la movilización social y la aceptación del itinerario y los términos de la transición diseñada por la propia dictadura y contenida en los artículos transitorios de la Constitución de 1980, sin embargo, la solución de estas controversias marcó los límites del nuevo sistema de partidos, recontruido a partir del eje central constituido por la Democracia Cristiana.

5) A partir de 1986, la Democracia Cristiana recupera ese papel de eje del sistema de partidos políticos. Bajo el liderazgo de Patricio Aylwin logra subordinar al conjunto de la oposición política a su estrategia, marginalizando a la izquierda comunista y, a su vez, subordinando la reconstrucción del sistema político a la estrategia de la dictadura.

Esta periodización está construida sobre la base de la acción de la dictadura con respecto a la Democracia Cristiana, lo cual obedece a la definición de la acción de esta última como subordinada, defensiva y reactiva durante la primera parte, la fase de ascenso de la dictadura. Sin embargo, la segunda parte tiene, en la fase de desgaste y decadencia de la dictadura, a la Democracia Cristiana entre los protagonistas. El análisis de cada uno de estos subperíodos debe centrarse entonces a partir de la acción democratacristiana, con las características ya señaladas, tanto con respecto al gobierno como con respecto a otros actores políticos y sociales (fundamentalmente la izquierda y los movimientos sociales).

5.2 AÑOS 1973-1977: LA PARTICIPACIÓN SUBORDINADA DE LA DEMOCRACIA CRISTIANA EN EL BLOQUE DE APOYO A LA DICTADURA

Al sumarse a los vencedores de septiembre de 1973, la acción democratacristiana se basaba en dos supuestos que probaron ser falsos: *a*) la neutralidad de las fuerzas armadas como actor político, y *b*) la posibilidad de una restauración a corto plazo del sistema político con exclusión de, por lo menos, una parte importante de las fuerzas que apoyaban al gobierno de la Unidad Popular. Ambos supuestos están relacionados; el primero es condición del segundo. Es decir, la restauración del sistema político anterior (con cualquier número de modificaciones) suponía que la acción armada operaba "neutralmente" y no como parte de un proyecto de demolición del sistema político y su reemplazo por otro de naturaleza distinta. Sin embargo, percibir esto último era imposible para los democratacristianos que basaban sus expectativas en la evaluación que los colocaba, sin duda, como la principal fuerza de oposición *dentro del sistema institucional*. Para ellos el problema estribaba en que el conjunto de esa oposición quedó subordinado dentro de una oposición ajena al sistema político, de la cual formaban parte las fuerzas armadas dirigidas por Pinochet actuando como aparato del Estado. Al renunciar a la defensa del sistema político-institucional, los democratacristianos renunciaron a su hegemonía dentro del bloque de la oposición.

Una vez establecido el gobierno militar, la suposición de "neutralidad" de las fuerzas armadas hace que los democratacristianos definan su estrategia en términos de lograr una alianza con las fuerzas armadas, en la cual ellas garantizaran la exclusión de la izquierda, posibilitando así la realización del proyecto fracasado durante el gobierno de Frei[4], a partir de una reconstrucción del sistema político "normalizado" por la derrota militar y política de la izquierda. Las condiciones para esto parecían inmejorables durante los últimos meses de 1973: la izquierda fuera de la ley y la derecha autodisuelta dejaban a la Democracia Cristiana como el único partido político importante en condiciones de articular una restauración en la que subordinara ideológicamente a los sectores populares y asumiera la representación política de las clases dominantes. Sin embargo, esta aparente ventaja de los democratacristianos ocultaba su verdadera debilidad en esa situación: eran el único partido político porque el sistema de partidos, pieza clave del sistema político anterior, había desaparecido prácticamente. Si ellos se veían a sí mismos como una opción de articulación del apoyo social al gobierno militar dentro de un proyecto restaurador, la dictadura los veía como el último obstáculo para emprender la refundación del sistema político chileno sobre bases autoritarias, en las que los partidos políticos, si llegaran a caber, desempeñarían un papel que sería subordinado[5].

La mayor participación democratacristiana en el gobierno, en las condiciones creadas por el golpe de Estado, implicaba la disolución del partido mismo en un bloque político

[4] Ver, Ricardo Yocelevzky, *La Democracia Cristiana chilena y el gobierno de Eduardo Frei. 1964- 1970, op. cit.*

[5] Sobre el carácter "funcional" de la dictadura véase Manuel Antonio Garretón, *El proceso político chileno.* Por otra parte, respecto de la participación política y su ordenamiento, las leyes respectivas fueron dictadas al final de la dictadura.

cuyo modelo organizativo no estaba claramente definido. Las distintas tendencias ideológicas que se pueden distinguir entre los que apoyaban a la dictadura, actuaban dentro del gobierno por medio de cuadros individuales que pugnaban por ocupar posiciones en el aparato administrativo o como asesores de los ejecutivos militares. La crudeza de estas conexiones implicaba que los vencedores sólo estaban preocupados por el reparto del botín y, por lo tanto, la preocupación por diseñar canales de participación política de sectores sociales subordinados tenía que postergarse en tanto la acción represiva bastara para mantenerlos excluidos de ella[6].

La cuestión de la restauración política, la reapertura de un juego partidario, con limitaciones que les permitieran aprovechar su aparente ventaja, todo lo cual implicaba reapertura de la participación social y política de sectores medios y populares que se convirtieran en su clientela, apareció para los democratacristianos como una cuestión crucial, puesto que la prolongación de las condiciones impuestas por el golpe jugaba doblemente en contra de sus intereses políticos debido a que aparecían asociados con la dictadura militar. Por otra parte, su participación en el gobierno era aceptada sólo a través de cuadros que, como individuos, ocuparan cargos administrativos, lo cual significaba, en teoría, que la dictadura no estaba dispuesta a tomar en cuenta

[6] Es importante notar que, de entre los cuadros de la "nueva derecha" que alcanzaron notoriedad durante el gobierno de la Unidad Popular, los que aspiraban al papel de líderes, como Pablo Rodríguez, se vieron postergados durante la dictadura por los "ideólogos" como Jaime Guzmán. Quienes buscaron ser "concesionarios" de la organización política del apoyo a la dictadura, o a la persona del dictador, no lograron que su proyecto despegara. Véanse los dos capítulos anteriores.

los intereses políticos de ninguna organización como tal, que hubiera pertenecido al sistema político destruido, y en la práctica que el partido estaba siendo sometido a una erosión en la cooptación de sus cuadros por la dictadura que buscaba debilitarlo y, eventualmente, disolverlo en un bloque que la apoyara. Por otra parte, las perspectivas de conservar su clientela popular y de ampliarla a través de su permanencia en juego del cual se habría excluido a la izquierda o, al menos a su parte más radical, se debilitaban con la prolongación de las condiciones excepcionales (represión y exclusión social y política) que amenazaban con hacerse "normales" y a cuyos responsables aparecían asociados.

Esta situación incómoda presentaba pocas salidas posibles. Aceptar la estrategia de la dictadura y subordinarse aún más a ella significaba la desaparición del partido y sus intereses políticos, lo cual parece imposible, incluso si éste hubiera quedado reducido al sector todavía minoritario que rechazó el golpe de Estado. Por otra parte, denunciar los propósitos de la dictadura implicaba tomar conciencia del papel que objetivamente había jugado la Democracia Cristiana en la oposición al gobierno de la Unidad Popular y en su derrocamiento (reconociendo, de paso, que la única opción real para la preservación del sistema institucional habría sido una alianza del PDC con el gobierno de Allende). Esto, a su vez, habría implicado asumir la posición de la tendencia minoritaria dentro del partido y ubicarse, súbitamente, en la oposición a la dictadura en un momento en que las propias bases del partido no hubieran seguido esa dirección.

Como manera de evitar esta disyuntiva poco confortable, el PDC adoptó el supuesto explícito de la neutralidad de la actuación política de las fuerzas armadas. Según la visión que propusieron, la acción de la dictadura obedecía a la resolución de un conflicto ideológico entre los elementos civiles que la apoyaban y en el cual resultaban victoriosos los sectores más reaccionarios en lo político y voraces en lo económico. Ante esta situación, en la que se autodefinían como perdedores en el conflicto ideológico entre civiles, los democratacristianos apelaban a la Junta Militar, y a su cabeza, Pinochet, intentando hacer ver que la política económica del gobierno, la represión y las consecuencias políticas de ambos tipos de acción hacían difícil una restauración del sistema político, lo cual parecía irracional desde el punto de vista de quienes, como el PDC, estaban interesados en capitalizar el apoyo popular disponible luego de la reciente derrota de la izquierda. La irracionalidad residía para ellos en que la prolongación de las condiciones creadas por el golpe de Estado, en lugar de permitir esa capitalización de apoyo en una apertura política restauradora, fortalecerían las posiciones más extremistas de oposición, las cuales, por fuerza, deberían desarrollarse en condiciones de clandestinidad que contribuirían a reforzar su radicalismo[7].

Todo este supuesto malentendido permite a la Democracia Cristiana establecer su distancia política con respecto a la dictadura sin verse empujada a la oposición. Es una forma de definir su identidad en términos de proyecto político

[7] "Estamos convencidos de que la inactividad absoluta de los sectores democráticos facilita la acción clandestina de los grupos marxistas. Sin orientación emanada de sus dirigentes, nuestras bases militantes y simpatizantes quedaban a merced de los rumores, engaños y aun infiltraciones de que pueden ser objeto". Carta de Partricio Aylwin, presidente nacional del PDC, y Osvaldo Olguín, primer vicepresidente, al general Augusto Pinochet, 18 de enero de 1974, difundida en el exterior en febrero de ese mismo año.

distinto al de la dictadura sin obligar a sus bases a optar por uno u otro. La crítica a la acción del gobierno establece desde este momento inicial tres líneas a lo largo de las cuales habrá de desarrollarse en lo sucesivo: la política económica, los derechos humanos y la reconstrucción del sistema político. Sin embargo, estas líneas de argumentación crítica tienen diferentes desarrollos entre sí, y también limitaciones comunes, que es preciso aclarar con el fin de justificar la periodización propuesta como modo de análisis de la evolución del proyecto democratacristiano bajo la dictadura.

Estas tres líneas de desarrollo de la crítica democratacristiana a la dirección de la dictadura tienen en común el no cuestionar el origen de ésta. Es decir, la legitimidad del gobierno no es cuestionada por su relación con el sistema institucional destruido sino por las consecuencias posibles de la prolongación de la situación definida por su presencia. Éste es el punto central para la comprensión de las características del proyecto democratacristiano de reconstrucción[8]. Sin embargo, en este momento interesa destacar que esta limitación en la crítica propiamente política de la dictadura

[8] "Comprendemos la necesidad de una labor de saneamiento moral, económico y político frente a la crisis a la que el país había llegado [...] tal labor, aunque por su naturaleza no puede prolongarse indefinidamente, necesita tiempo. Sería un error constreñirlo a un plazo muy breve. [...] Nuestra historia muestra otros períodos análogos al actual, como el de Portales o el primer mandato del Presidente Ibáñez, que permitieron a Chile reencontrar el camino de la institucionalidad democrática y de su progreso". Carta de Aylwin y Olguín ya citada. Es de notarse que la dictadura de Ibáñez se les transformó en "primer mandato" y que las dictaduras "permitieron" lo que siguió, como si en el derrocamiento de Ibáñez en 1931 no estuviera uno de los antecedentes más remotos de la Democracia Cristiana.

determina limitaciones en los otros dos aspectos de esa misma crítica (los derechos humanos y la política económica). Es necesario subrayar que lo que explica la cohesión y persistencia del PDC es la claridad con la que sus cuadros dirigentes perciben su interés político común y cómo intentan estructurarlo en un proyecto. Es por lo que su posición frente a la dictadura es subordinada; sus intereses políticos los llevaron a apoyar el derrocamiento del gobierno sin plantearse las consecuencias que esto tendría para el conjunto del sistema político del cual formaban parte. Ahora, después del golpe de Estado, sus propuesta de reconstrucción del sistema (corrigiendo los "defectos" que habían permitido el triunfo de la izquierda en 1970) era una alternativa a la dictadura instaurada. Su argumentación, entonces, se centra en afirmar que las condiciones excepcionales que justificaron el golpe (la presencia del gobierno de la Unidad Popular) ya no existen más y que, por lo tanto, la prolongación del gobierno militar y las condiciones que impone, tanto la represión como las medidas de política económica, dificultan una vuelta a la "normalidad" que aparece para ellos como necesaria.

La crítica a la política económica tiene dos tipos de limitaciones: la primera, a la que ya se ha hecho referencia, proviene de los límites de la crítica política, que conduce a evaluar las consecuencias de la acción de la dictadura en el terreno económico solamente en función del proyecto de reconstrucción política. Esta visión obedece también a una segunda limitación, propia del primer período de la dictadura, que consiste en que la política económica aparece definida más como negación de lo realizado por el gobierno de la Unidad Popular que como un proyecto de desarrollo económico. De esta manera, lo que se critica es una acción que se define como la venganza de los sectores económicamente poderosos que buscan, con voracidad, recuperar lo perdido durante el período anterior y que, al deteriorar las condiciones de vida de los sectores populares, dificultan un retorno rápido a la normalidad puesto que las demandas de estos últimos podrían conducirlos a apoyar tendencias de izquierda en lugar de permitir la capitalización de ese apoyo social, aparentemente disponible, por parte de una tendencia moderada como la Democracia Cristiana. (Carta de Aylwin y Olguín ya citada.)

Del mismo modo, las limitaciones que se observan en la crítica referida a la situación de los derechos humanos bajo la dictadura reconocen dos fuentes: una es la necesidad impuesta por la posición política de los democratacristianos de no referirse al golpe de Estado mismo sino a la prolongación de las medidas represivas en el tiempo[9]. La otra limitación proviene del temor a que esa represión se extendiera indiscriminadamente a los miembros del partido. Esto, además de las consecuencias obvias, habría tenido el efecto de empujarlos al campo de la oposición o, al menos, a una situación compartida con la izquierda. Este mismo tipo de razones puede explicar la moderación con que la dictadura reprimió a algunos democratacristianos. Esto, sin embargo,

[9] Aún después de un año de perpetrado el golpe de Estado, siendo ya explícitas las diferencias entre el PDC y la dictadura, los líderes máximos del partido, Frei y Aylwin, ponían particular empeño en justificar el golpe atacando a Allende y a la Unidad Popular. Aylwin lo hacía en su informe sobre la situación chilena ante la reunión de ODCA, la organización regional latinoamericana de la Democracia Cristiana, realizada en Curazao entre el 24 de agosto y el 10 de septiembre de 1974. Por su parte Frei hace lo mismo en el prólogo que escribió para el libro de Genaro Arriagada, *De la "vía chilena" a la "vía insurreccional"*, pp. 9-31, publicado en 1974.

producía una situación ambigua en la que los democratacristianos aparecían defendiendo los derechos humanos, pero siempre a partir de casos que afectaban a sus miembros, los cuales no constituían las mayores transgresiones de la dictadura en este terreno, por lo que la protesta democratacristiana podía aparecer hasta ridícula en algunas ocasiones[10].

Las limitaciones con que la dictadura reprimió a la Democracia Cristiana son un correlato de la ambigüedad de las relaciones entre las dos. La represión afectó fundamentalmente a los firmantes de la declaración que condenaba al golpe y, más tarde, se dirigió a controlar los medios de difusión de propiedad o a disposición del partido[11]. En ningún

[10] Carta de Claudio Orrego al general Pinochet, fechada el 31 de marzo de 1975. En ella se queja por la destrucción de un libro suyo, en proceso de impresión, efectuada por personal del gobierno el 27 de marzo de ese mismo año. Toda su parrafada acerca de la libertad de expresión no puede sino sonar ridícula en quien hasta entonces había guardado un silencio cómplice acerca de todos los atropellos a los derechos humanos perpetrados por la dictadura. El texto íntegro de la carta fue publicado en *Chile-América*, Nº 8-9, Roma, 1975, pp. 73-74.

[11] La acción represiva en contra de dirigentes democratacristianos tuvo como punto culminantes los siguientes: 17 de septiembre de 1974, primera detención de Claudio Huepe; 7 de octubre de 1974, se prohíbe el regreso al país de Bernardo Leighton; 15 de octubre de 1974, segunda detención de Claudio Huepe, que es expulsado finalmente del país el 12 de febrero de 1975; 26 de noviembre de 1974, detención y expulsión del país de Renán Fuentealba; 6 de octubre de 1975, atentado en Roma contra Bernardo Leighton; 6 de agosto de 1976, detención y expulsión del país de Jaime Castillo Velasco; 17 de octubre de 1980, se prohíbe el regreso al país de Andrés Zaldívar. A esto hay que agregar el autoexilio de Radomiro Tomic, que parece razonable en vista de los ataques a su persona en la prensa partidaria de la dictadura. Es notable que hasta 1976 los afectados son todos firmantes de la declaración que rechazaba el golpe. En cuanto a los

momento se ejerció en forma tal que se le pudiera imputar la finalidad de eliminar a la organización o, siquiera, impedir el funcionamiento de sus órganos directivos máximos. La explicación de esto se encuentra no tanto en la subordinación política de la Democracia Cristiana sino en la importancia que la participación de sus bases y su clientela tenía en el bloque social que apoyaba a la dictadura. Los objetivos del gobierno militar con respecto al PDC eran de eliminación de su estructura a través de la absorción de sus bases en su bloque social de apoyo al gobierno y de sus cuadros en el bloque político correspondiente. Sin embargo, la subordinación a que los democratacristianos se habían reducido en el bloque opositor al gobierno de la Unidad Popular no garantizaba la obtención de estos objetivos, puesto que la naturaleza misma del partido y su existencia dependían del sistema político anterior a 1973. Por lo tanto, la verdadera naturaleza del golpe no podía ser explicada sin empujar a los democratacristianos al campo de la oposición. Objetivamente, el golpe buscó destruir el sistema político, pero para conformar el

---

medios de comunicación masiva controlados por los democratacristianos, o en los que éstos influían, los principales hechos son los siguientes: el 21 de febrero de 1974 dejó de publicarse el diario *La Prensa,* debido a dificultades económicas; en noviembre de 1975 fue clausurada indefinidamente la revista teórica del PDC, *Política y Espíritu;* en marzo de 1976 fue clausurada por seis días (por cuarta ocasión) Radio Balmaceda; a fines de ese mismo mes fue requisada la edición N° 2121 de la revista *Ercilla,* todavía bajo el control de los democratacristianos en ese tiempo; también en 1976 fue relegado a Putre el director de Radio Balmaceda, Belisario Velasco. A todo esto hay que agregar la razzia efectuada en el Canal 13 de televisión, propiedad de la Universidad Católica, por el rector delegado, Almirante en retiro Sweet, entre el 18 y 29 de marzo de 1974, en la cual fueron expulsados de su trabajo en ese canal numerosos democratacristianos.Véase *Chile-América,* varios números, Roma, 1975 y 1976.

bloque social y político que lo apoyó se presentó como una reacción al gobierno de Allende y su programa. Ahora, después de instaurado el gobierno militar, la meta estratégica se desplaza desde el objetivo de "restaurar la normalidad" (compartido por los democratacristianos) a "eliminar las condiciones que hicieron posible el gobierno de la Unidad Popular", el cual significa, para los democratacristianos, restauración del sistema a corto plazo con exclusión de la izquierda o parte de ella, mientras que para las fuerzas armadas y los sectores sociales que predominan en el gobierno significa destrucción del conjunto del sistema político existente hasta 1973 y, en particular, eliminación del sistema de partidos[12].

Para hacer explícito su verdadero objetivo, el gobierno tenía que estar seguro de que la Democracia Cristiana no abandonaría el bloque social de apoyo, lo cual sólo era posible a partir de la neutralización de su acción en el nivel político. Para esto se buscó neutralizar los medios de difusión en manos de los democratacristanos al mismo tiempo que se los enfrentaba en el terreno ideológico. Poco a poco los "enemigos" en la retórica oficial dejaron de ser los "marxistas" para ser los "políticos" en general; si la imagen de la "normalidad" perdida que pretendían difundir los democratacristianos era la del período de gobierno de Frei, éste pasó a ser identificado con las causas del ascenso de los marxistas al poder en 1970.

[12] La primera expresión programática que explicita la intención de refundar completamente el sistema político fue la "Declaración de Principios" de la Junta Militar del 11 de marzo de 1974. Un primer calendario para la realización de este propósito está en el discurso pronunciado por Pinochet el 19 de julio de 1977 en el cerro Chacarillas.

El éxito del gobierno militar en este enfrentamiento ideológico es difícil de evaluar. Sin embargo, al parecer su propia evaluación fue satisfactoria puesto que en 1977 decidió eliminar del bloque político a los democratacristianos a través de un decreto que prohibía todos los partidos políticos "en receso" desde el golpe de Estado. En los hechos, éste sólo afectaba al PDC. Las razones explícitas de esta medida apuntan hacia el objetivo de sumar al PDC al bloque "enemigo", a los "políticos" con conexiones internacionales que actúan en contra de la nación representada por el gobierno militar[13].

5.3 AÑOS 1977-1980: LA LUCHA POR LA INDEPENDENCIA POLÍTICA Y LA RECUPERACIÓN DE LAS BASES

Para los democratacristianos, el verse expulsados del bloque político de gobierno representaba un conjunto de nuevos problemas y una redefinición de la ambigüedad de su posición (que no su eliminación). La acción del gobierno planteaba preguntas tanto acerca de su propia significación como de las razones o cálculos que habían conducido a ella.

En cuanto a la significación del hecho político mismo, parecía plausible interpretar el poner fuera de la ley a la

[13] En su discurso de celebración del tercer aniversario del golpe de Estado, el 11 de septiembre de 1976, Pinochet anunciaba "que el gobierno ha resuelto reglamentar drásticamente el receso partidista". Que en la "nueva institucionalidad" tendría que quedar "muy en claro que los partidos políticos tradicionales, hoy en receso, no tendrían ni podrán tener cabida, porque sus estructuras, dirigentes, hábitos y mentalidad se conformaron bajo la inspiración de un régimen institucional que ya murió definitivamente". (*Chile-América*, N° 22-23-24, Roma, agosto-septiembre-octubre de 1976, p. 69).

Democracia Cristiana como una reacción del gobierno frente a las críticas a su gestión provenientes de ese partido. Sin embargo, las limitaciones de esas críticas, a las que ya nos hemos referido, no parecían justificar la aparente dureza de la decisión. Por otra parte, la justificación que el gobierno ofrece en términos de la participación de los democratacristianos en una conjura internacional contra Chile y su gobierno, tiene efectos distintos en el país y en el exterior. En el ámbito nacional, se busca cohesionar al bloque social que apoya a la dictadura como representante de la nacionalidad, por oposición a los "políticos" inescrupulosos que no vacilan en asociarse con fuerzas foráneas para conseguir sus objetivos egoístas. En el exterior el efecto es contrario, puesto que la Democracia Cristiana aparecería manchada por el apoyo y la justificación del golpe de Estado, lo cual resultaba incómodo para sus asociados extranjeros (como la Democracia Cristiana europea). Ahora aparecerían como víctimas de la dictadura, su proyecto como alternativo a esta última (y no como una variante) y, por lo tanto, merecedor de abierta solidaridad por parte de gobiernos y partidos afines ideológicamente[14].

Para la dictadura, esta decisión significaba expulsar del bloque político a un sector crítico, pero buscando al mismo

[14] En los primeros tiempos de la dictadura, los democratacristianos chilenos trataron muy activamente de justificar el golpe de Estado ante sus correligionarios de otros países. En esta línea se ubica la carta de Frei a Mariano Rumor, en noviembre de 1973, las giras internacionales de los dirigentes democratacristianos como Enrique Krauss, Juan de Dios Carmona y Juan Hamilton, en octubre de 1973. Sin embargo, la Democracia Cristiana internacional fue cada vez más crítica de la dictadura, llegando en 1975 a la denuncia específica de la represión política que afecta a cuadros intermedios de la Democracia Cristiana chilena. (*Chile-América*, N° 8-9, Roma, 1975, p. 18).

tiempo conservar el bloque social de apoyo. En este sentido, la presencia de la Democracia Cristiana, aunque fuera como partido en "receso", era el último eslabón que unía a la dictadura con el sistema político destruido y que permitía interpretar los propósitos de reestablecimiento de la normalidad expresados al momento del golpe como una promesa de restauración de ese sistema. Si se imputa esta significación a la decisión tomada, ésta parece obedecer a la necesidad por parte de la dictadura de profundizar su acción en los terrenos de la política económica y del diseño de un nuevo sistema político. Por otra parte y en función de esas necesidades, se puede suponer que la decisión de eliminar formalmente al PDC resulta de algún tipo de evaluación que permite estimar que este hecho no afectará fundamentalmente al apoyo social con que cuenta el gobierno, es decir, que la separación entre la organización partidaria y sus bases es suficientemente profunda y que el intento de cooptación de los cuadros partidarios en forma individual no tiene mucho más futuro[15]. De esta manera, la dictadura militar instalada

[15] Entre los cuadros democratacristianos cooptados por la dictadura, los más destacados son Juan de Dios Carmona, quien jugó un papel particularmente ambiguo durante el primer período, tratando de subordinar al partido a la política de la Junta Militar, antes de abandonarlo definitivamente, y William Thayer, que aceptó representar a la dictadura ante la UNESCO. Ambos luego fueron dirigentes de un movimiento social-cristiano que se ubicó en el bloque de apoyo a la dictadura. Sin embargo, hay muchos democratacristianos que apoyaron a la dictadura más allá de la posición de su partido. Por ejemplo, entre los políticos chilenos que protestaron públicamente contra la condena a la dictadura por sus atropellos a los derechos humanos, votada por la Asamblea General de las Naciones Unidas en 1974, figuraban los siguientes democratacristianos: ex ministros: Ramón Valdivieso, Carlos Figueroa, Modesto Collado, Eduardo León y Sergio Ossa Pretot; ex senadores: Juan de Dios Carmona (también ex

en septiembre de 1973 "bota lastre" y avanza en la estructuración del proyecto estratégico que inspiraba a los sectores hegémonicos dentro de la oposición a la Unidad Popular[16].

La victoria golpista se profundiza sumando al campo de los derrotados a la Democracia Cristiana, a la cual no es necesario destruir, puesto que se ve impedida de actuar sobre su clientela debido a que el mecanismo que hacía posible esa relación (las elecciones) ha desaparecido junto con el sistema político destruido. Tampoco puede actuar eficientemente sobre sus bases puesto que esa acción, que ya era ilegítima en las condiciones del receso político, es ilegal ahora. Además, esas bases están influidas por su permanencia en el bloque social de apoyo al gobierno y aisladas de la organización partidaria por la falta de funcionamiento de esa estructura y por el control de sus medios de difusión por parte de la dictadura. Es otro tipo de victoria el de la dictadura sobre la Democracia Cristiana: al gobierno de la Unidad Popular y a los partidos que lo apoyaban tuvo que destruirlos físicamente, en tanto que a la Democracia Cristiana bastaba con amenazarla con correr la misma suerte.

Ubicada por iniciativa de la dictadura en el campo de la oposición política, la Democracia Cristiana se veía obligada

---

ministro), José Musalem, Alejandro Lorca, José Foncea, Luis Papic; ex diputados: Víctor González, Juana Dip, Carlos Garcés, Gustavo Ramírez, Enrique Krauss (también ex ministro) y Javier Lira Merino (*Chile-América*, N° 6-7, Roma, 1975, p. 62). A estos políticos hay que agregar algunos de los más destacados tecnócratas ligados al PDC que han colaborado con la dictadura tales como Raúl Saéz y Jorge Cauas.

[16] En el ya citado discurso de Chacarillas (nota 12), Pinochet anunció un calendario de aplicación de su proyecto de institucionalización. Sobre la importancia de éste, los cambios de planes y el itinerario de la transición que finalmente se propuso, véanse los dos capítulos anteriores.

a redefinir sus posiciones. Una alternativa obvia era sumarse a la izquierda y constituir un bloque político restaurador (o un frente antifascista, como proponían los comunistas). Sin embargo, esto no pareció conveniente a la dirección del partido, y las razones objetivas de esta evaluación son importantes para entender que el rechazo a una alianza con la izquierda no es producto de la mala voluntad o el sectarismo democratacristiano, sino de la naturaleza social del partido y su ideología.

Si el partido se encontraba aislado de su base social, que permanecía subordinada en el bloque social de apoyo a la dictadura, al asociarse con la izquierda sólo podía profundizar esa brecha. Esto se debe a que aun cuando la izquierda no pusiera como condición para establecer esa alianza el que los democratacristianos renegaran de su pasado opositor a Allende y de su apoyo al golpe, en los hechos la constitución de esa alianza habría implicado lo mismo en el terreno ideológico. Por este camino la Democracia Cristiana habría pasado a ser una fuerza importante, pero no hegemónica dentro de un bloque opositor constituido sobre la base de esa alianza. Por otra parte, el ubicarse en la misma situación que la izquierda podía convertirlos en blanco de una represión semejante a la sufrida por ésta y, por último, daría credibilidad a la visión difundida por la dictadura, de una oposición única constituida por los "políticos" que buscaban retornar a un pasado que haría posible la repetición de la experiencia del gobierno de la Unidad Popular.

Para el PDC, la tarea prioritaria era recuperar la influencia sobre la base social que quedaba apoyando a la dictadura. Para ello era fundamental definir una identidad política propia, que no pudiera ser confundida con la izquierda y que no permitiera la extorsión ideológica de la dictadura, que presentaba al socialismo como la única alternativa a su proyecto[17].

Este período enmarca los mayores avances de la dictadura en la consolidación de sus proyectos, tanto en el terreno económico como en el político, lo que produjo, como contrapartida, el punto más bajo en las relaciones entre los partidos políticos, en general, y sus antiguas bases. Este proceso afectó más, obviamente, a las organizaciones de la oposición, que ahora incluían a la Democracia Cristiana. Sin embargo, es necesario señalar las formas particulares en que este proceso afectaba a la izquierda, por una parte, y a los democratacristianos por otra. Lo que para los democratacristianos era una separación de sus bases y de su clientela, para la izquierda era una desarticulación mucho más profunda. La composición homogénea de los cuadros y las bases de la Democracia Cristiana y su unidad constituida alrededor de intereses políticos, preservaban su organización aun

[17] Reseñando la posición del PDC a comienzos de 1978, *Chile-América* señalaba lo siguiente: "A juicio del PDC, la opinión pro-Pinochet se da en una zona heterogénea, fundada en el temor, la inercia mental, la ignorancia, los prejuicios, los intereses sociales y también en una fuerte decepción respecto de todos los partidos políticos, de los gobiernos democráticos y de las líneas extremistas de acción política [...] Esto, siempre en el criterio del PDC, afecta a un número grande de chilenos y la tarea, por lo tanto, es atraerlos de nuevo a los métodos democráticos. La Unidad Popular juega su papel con aquellos que tienen razones para estar muy claramente en contra del gobierno. El Partido Demócrata Cristiano juega el suyo primero con personas que están abiertamente en contra, pero también con otros que no lo están. Esto último no puede hacerlo la Unidad Popular y es imposible hacerlo si el PDC apareciera compartiendo la línea de la UP". Véase "La Democracia Cristiana y sus puntos de vista acerca de un acuerdo político con la Unidad Popular", *Chile-América*, N° 39-40, enero-febrero de 1978, p. 80.

cuando estuviera aislada de los sectores a los que representaba o buscaba representar. Por lo demás, las mismas características señaladas hacían que su futuro y su estrategia estuvieran definidas y, con la excepción de la eventualidad de la disolución del partido, su importancia asegurada. Tanto la izquierda como la Democracia Cristiana enfrentaban el problema de mantener vivos a los partidos políticos en ausencia de un sistema político que los articulara entre sí y con las fuerzas sociales que representaban. Para la izquierda, dadas las condiciones de clandestinidad impuestas por la situación, aparecía como una alternativa "natural" el modelo de organización, la estrategia y la táctica insurreccionales. Para la Democracia Cristiana no existía esta alternativa y, por lo tanto, se podía sólo concentrar en la crítica intelectual de los proyectos que desarrollaba la dictadura y en la elaboración de alternativas teóricas a éstos.

Un efecto importante de la desarticulación entre los partidos políticos y sus bases durante este período es la autonomía adquirida por los cuadros intelectuales con respecto a sus organizaciones. Este proceso, que deberá ser estudiado con minuciosidad algún día, produjo un ámbito ideológico donde los cuadros de la izquierda provenientes de la antigua élite política y de la base social donde se reclutaba ésta, encontraron formas de actividad semejantes a la de los democratacristianos. En este terreno es importante recordar la discusión de los proyectos de Constitución propuestos por la dictadura, emprendida por los juristas de la oposición. Lo más importante de este desarrollo es que daba a los democratacristianos un campo en el que conservaban la potencialidad de convertirse en el eje de una rearticulación del sistema de partidos, en la eventualidad de una reactivación política, en tanto que los intelectuales de la izquierda, al rechazar la alternativa de construir organizaciones revolucionarias a partir de lo que quedaba de sus partidos, se ubicaban en un terreno en el que sólo podían quedar subordinados a la iniciativa ideológica de los democratacristianos[18].

Este retroceso general de los partidos como organización se reflejaba también en otros sectores, no sólo entre los intelectuales. Entre los trabajadores tenía como marco el campo sindical, donde se intentaba infructuosamente construir instancias unitarias de organización y donde los partidos seguían actuando, pero a través de cuadros que, al igual que los intelectuales, adquirían cada vez mayor autonomía respecto de sus partidos y de las ideologías de éstos[19].

El punto culminante de este período es, sin duda, el plebiscito de 1980, en el cual Pinochet hace aprobar una Constitución y el reglamento de su entrada paulatina en vigencia. Legitimó con ello su permanencia en el poder hasta fines de la década de los ochenta, por lo menos, y por el contenido de la Constitución aprobada, dejó consolidadas las bases de la reformulación de todos los mecanismos de representación social y política. El momento elegido para esta confrontación tiene también el sentido de culminación de una etapa de avance en el proyecto de la dictadura, que hace al gobierno sentirse seguro de poder dar por cancelada la experiencia histórica del sistema político anterior, empujando

[18] El Grupo de Estudios Constitucionales, conocido como "Grupo de los 24", constituyó el primer caso importante de colaboración abierta de democratacristianos con algunos izquierdistas y, al mismo tiempo, personeros de la vieja derecha. (*Chile-América* N° 64-65, Roma, junio-septiembre de 1980, p. 27).

[19] El movimiento sindical en la fase de ascenso de la dictadura fue objeto de un estudio muy acucioso por parte de Guillermo Campero y José A. Valenzuela, *El movimiento sindical en el régimen militar chileno. 1973-1981.*

a todo lo que queda de él, incluyendo muy especialmente a la Democracia Cristiana, a presentarse unido como oposición al proyecto de Constitución. En la interpretación oficial del triunfo del gobierno en este plebiscito se expresa la intención y la significación que se le atribuye a estos hechos: dar por eliminada la representatividad de la Democracia Cristiana en el bloque social que apoyaba a la dictadura.

5.4 Años 1980-1983: La lucha ideológica en la oposición

El mismo resultado del plebiscito contribuyó a ahondar las características del proceso de desarticulación que sufrían los partidos políticos en general, y la Democracia Cristiana en particular, desde el período anterior. Lo que para la izquierda había parecido un debilitamiento coyuntural es proyectado ahora como permanente. La formulación teórica e ideológica de la situación asume la forma de propuestas de análisis sociológico en las que se busca la constitución de actores históricos con movimientos sociales que sean refractarios a una interpretación en términos clasistas definidos a partir de una estructura. Desde esos movimientos sociales, se propone la búsqueda de alternativas políticas de democratización, las cuales requerirían para su desarrollo que los partidos políticos no pudieran o no intentaran integrarlos en proyectos definidos desde la perspectiva de otro tipo de análisis[20].

[20] Una descripción de estas posiciones y de su relación con lo que queda de los partidos se encuentra en el capítulo X, "La oposición al régimen militar", del libro de Manuel Antonio Garretón ya citado.

Aun cuando este tipo de argumentos aparece como más importante en la izquierda, la Democracia Cristiana juega un papel fundamental en la producción de ellos. En el conjunto de las condiciones que provocan este resultado hay que reconocer que la intensificación de la actividad ideológica se debe al repliegue general de los partidos y, en especial, a su desarticulación con respecto a sus bases y clientelas. En el campo de la ideología, terreno propio de la actividad de los cuadros intelectuales, el partido que conserva la mayor integridad es la Democracia Cristiana, lo cual se debe a su misma composición social. Además, la tesis de la incapacidad de los partidos de la izquierda para expresar las fuerzas sociales tiene en Chile un origen ligado al PDC. Por ser éste el período de mayor difusión de la discusión de este tema entre los intelectuales chilenos parece conveniente recordar aquí sus orígenes y trayectoria.

Las limitaciones del sistema político chileno para expresar los intereses del conjunto de las fuerzas sociales fueron percibidas primero por la izquierda, bajo la forma de trabas a la participación independiente de los campesinos. Sin embargo, esos partidos no pudieron romper ese dique que garantizaba la sobrerrepresentación de los partidos de la derecha. La represión aparecía inmediatamente, desde los tiempos del Frente Popular, ante cualquier intento de penetración de la izquierda en el campo, o de organización sindical independiente de los campesinos[21].

[21] "Los comunistas, como todos los partidos chilenos, mantenían, esencialmente, una organización urbana. Las actividades rurales representaban un alto riesgo, eran ataques muy expuestos al bastión de la oligarquía chilena". Brian Loveman, *Struggle in the Countryside: Politics and Rural Labor in Chile, 1919-1973*, p. 206.

Para la Democracia Cristiana, las limitaciones señaladas parecían superables a través del perfeccionamiento del sistema electoral[22]. La primera tesis que afirma la "incapacidad" del sistema de partidos, de los modelos orgánicos e ideológicos vigentes para representar a sectores importantes de la sociedad, es la teoría de la marginalidad, tal como lo formuló Vekemans. Su propuesta es cambiar la relación entre partido y base social, convirtiendo a la Democracia Cristiana en la expresión de una alianza de sectores sociales, organizados en movimientos o frentes que mantuvieran una relación de clientela con el partido y con un eventual gobierno de este mismo (la Promoción Popular).

El fracaso de este proyecto durante el gobierno de Frei pareció reforzar el sistema de partidos. Sin embargo, la crisis política de la derecha, al perder el control del voto campesino, hizo aparecer la crítica del sistema de partidos en ese sector político. Tras reorganizarse en el Partido Nacional, el más amplio movimiento alessandrista, reactivar las organizaciones corporativas de la burguesía y la pequeña burguesía y finalmente fracasar en la elección presidencial de 1970, la derecha se planteó desarrollar la oposición al gobierno de la Unidad Popular por medio de las "organizaciones sociales" (juntas de vecinos, gremios, etcétera).

Finalmente, tras la derrota en 1973, la izquierda, o más bien sus intelectuales, asumen también la crítica de los partidos

[22] Al final del período presidencial de Gabriel González Videla (1946-1952), durante la participación de la Falange Nacional en el llamado "gabinete de sensibilidad social", entre 1950 y 1952, dos miembros del partido, Jorge Rogers y Gastón Saint Jean, diseñaron un proyecto de reforma electoral que fue enviado al Congreso con apoyo del gobierno, aun cuando más tarde no fue aprobado. Véase George Grayson, *El Partido Demócrata Cristiano chileno*, p. 275.

cuestionando su capacidad para permitir el desarrollo y articular los movimientos sociales.

Para cada uno de estos sectores, la articulación de lo político y lo social, luego de la liquidación de los partidos, asumiría formas distintas. Para la Democracia Cristiana se trataba de una redefinición del papel de los partidos en la cual ellos, los DC, reemplazarían al conjunto del sistema de partidos como ámbitos de concreción de alianzas sociales, pasando así de un sistema multipartidista a un régimen de partido único o de hegemonía aplastante de un partido. Para la derecha, en su intento bajo Pinochet de aplicar su proyecto, la alternativa es la despolitización, la supresión de los partidos y el sistema que conformaban, al menos por un largo período, y su eventual reconstrucción sólo en condiciones de subordinación no muy claramente definidas (si corporativos o ideológicos), pero en todo caso, limitando el espectro ideológico que podrían cubrir a los requerimientos de exclusión de la izquierda.

Por su parte, la alternativa a la que apuntan los intelectuales de izquierda no encuentra formulaciones que vayan más allá de los comentarios apologéticos acerca de la socialdemocracia, en sus múltiples variantes, lo cual es demasiado pobre como para poder ser reseñada.

Si la critica a los partidos y al funcionamiento del sistema de partidos tal como existía en Chile hasta 1973, encontró formulaciones en todos los sectores políticos, los portadores de estas posiciones en cada sector también muestran características comunes. En los tres sectores, derecha, Democracia Cristiana e izquierda, los cuadros que asumen estas posiciones son intelectuales que buscan su inserción en la élite política profesional a partir de la década de los sesenta[23]. En la derecha son nacionalistas, gremialistas y otras variedades de fascistas. En la Democracia Cristiana se trata de la juventud, principalmente, y, durante el gobierno de Frei, las tendencias rebelde y tercerista. En la izquierda de hoy son los mismos cuadros democratacristianos rebeldes y terceristas, desprendidos del PDC en 1969 y 1971 para formar el MAPU y la Izquierda Cristiana, más los cuadros socialistas que se les asemejan por composición social, generacional y trayectoria profesional.

Otras formas de crítica al sistema de partidos, que no se extiende al partido como modelo orgánico, están representadas por cuadros políticos de la misma generación de los sesenta, pero que se adhirieron a alguna forma del "castrismo" y que proponían alguna variante de la visión "leninista" del partido. Estas tendencias residían fundamentalmente en el MIR, algunas fracciones de los socialistas, además de su influencia tradicional, no asociada al castrismo, en el Partido Comunista[24].

[23] Si bien el análisis no es el mismo, la distribución entre las organizaciones de la izquierda de lo que Garretón describe como matrices de acción política "clásica" y "emergente" coincide con la caracterización de los cuadros que se hace aquí, al menos para este sector. Véase Manuel Antonio Garretón, *op. cit.*, p. 188.

[24] Las comillas del "leninismo" se refieren al lugar que el modelo de partido revolucionario jugó en la discusión ideológica en el Chile de Pinochet. Hay que recordar que en ella aparecen mezcladas las cuestiones relacionadas con la estrategia y la táctica de la izquierda y las críticas al socialismo real, a partir del supuesto que este último es la consecuencia inevitable de la adopción del leninismo en aquéllas. En esta discusión, frente a la ofensiva ideológica socialdemócrata se encuentra una izquierda replegada en una suerte de "ortodoxia" leninista, asumida o imputada. Ambas posiciones son expresiones de la derrota y el "desarme ideológico" actual de la izquierda chilena. Lo importante en este caso del modelo leninista es que permite fundamentar la existencia del "partido", como

Toda esta digresión tiene por finalidad aportar algunos elementos que faciliten imputar un sentido a la actividad ideológica que se desarrolló en ese período, el de mayor reflujo de los partidos políticos, y destacar la importancia que sus resultados tienen para la Democracia Cristiana, aun cuando ésta no sea evidente a primera vista. Para hacer claro esto hay que recordar que la Democracia Cristiana es un partido de "representantes profesionales", ligados entre sí por su interés político común, que busca representar a sectores sociales a los que no aspira a integrar al partido mismo más que en una medida limitada. En este sentido es diferente a los partidos de la izquierda, en los cuales los sectores populares no sólo se integraban a la organización misma del partido sino que podían marcar límites a las posiciones que, en teoría, podían asumir los cuadros dirigentes que tienen una composición social semejante a la de los democratacristianos. Esto es particularmente importante en el caso del Partido Socialista[25]. Al haber estado integrados juntos en una misma élite de políticos profesionales, y al expresar los

modelo organizativo, haciendo abstracción de la situación concreta, en el sentido de su inserción o no en un sistema de partidos. La posición de quienes imputan alguna forma de "leninismo" a la izquierda chilena está claramente expuesta en las declaraciones de Ricardo Lagos a *Excelsior*, México, 6 de enero de 1984, pp. 1, 16 y 18.

[25] El grado de autonomía de la dirigencia de cada partido respecto de sus bases y clientelas era, sin duda, variable de un caso a otro. Las determinaciones que actuaban en cada uno de ellos eran también distintas, de lo cual da un indicio la variabilidad diferente de la votación por cada partido. Sin embargo, en la izquierda y aún más en particular entre los socialistas, todo conduce a aceptar como plausible la hipótesis de que, en la situación de 1970, la subordinación a la Democracia Cristiana, por ejemplo en una alianza de tipo frente populista que apoyara a Tomic, habría resultado en un fortalecimiento del PDC, por un lado, y de la izquierda "castrista" por otro. A esto parecen obedecer las características de los acuerdos en los que se

democratacristianos el tipo más "puro" de componente de esa élite, los intereses políticos de estos conjuntos de cuadros intelectuales tienen puntos de contacto. El problema es cómo se perciben y cómo se canalizan.

Para los democratacristianos el modelo partidario es el único posible. Su proyecto sigue siendo una redefinición de las relaciones entre los demás partidos, sus bases y clientelas, que permita reestructurar el sistema de partidos o eliminarlo, a partir de la preeminencia del propio PDC. Para los intelectuales de la izquierda, las posibilidades percibidas eran dos: por una parte, la reestructuración del sistema de partidos que hiciera posible su reinserción en la política como organizaciones y como cuadros individuales y, por otra, la redefinición de sus organizaciones alrededor de una estrategia revolucionaria, la cual sólo podría estar estructurada por una política militar que apuntara al derrocamiento de la dictadura[26].

---

funda la Unidad Popular, en especial el "Programa Básico de Gobierno" y el "Acuerdo sobre estilo y conducción de la campaña". Véase capítulo 2.

[26]Cuando se habla de "ausencia de una política militar que apuntara al derrocamiento de la dictadura", hay que entender que la afirmación es relativa. De hecho, había dos políticas militares en marcha, pero ambas se desprendían de consideraciones abstractas y eran más expresión de deseos que producto de análisis. Es claro que en la Democracia Cristiana siempre existió la disposición para un acuerdo "cupular" con las fuerzas armadas que culminara en un proceso de transición. Por otra parte, una política militar abstracta se ofrece naturalmente asociada a un modelo de partido revolucionario, ya sea esperando que esta crisis (o alguna otra) descomponga a las fuerzas armadas y las debilite (como en Argentina después de la guerra por las Malvinas) o que se comience la construcción de un aparato armado autónomo que, a largo plazo, pudiera desafiar en el terreno estratégico el control que ejercen las fuerzas armadas, posición que siempre fue poco significativa en el conjunto de la izquierda.

En medio del reflujo, en 1982, los partidos, atomizados por los efectos de la derrota de 1973, parecían tender hacia su recomposición en torno a dos ejes. Uno de ellos agrupaba a las organizaciones más tradicionales de la izquierda (comunistas, algunas fracciones socialistas, el MIR, algunas fracciones de las organizaciones originadas en la Democracia Cristiana e, incluso, los radicales), tras la reivindicación de su papel como partidos, asumiendo la necesidad de reconstruir un sistema de alianzas partidarias, aun cuando éste se redujera sólo a ellos mismos, pero manteniendo su llamado (ya permanente, y también permanentemente rechazado) a la Democracia Cristiana para que se sumara a un bloque opositor unitario (frente antifascista o como se le quisiera llamar), y, al mismo tiempo, aceptando, al menos como posibilidad teórica, la eventualidad del uso de la violencia para derrocar a la dictadura ("Llamamiento a la unidad y al combate", México, 21 de mayo de 1982, firmado por los partidos Comunista, Socialista-Almeyda, Radical y MIR). El otro estaba constituido por la llamada Convergencia Socialista, que agrupaba a lo más importante de los cuadros intelectuales provenientes de la izquierda que asumían la crítica a los partidos y proponían la "refundación" de la política chilena a partir de los movimientos sociales[27].

Todo lo que parecía irrelevante en tanto actividad política propia de derrotados que constituyen una oposición reducida a la impotencia, cobra sentido si se lo examina como una confrontación ideológica en el campo de la oposición. Esta oposición está constituida por derrotados, pero no

[27] "Nuestra propuesta; unidad y solidaridad frente a la crisis nacional", Santiago, 1 de mayo de 1982. Secretariado de la Convergencia Socialista (24 Congreso), MAPU, MOC e Izquierda Cristiana.

sólo los de 1973. La Democracia Cristiana figura, sin duda, entre los vencedores de 1973, pero su propuesta restauradora es derrotada luego en el campo de la dictadura. Sin embargo, el sumarla a la oposición, por iniciativa de la dictadura (como se ha dicho más arriba), no significa sumarla automáticamente a los derrotados de 1973. En su relación con la izquierda, la Democracia Cristiana se ubica en el campo de los vencedores y, al no aceptar las propuestas de unidad en un bloque opositor definido por la izquierda, se proponía la tarea de asumir el liderazgo de una oposición cuya estrategia estuviera definida por el proyecto democratacristiano[28].

Este proyecto tiene una continuidad notable si se le observa como el producto de la experiencia del gobierno de Frei, la oposición al gobierno de Allende y la participación subordinada en el bloque de apoyo a Pinochet. Se trata, en esencia, del mismo proyecto de redefinición de las relaciones entre alianzas sociales a partir de la hegemonía del PDC como

[28] Ésta ha sido siempre la posición de Zaldívar quien en 1977 concluía que era "imposible la formulación de un proyecto histórico común de la Democracia Cristiana y los comunistas. Dicho más claramente, la Democracia Cristiana rechaza una alianza o programas de gobierno con el Partido Comunista Chileno" (Andrés Zaldívar, "La construcción de un nuevo proyecto social es un proceso de transición gradual", resumen del informe presentado al Plenario de la Democracia Cristiana en los primeros meses de 1977, véase *Chile-América*, N° 28-29-30, Roma, febrero-marzo-abril de 1977, p. 198). Unos años más tarde declaraba: "Nosotros como democratacristianos, si queremos ser consecuentes con nuestra posición y creo que lo somos y creo que la directiva en ese sentido cumple y hay un documento de consenso que es claro en ese sentido, nosotros no podemos hacer ninguna acción tendiente a buscar una alianza para llevar a cabo un gobierno con el Partido Comunista, ni tampoco con ningún partido que, como partido, como organización, como proyecto ideológico haya estado comprometido con la dictadura". (Andrés Zaldívar, "La otra voz de la DC", *El Mercurio*, Santiago, 1 de abril de 1984, p. D3).

representante de una alianza social, por sí mismo, que reúna tras un programa de desarrollo económico a sectores populares, como clientela, a sectores de la burguesía, cuyos intereses serían representados por el partido, el cual, a su vez, conservaría en sus bases y sus cuadros una composición de clase media política y tecnocrática.

En la situación de los primeros años ochenta no parecía ni muy posible ni muy fructífero para los democratacristianos el luchar por la representación de alguna parte de la burguesía, puesto que ésta, en su conjunto, se encontraba involucrada en el apoyo a la dictadura, preocupada por el destino de sus intereses económicos en el nuevo modelo de desarrollo y despolitizada. Sin embargo, en el otro frente, el de los sectores populares, su nueva situación en la oposición podía ser aprovechada para enfrentar el otro obstáculo, quizás el más importante, que se había opuesto a la realización de su proyecto: la independencia política de estos sectores expresada por los partidos marxistas. La tarea concreta emprendida por los democratacristianos en este período fue el desarme ideológico de la izquierda[29].

En esta empresa contaron a su favor con la situación en que se encontraba la izquierda a partir de su derrota política y militar en 1973. La tarea fue, entonces, infligirle la única derrota que la dictadura no es capaz de producir: la derrota ideológica. Entre las condiciones que definían la situación de la izquierda, la más favorable para los democratacristianos era la desarticulación de los partidos y, en particular, la independencia que los intelectuales (su reserva ideológica)

[29] Los primeros en recetar explícitamente inyecciones masivas de "euro-comunismo" a la izquierda chilena fueron Genaro Arriagada y Claudio Orrego, véase *Leninismo y democracia.*

habían adquirido respecto de sus organizaciones[30]. En lugar de ver a la Democracia Cristiana sumándose a la oposición de izquierda, y de escuchar su acto de contrición por su participación en la destrucción del sistema político, lo que se pudo observar fue a una parte de la izquierda empeñada en "aprender la lección" de la Unidad Popular, propalando las críticas al sistema político que hizo posible su triunfo y repitiendo, diez años después, las mismas críticas que la oposición golpista hiciera el gobierno de Allende[31]. Ésta es la victoria ideológica de la Democracia Cristiana en medio de su derrota política . Las consecuencias sólo se harían patentes en el período que se inaugura con la jornada nacional de protesta del 11 de mayo de 1983.

[30] Bajo las condiciones de la represión los vínculos orgánicos se fortalecen en la clandestinidad, pero la mayoría de las bases y la clientela quedan excluidas de ellos y sólo mantienen una vinculación ideológica a través de aquellos intelectuales que puedan ocupar los espacios permitidos por la dictadura en el terreno cultural, en general, y, muy especialmente en este caso, el periodismo político. A su vez, los intelectuales han asumido una gran independencia respecto de los partidos ya que, entre otras cosas que han ocurrido, su actividad no se desarrolla en instituciones estatales en las que incluso su situación personal podía depender de los vaivenes de la política y, por lo tanto de sus afiliaciones partidarias.

[31] "Sobre todo, entendemos que Allende fracasó en su premisa básica", afirmó Tomás Moulian, un científico político de izquierda. "Pensó que Chile podía ser llevado al socialismo con el apoyo de solamente 30 por ciento de la población. Ahora entendemos que ningún programa político puede tener éxito a menos que una gran mayoría de chilenos lo apoye." (*Excelsior*, México, 25 de septiembre de 1983, p. 31).

5.5 Años 1983-1986: La crisis política de la dictadura y la movilización social de la oposición

La desarticulación de los partidos, la distancia entre la lucha ideológica, la política y los procesos sociales, todo lo cual era observado como retroceso de los partidos en su conjunto y, en general, como pérdida de vigencia histórica del partido como modelo orgánico, se reveló palmariamente en las primeras protestas de 1983. Sin embargo, a partir de ellas se desarrolla un proceso de reactivación política, o repolitización de la sociedad chilena que tiene entre sus rasgos más sobresalientes la reactivación de lo que quedaba de los partidos, sus fracciones o sectores, y la aparición de nuevas organizaciones que aspiran al mismo estatus[32]. La vieja élite política y elementos nuevos que comparten algunas de sus características, participaron en una intensa vida política que desplazó, objetiva y subjetivamente, a la protesta social y se canalizó en la líneas de creación, consolidación y desarrollo de estructuras partidistas y en su articulación en bloques, tanto en el gobierno como en la oposición.

[32] Después de un año de iniciado el proceso de reactivación política, *El Mercurio* consignaba a los siguientes como los actores más significativos: ALIANZA DEMOCRÁTICA (Democracia Cristiana, Social Democracia, Partido Radical, Derecha Republicana, Partido Socialista, MAPU, MAPU-OC, Grupo por la Convergencia, Movimiento de Convergencia Universitaria), GRUPO DE LOS OCHO (Unión Nacional, Unión Demócrata Independiente, Partido Nacional, Social Cristianismo, Democracia Radical, Movimiento de Acción Nacional, Talleres Socialistas Democráticos, PADENA) y MOVIMIENTO DEMOCRÁTICO POPULAR (Partido Comunista, Partido Socialista Almeydista, MIR). (*El Mercurio*, Santiago, 17 de junio de 1984, p. D1).

Lo que los hechos de 1983 mostraron es, por una parte, la incapacidad orgánica de la oposición política para articular la protesta de los sectores populares y, por otra, la descomposición del bloque social de apoyo a la dictadura, que proporcionó la ocasión para que la protesta se expresara y se extendiera en la sociedad hacia el campo de las clases medias, e incluso sectores de la burguesía. Visto así el proceso, lo que destaca es la extensión de la protesta más que su intensidad. Esto es también confirmado por la debilidad orgánica que conduce a los trabajadores del cobre a convocar a una expresión de protesta más difusa, pero más extensa, al verse en la imposibilidad de realizar su ya programado paro nacional en las minas de cobre[33]. Estas determinaciones del movimiento de protesta son las que le dan las características más sobresalientes, que constituyen los temas centrales de discusión acerca de él en sus inicios: el espontaneísmo, que lo caracteriza en general, y la violencia, que establece algunas diferencias entre sus varias expresiones en distintos sectores sociales[34]. Estas imágenes ideológicas de las protestas, a su vez, son un buen punto de referencia para evaluar el sentido de tres procesos que, corriendo paralelos, caracterizan la

[33] La Confederación de Trabajadores del Cobre acordó el 21 de abril de 1983, en su Congreso Extraordinario realizado en Punta de Tralca, llamar a un "PARO NACIONAL DEL PAÍS de 24 horas, destinado a protestar contra la legislación laboral y la política económica y social imperantes". El paro no pudo ser acordado en Chuquicamata ni en tres sindicatos de El Teniente controlados por el oficialismo ni en el sindicato profesional de la zona andina, que dirigía el vicepresidente en la CTC. ("Chile: Intinerario de la protesta nacional", *Convergencia*, N° 9, México, julio de 1983, pp. 37-38).

[34] Una descripción muy acuciosa de la primera protesta, en la que se destaca e intenta evaluar la importancia de estos rasgos, se encuentra en el *Informe Mensual de Coyuntura Política*, N° 35, Santiago, mayo de 1983.

política chilena a partir de mayo de 1983: la politización de la protesta, primero, y, estrechamente vinculado a ello, la conformación de bloques políticos en la oposición, compuestos (o descompuestos) en un proceso acelerado de reconstrucción de partidos políticos. Por último, los intentos de recomposición del bloque de apoyo a la dictadura, proceso que se expresa en la política de gobierno militar, pero también en una politización de sus partidarios que tiende hacia la estructuración de partidos o embriones de ellos[35]. Examinar estos procesos puede ser una buena manera de evaluar el estado del proyecto democratacristiano en la situación creada a partir de 1983.

Si la extensión de la protesta y su espontaneísmo están asociados en el origen, es por el bajo nivel de articulación política de las manifestaciones de descontento social que se observaba en los años de 1977 a 1983. Sin embargo, el cambio en la correlación de fuerzas sociales que la protesta de 1983 significa debía buscar canales de expresión que consideraran este cambio y, frente al proyecto despolitizador de la dictadura, la politización de la oposición es una forma de avanzar en la formulación de alternativas. Desde este punto de vista, el desarrollo de las protestas, tal como ocurrió, puede ser considerado "natural". Si la extensión de la protesta "estalla" en mayo de 1983, los rasgos que asume su desarrollo pueden ser rastreados antes de esa fecha. Por una parte, tal como ya se dijo, esta extensión encuentra su fundamento en la descomposición del bloque social de apoyo a la dictadura, pero por otra, las formas orgánicas que canalizaban esa descomposición no permitían desencadenar un proceso político de las dimensiones del que provocó la protesta. El apoyo

[35] Véase el capítulo anterior.

social a la dictadura se descomponía naturalmente a través de los cauces corporativos que habían concentrado la representación política de la burguesía desde la crisis de sus partidos tradicionales. Los niveles de radicalización posible dentro de ese modelo orgánico alcanzaron sus límites (entre los camioneros, productores de trigo, comerciantes, etc.) mientras, al compás de la crisis económica, se comenzaba a producir una reactivación de la élite política[36].

La protesta de mayo de 1983 rompe esta línea de desarrollo, pero no para interrumpir esos procesos sino para ubicarlos en otro nivel, en el cual se aceleran considerablemente. La convocatoria a la jornada de protesta por parte de la Confederación de Trabajadores del Cobre tiene un sentido complejo. Por un lado, en el ámbito social, el paso de los sectores populares a la vanguardia en la expresión de un descontento que en el campo de la burguesía y las clases medias no superaba sus limitaciones ideológicas y orgánicas de manera que pudiera extenderse. Son los sectores populares los que pueden sumar a otros de las clases medias e, incluso, de la burguesía, a su movimiento, pero no a la inversa. Sin embargo, el carácter generalizado de las protestas está definido, en los hechos, por la presencia de aquellos sectores que provienen del bloque social de apoyo a la dictadura. Por otra parte, la misma convocatoria tiene un carácter indudablemente político, aunque ambiguo; los dirigentes sindicales, a pesar de la desarticulación de los partidos, tienen afiliaciones todavía identificables y, en este sentido, la

[36] Este proceso se encuentra registrado en los informes mensuales del Taller de Análisis Político. En particular, el paso del modelo corporativo a la reactivación de los partidos, detectado a través de los primeros intentos de refundar el Partido Nacional, se puede ver en *Informe Mensual de Coyuntura Política*, N° 30 y 31, diciembre de 1982 y enero de 1983.

convocatoria de los trabajadores del cobre implica una participación unitaria, aun cuando sea en una organización corporativa, de los democratacristianos y la izquierda. Por último, a pesar de ese mismo contenido político, para las clases medias y la burguesía, los trabajadores del cobre representaban todavía al sector obrero que los acompañó en la oposición a la Unidad Popular[37].

El proceso de politización de la protesta avanzó desde la reactivación del personal dirigente de los partidos hacia la reactivación, reconstrucción o formación de organizaciones políticas. En este terreno toma ventaja la Democracia Cristiana que, por su composición y por las características de su proyecto, se convierte de inmediato en el eje de dos procesos: primero, de la reactivación de la vieja élite política y su agrupamiento en lo que podría llegar a ser un embrión de un sistema de partidos políticos reconstruido de acuerdo con los lineamientos del proyecto democratacristiano, la Alianza Democrática, y, segundo de la politización de esta protesta, como medio de rearticular la representatividad social de esa élite reactivada y, en particular, del propio PDC. Para lograr esto parecía bastar el que los democratacristianos asumieran nominalmente la responsabilidad de encabezar un movimiento "espontáneamente". Esto fue lo que hicieron a partir de julio de 1983. Sin embargo, esta forma de politización de la protesta reveló, en sus limitaciones, la complejidad del proceso[38].

[37] Todo lo ambiguo de la significación de los trabajadores del cobre se refleja en los problemas internos que en la CTC precedieron al ascenso de Seguel al liderato y al llamado a la primera jornada de protesta. (Véase un recuento de éstos en *Informe Mensual de Coyuntura Política*, N° 35, pp. 1-3).

[38] Sobre esa tercera protesta ver Jorge Lavandero, *El precio de sostener un sueño*, pp. 91-96.

Si la espontaneidad y la extensión de la protesta indicaban el grado de desarticulación entre lo político y lo social alcanzado como efecto de la aplicación de los proyectos de la dictadura, la variedad de expresiones de la protesta, en particular los actos de violencia y su distribución social, indicada por su distribución espacial, hacían notar que no se trataba de un "movimiento social" indiferenciado y que tampoco la desarticulación de los partidos con respecto a sus bases sociales, en particular los de izquierda, era tan profunda como para suponer que la Democracia Cristiana se montaba en la protesta llenando un vacío político absoluto, tanto en el sentido ideológico como en el orgánico[39]. Para coincidir la imagen que se deseaba proyectar y la acción que, en supuesta consecuencia, emprendía en ese proceso el PDC, era necesario efectuar algunos recortes en los contenidos políticos y también en las expresiones "espontáneas" de la protesta social. Sin embargo, esto planteaba algunos dilemas a los democratacristianos.

Presentarse como una alternativa democrática le ponía como tarea a la Democracia Cristiana conservar la extensión de la protesta en el terreno de los sectores sociales que habían apoyado a la dictadura, pero, por otra parte, también implicaba controlar las expresiones más violentas de la protesta entre sectores populares y grupos sociales radicalizados

[39] Por ejemplo, la distribución de las acciones en Santiago y los grados de violencia involucrados en ellas durante la protesta del 14 de junio de 1983 dan la impresión de que, a pesar del tiempo transcurrido y de los indudables cambios en la sociedad chilena, hay elementos políticos que tienen una permanencia mayor de la que se le suele atribuir. No sólo la nostalgia nos lleva a observar la importancia en esa jornada de los hechos producidos alrededor del "Pedagógico" (sector Macul, Avenida Grecia-Dr. Johow). (*Hechos Urbanos,* N° 22, Santiago, junio de 1983).

(estudiantes). Esta situación constituía para los democratacristianos uno de aquellos típicos dilemas de las posiciones centristas, que nunca han podido resolver satisfactoriamente. Actuar sobre todos estos sectores de los componentes de la protesta social, le ponía en la situación de tener que reconocer que existían otros elementos de articulación política.

En el terreno de la burguesía y las clases medias, tenían que competir con el gobierno militar, que se conserva como instancia de articulación política de esas clases, y con las nuevas organizaciones políticas que aspiran a cumplir esa función. Los democratacristianos contaban para ello con los cuadros de la "vieja derecha" y las organizaciones reconstruidas por ellos. Sin embargo, tanto el gobierno como las nuevas organizaciones que lo apoyan buscan reconstruir el apoyo social a la dictadura a partir de la condena de la "violencia" y el "caos" que son presentados como consustanciales con la oposición. Combatir esta imagen implicaba para los democratacristianos ganar su reconocimiento como alternativa "democrática" por parte de la misma dictadura. Éste fue quizás su máximo logro político en 1983: obtener su credencial de demócratas extendida por la dictadura al aceptar un diálogo político[40].

El precio de ese logro se pagó en el terreno de los sectores populares. Aquí la Democracia Cristiana debió limitar el espectro de alianzas posibles, lo cual hizo con gusto puesto que no se trata de una cuestión táctica; es su proyecto

[40] Los logros del diálogo se ubican sólo en su realización. Las reuniones de Jarpa con la Alianza Democrática tuvieron lugar el 25 de agosto, 5 de septiembre y 29 de septiembre, siendo cancelado el diálogo por la Alianza Democrática el 20 de octubre de 1983. En la primera reunión se solicitó la renuncia de Pinochet, lo cual fue rechazado por Jarpa. En el tercer encuentro los opositores sólo pedían que se fijara una agenda.

estratégico el que supone la exclusión de la izquierda. Así, entre sus tareas respecto de sus aliados, dio prioridad al estímulo del desarrollo de tendencias socialdemócratas en la izquierda. Al mismo tiempo, en el terreno de la protesta social, debió condenar las manifestaciones de violencia y aparecer junto al gobierno frente a la izquierda identificada con esas manifestaciones. Con esta forma de actuar definió el ámbito y algunas de las características que asumiría un bloque opositor de izquierda. La decisión democratacristiana fue construir una alternativa a la dictadura que le dispute el apoyo social en su propio terreno, antes que una oposición unificada que incorporara a los sectores populares con sus propias expresiones políticas. El costo de esta toma de posición estratégica fue, en la visión de algunos democratacristianos y analistas cercanos a ellos, un cambio radical en la forma de actuar del partido: el abandono de la premisa del "camino propio"[41].

El proceso de politización de la protesta se completa con la conformación de un segundo bloque de oposición. El Movimiento Democrático Popular (MDP), cuyo eje es el Partido Comunista. Al igual que en el caso de la Democracia Cristiana y la Alianza Democrática, lo que posibilita a los comunistas desempeñar un papel tan importante en ese segundo bloque opositor es la capacidad que demostraron para sobrevivir como partido durante la dictadura, tanto en el sentido orgánico como en el de conservación de su representatividad social. Sin embargo, lo tardío de la conformación de este bloque indica que el Partido Comunista privilegiaba la posibilidad de conformación de una oposición

[41] Para Edgardo Boeninger, la decisión de abrirse a acuerdos específicos con otras fuerzas data de 1979, *op. cit.*, p. 299.

unida por sobre la constitución de un reagrupamiento de la izquierda exclusivamente. Es el rechazo democratacristiano a cualquier alianza con la izquierda, excepto los sectores que aspiraban a constituir alguna suerte de socialdemocracia, lo que empujó finalmente a los comunistas a unirse a grupos que, en general, se inclinan hacia la oposición a la dictadura por todos los medios, sin descartar la violencia, pero que tampoco habían formulado una política seria al respecto.

La politización de la protesta por medio de dos bloques de oposición obedeció a varias determinantes. Unas provienen del carácter mismo de la protesta, tal como se ha señalado, en tanto que otras se derivan de los proyectos con que los partidos pretenden vincularse a ella. En ese sentido es también definitorio el papel que juega el proyecto democratacristiano. Es claro que, como partido, no podía aspirar a expresar la protesta en toda su extensión. Por otra parte, desde antes de la primera protesta, este proyecto se traducía en intentos de reactivación de la vieja élite política, como paso hacia una recomposición del sistema de partidos en el que el papel central de la Democracia Cristiana sería indisputable. De esta manera, la conformación de bloques, como forma de repolitización de la sociedad, es reforzada por la amplitud y complejidad de la protesta. Sin embargo, al ser los bloques, y fundamentalmente la Alianza Democrática, un medio para reagrupar a la élite política y facilitar la reconstrucción de los partidos, y al acelerar la protesta el proceso de repolitización, se produjo una inconsistencia: los bloques fueron una mejor expresión de la protesta en su extensión y heterogeneidad pero, dentro de ellos, cada partido debió buscar, para su reconstrucción, su propia rearticulación con las bases sociales a las que, en virtud de cualquier definición, buscaba representar. Así, los bloques constituyeron el campo que hizo posible la recomposición partidaria, pero ésta requirió definiciones más precisas que las que admitían la protesta y los bloques mismos. Lo que se produjo fue un aparente desgaste y pérdida de fuerza de la protesta, una paralización de los bloques en el nivel de sus primeras definiciones y una intensa vida política "cupular", en la que los cuadros emprendieron la búsqueda de las fórmulas ideológicas y orgánicas que permitieran la reconstrucción de sus partidos[42].

Dentro de la Alianza Democrática, la Democracia Cristiana, en su papel de eje, buscaba la reconstrucción de una "derecha democrática", privilegiando los contactos con la vieja derecha y la constitución de una izquierda democrática, realzando la presencia en su bloque de cuadros provenientes del socialismo. Sin embargo, las relaciones de fuerza no se desarrollaron simétricamente. En la derecha, la Alianza Democrática tuvo como tarea enfrentar los intentos de la dictadura por recomponer su apoyo, en tanto que en la izquierda, el Partido Comunista fue un eje alrededor del cual se reagrupan otras fuerzas.

El principal logro de la protesta fue, sin duda, expresar el cambio de la correlación de fuerzas sociales en un proceso

[42] El problema planteado en cada sector de la élite política reactivada era, por una parte, el de articular un movimiento de masas que no tenía formas legítimas de expresión y, por otra, buscar formas que maximizaran la imagen de su propia representatividad frente a los demás competidores dentro de la clase política.En ausencia de métodos de contrastación de la representatividad social presunta, la participación en bloques implicaba un reconocimiento por pares en la élite política. La identificación del apoyo social con los bloques podría haber facilitado la movilización en tanto el apoyo a cada partido no se pudiera medir. Sin embargo, buena parte del estancamiento de los bloques se debió a la prioridad que, en la cúpula, tuvo la reconstrucción de cada partido por separado.

de repolitización general de la sociedad. Esto se refleja también en una politización de la dictadura y de las fuerzas que la apoyan[43]. Si el proyecto de desarrollo económico, y su aplicación exitosa durante un período, profundizaron la despolitización general, la crisis económica descompuso el bloque de apoyo a la dictadura en sectores cuyos intereses se vieron diferencialmente afectados y que expresaron su protesta en forma corporativa. Por otra parte, la importancia de las protestas y su rápida politización obligaron al gobierno a responder en el terreno elegido por la oposición: el terreno político. A estas determinaciones obedecía la creciente politización de la administración, primero (Jarpa, ministro del Interior) y de los ministerios económicos, después (Collados y Escobar en Economía y Hacienda).

Para la nueva derecha parecía llegado el momento de asumir el papel político que hasta entonces les había sido negado bajo la dictadura. Por fin estos cuadros pudieron aspirar al papel de líderes y no conformarse con el de asesores civiles de un gobierno militar, o el de ideólogos aislados cuyo único canal de comunicación con la masa era el periodismo. Por otra parte, también en el campo de los que apoyan a la dictadura se reactivaron cuadros de la vieja élite política, como los nacionalistas que provienen del Partido Nacional, pero también los conservadores. De este modo se constituye una franja fronteriza alrededor de la vieja derecha donde compiten, pero también se comunican, la Alianza Democrática y los distintos sectores que apoyan a la dictadura.

[43] La politización de la dictadura misma se observa en la composición del gabinete que comienza a incluir a viejos políticos como Jarpa, Collados y Escobar, en los ministerios claves. La politización del apoyo a ella se puede ver en la variedad de organizaciones de derecha, de las cuales las más importantes están mencionadas en el Grupo de los Ocho.

El balance del período muestra que el movimiento pendular realizado por la Democracia Cristiana rindió frutos estratégicos para los dos sectores principales en que se dividía la cúpula partidaria, y que contribuyeron a determinar el papel protagónico del partido en toda la transición. El liderazgo de Gabriel Valdés permitió, basculando el partido hacia la izquierda, ligarse a la protesta social y atraer al Partido Socialista (Briones-Núñez) a una alianza partidaria que excluía a los comunistas, rompiendo así la alianza que expresaba la unidad de la clase trabajadora[44]. El costo ideológico era asumir el programa opositor más radical (desconocimiento de la Constitución, renuncia de Pinochet, elecciones de una asamblea constituyente), pero, a cambio, permitía vincular a esa alianza de partidos con la protesta social. Esto empujaba a la izquierda hacia una radicalización aún mayor, formando una alianza de partidos que representa a la tradición de izquierda derrotada en el 73 (el MDP) y, poco después, el comienzo de las acciones de una organización armada (el FPMR)[45].

Otro sector de la Democracia Cristiana, liderado por Aylwin, vicepresidente del partido en el momento, buscaba acuerdos con la derecha tradicional. El rechazo a las demandas de la Alianza Democrática y la cancelación del diálogo con Jarpa dejaron un vacío de actividad política significativa entre la élite, en el cual las protestas seguían ocurriendo con periodicidad mensual. El quiebre de esta situación se produjo en julio de 1984, en un seminario en el que Francisco Bulnes, patriarca de la derecha tradicional, expuso su visión

[44] Véanse capítulos 1 y 2.

[45] El MDP se forma en octubre de 1983 y el FPMR (Frente Patriótico Manuel Rodríguez) produce el primer "apagón" en diciembre del mismo año.

de la legitimidad de la Constitución de 1980[46]. La posición expuesta por Patricio Aylwyn como cierre de ese mismo seminario representó el comienzo de la subordinación de la oposición al itinerario de transición diseñado por los asesores de Pinochet y, según un comentarista, marcó el real comienzo de la transición en Chile[47]. En su intervención Aylwin dijo: "Ni yo puedo pretender que el general Pinochet reconozca que su Constitución es ilegítima, ni él puede exigirme que yo la reconozca como legítima. La única ventaja que él tiene sobre mí, a este respecto, es que esa Constitución —me guste o no— está rigiendo. Este es un hecho de la realidad y que yo acato"[48].

La importancia de este hecho sólo aparece en una mirada retrospectiva. Al momento de ocurrir, el PDC estaba dominado por la tendencia más cercana a la alianza con la izquierda, encabezada por Gabriel Valdés, y movilizado en la tarea de hacerse presente en las protestas, expresión social más amplia de la oposición. Sin embargo, en las luchas internas en la DC y en las negociaciones con la dictadura, más que resolverse los conflictos ideológicos o políticos explícitos, se estaba conformando el marco de lo que sería finalmente la transición.

[46] La posición de Bulnes era que el programa de la oposición debería centrarse en la propuesta de reformas a la Constitución y no en el rechazo total a ella y que Pinochet debería aceptar que su Constitución era "reformable". " La oposición democrática, por su parte, debiera dejar de hostilizar al Presidente y reconocer, no la legitimidad de la Constitución del 80, que sería pedirle demasiado, sino el hecho de que está vigente y de que *es el único marco jurídico que tenemos para realizar la transición*". (Subrayado de R.Y.) Intervención de Francisco Bulnes en el Seminario *Una salida político-constitucional para Chile*, p. 141.

[47] Rafael Otano, *Crónica de la transición*, p. 21.

[48] Intervención de Patricio Aylwin en el seminario ya citado, pp. 148-149.

Lo fundamental de este período es la separación entre la oposición social y la oposición política. La primera empujaba hacia la unidad de las fuerzas opositoras, y su acción apuntaba a la radicalización. La segunda, nucleada alrededor de la DC en el proceso de reconstrucción de los partidos, impedía la unidad al poner un límite a la amplitud de la alianza buscando aislar a los comunistas. Explícitamente, el rechazo era a la violencia "venga de donde venga", como se impuso en la consigna. Sin embargo, en esto se confundía la violencia de organizaciones como el FPMR con la violencia de las manifestaciones callejeras que implicaban las jornadas de protesta, con lo cual, al final, se cedía frente a la dictadura que, desde las negociaciones de Jarpa, pedía poner fin a éstas.

El paso siguiente en el proceso de reconstrucción del sistema de partidos, fue el Acuerdo Nacional, una iniciativa de la Iglesia católica que reunió a un espectro ideológico que excluía a los comunistas. Formalmente el acuerdo excluía a la UDI, en la extrema derecha, la cual pugnaba no sólo por la mantención sin modificacones de la Constitución sino por la aplicación rigurosa de su artículo más cuestionado, el 8º, al pedir al Tribunal Constitucional el declarar fuera de la ley al MDP. El Acuerdo Nacional cedía ante la dictadura al aceptar el principio de la exclusión de fuerzas políticas como protección de la democracia, sólo que aceptaba esta medida por los "actos" de organizaciones antidemocráticas y no por sus principios o ideologías[49]. La significación de este acuerdo se limita al retroceso ideológico de la oposición política expresada en

[49] El texto del "Acuerdo Nacional Para la Transición a la Plena Democracia" se publicó en la revista *Cauce*, año 3, Nº 50, del 26 de noviembre al 2 de diciembre de 1985, pp. 23-25.

la élite, puesto que Pinochet no aceptó ni siquiera hablar del asunto con el Cardenal[50].

5.6. AÑOS 1986-1990: LA SUBORDINACIÓN DE LA OPOSICIÓN HEGEMONIZADA POR EL PDC AL DISEÑO DE TRANSICIÓN DE LA DICTADURA

En un primer momento, este fracaso de la oposición negociadora pareció fortalecer a la movilización social como alternativa. Las estrategias eran evaluadas en términos de plazos para el fin de la dictadura. Claramente, Pinochet buscaba llegar al plebiscito contemplado para 1988 en los artículos transitorios de la Constitución. La oposición buscaba formas de terminar antes con la dictadura. La conformación de la Asamblea de la Civilidad y su Demanda de Chile, publicada en abril de 1986[51], buscaba recuperar la iniciativa que habían tenido las movilizaciones de 1983. Estaba conformada por las 18 organizaciones sociales más importantes de Chile, pero todos sus dirigentes tenían militancia partidista conocida, aunque ninguno era dirigente nacional de su partido. Las demandas eran de tipo socio-económico, pero comenzaba estableciendo la incapacidad de la dictadura para resolverlas por lo que demandaba democracia como condición previa.

Las estrategias posibles de la oposición le creaban problemas a sus componentes, especialmente a la DC. La propuesta de unidad del MDP provocó discrepancias en la Alianza Democrática porque significaba una alianza con los

[50] Véase capítulo anterior.

[51] Separata de la revista *Cauce*, N° 50.

comunistas. Al final, los sucesos del año 1986 fueron los que despejaron el camino: la protesta nacional convocada por la Asamblea de la Civilidad enfrentó la represión más brutal vista hasta entonces por estas movilizaciones[52]. Ese mismo año fueron descubiertos los arsenales atribuidos al FPMR, y el 7 de septiembre ocurrió el fallido atentado contra Pinochet, todo lo cual contribuyó a cancelar la imagen de viabilidad de una lucha armada y, según algunos, fortaleció a la dictadura frente a la oposición que buscaba negociar[53].

Los avances tácticos de Pinochet repercutían en la oposición y, particularmente, al interior de la DC. A fines de 1986, sin avances en la estrategia negociadora, y con avances del MDP en los movimientos sociales, especialmente entre los estudiantes, el Partido Socialista (Núñez), representado por Ricardo Lagos, anuncia su retiro de la Alianza Democrática. Esta presencia del PS-Núñez, separado del PS-Almeyda y del PC, en una alianza hegemonizada por la DC y que incluía hasta la derecha que buscaba distanciarse de Pinochet, era el gran logro de Gabriel Valdés como líder del partido. Era la renovación del PS y, al mismo tiempo, su subordinación al proyecto democratacristiano. Sin embargo, al no producirse una unidad de izquierda, la subordinación del PS-Núñez a la DC se renovó en un nuevo pacto, el Comité por Elecciones Libres (CEL) coordinado por Sergio Molina, que nació el 13 de marzo de 1987[54].

[52] El paro del 2 y 3 de julio, que llevó a la movilización callejera a su nivel más alto, quedó marcado por el horroroso episodio de dos jóvenes quemados por una patrulla militar, uno de los cuales murió. Cavallo *et al.*, *op. cit.*, pp. 497-498.

[53] Rafael Otano, *op. cit.*, pp. 36-37.

[54] Edgardo Boeninger, *op. cit.*, p. 331.

Paralelamente, la subordinación de la oposición a la estrategia de la dictadura se iba imponiendo a través de la aceptación, a regañadientes, siempre conflictiva y nunca completa, de la legislación política. Desde comienzos de 1987, en febrero, se abrieron los nuevos registros electorales, y en marzo se promulgó la nueva ley de partidos políticos. El llamar a sus adherentes y simpatizantes a registrarse como electores y, posteriormente, iniciar los trámites legales de registro de las organizaciones políticas, fue motivo de discusión dentro del PDC, por no mencionar a los socialistas, debido a la clara percepción por parte de algunos de sus dirigentes de que estos hechos representaban la aceptación de la Constitución y su diseño de transición como legítimos. La línea electoralista, que era apoyada por quienes ya "estimábamos inevitable la realización del plebiscito"[55] triunfó en la Junta Nacional de la DC, celebrada el 31 de julio y el 2 de agosto de 1987. Allí se eligió una nueva directiva encabezada por Patricio Aylwin como presidente y con Andrés Zaldívar, Narciso Irureta y Edgardo Boeninger como vicepresidentes. La secretaría general fue para Gutenberg Martínez. La vieja DC se reconstruía para subordinarse a la estrategia de transición de la dictadura y subordinar así a la izquierda, que debería plegarse pronto a la campaña electoral ya que, en palabras de Aylwin, la movilización "es actualmente gastar pólvora en gallinazos"[56]. El carácter y las limitaciones de esas movilizaciones sociales eran claras para los estrategas de la DC. En una Carta al Partido Demócrata Cristiano, Edgardo Boeninger destacaba, en octubre de 1986,

[55] *Ibíd.*, p. 333.

[56] Rafael Otano, *op. cit.*, p. 52.

la "diferencia de motivación y conducta de los gremios clave de clase media, si se compara el proceso actual con los hechos de octubre de 1972 y mayo de 1973. En aquella época dichos sectores se movilizaron con la firme intención de provocar el término del gobierno de la Unidad Popular [...] en tanto la de hoy es esencialmente reivindicacionista, ante el gobierno que habían contribuido a establecer"[57].

Lo que habría que agregar es que esas movilizaciones evocadas por Boeninger subordinaron a la DC en un bloque liderado por los golpistas,[58] y que ahora el peligro era que la movilización pudiera conducir a la radicalización de los sectores populares y evitar la subordinación a la DC de la otra fuerza opositora, la izquierda. Más bien, la lección es que el sistema de partidos garantiza el papel central de la DC, aun cuando en esta coyuntura deba subordinarse a la estrategia de la dictadura, puesto que, a cambio, tiene la posibilidad de neutralizar a la izquierda.

Las discusiones acerca de la inscripción en los registros electorales separó al PS-Almeyda de sus aliados comunistas y, en enero de 1988, la DC y el PS-Almeyda trabajaron en un Acuerdo por el NO, que superó a la Alianza Democrática y dio lugar el 2 de febrero a la formación de la Concertación de Partidos por el NO, a la cual se adhirió un total de 17 partidos y grupos menores. Este fue el embrión de reconstrucción del sistema de partidos, centrado en las iniciativas de la DC, cuyo presidente, Aylwin, fue designado "vocero" de la Concertación,[59] y que excluyó sólo al PC, al MIR, y a otros grupos menores de la izquierda socialista.

[57] Edgardo Boeninger autocitándose, en *op. cit.*, pp. 329-330.

[58] Véase capítulo 2.

[59] Edgardo Boeninger, *op. cit.*, p. 338.

El triunfo del NO en el plebiscito suscitó la idea de que Aylwin era un candidato natural a la presidencia de la República si se conservaba la alianza de partidos que se había conformado para el plebiscito. Las objeciones surgieron dentro de su propio partido, donde Eduardo Frei Ruiz-Tagle tenía pretensiones y apoyos. La discusión acerca de la necesaria renovación generacional ocultaba los reales cambios y continuidades que se podía observar. La DC resurgía como eje del sistema y sus actuaciones eran independientes del movimiento de la sociedad. Las decisiones eran tomadas por una generación de "operadores" que si bien procedían de antes de 1973, nunca habían sido tan poderosos. De hecho, una nueva élite, con los mismos personajes pero con una nueva cultura política, asumía los controles del sistema. La candidatura de Aylwin se impuso como consenso para ocultar los bochornosos fraudes realizados en las elecciones internas del partido[60].

La línea de esta derecha democratacristiana era la de hacer alianzas con grupos chicos dentro de la gran alianza por el NO, con el fin de enfrentar a algún pretendiente socialista a la candidatura. En particular, Ricardo Lagos aceptó que las pretensiones socialistas podrían postergarse para un segundo gobierno de la transición[61]. Al final, la candidatura de Aylwin concentró el apoyo de la mayor parte de las fuerzas del NO.

Si el triunfo de Aylwin significó el logro de la legitimación de la Constitución de 1980, con reformas que no cambiaron

[60] Rafael Otano, *op. cit.*, pp. 78-79.

[61] "Me parece muy difícil que no haya candidato socialista en 1994. Porque si eso no es así, querrá decir que esta transición ha fracasado". Citado por Otano, *op. cit.*, p. 79.

su naturaleza más allá de eliminar la exclusión por ideas, y la aceptación del itinerario de la transición a la plena vigencia de esa Constitución contenido en los artículos transitorios, queda por explicar qué ganaban los partidos que asumieron el gobierno, cuyo eje era la alianza democratacristiana-socialista. El triunfo del proyecto político de los democratacristianos está representado por la subordinación de los socialistas y la práctica expulsión del sistema de partidos de los comunistas, que ahora pertenecen a la izquierda extraparlamentaria. El papel de eje de todo el sistema de partidos de la DC está garantizado por su influencia ideológica en el Partido Socialista renovado[62] y por el virtual blindaje de los partidos políticos respecto de las demandas sociales, contenido en la Constitución.

Lo que significó un cambio radical en la forma de pensar de los democratacristianos fue su aceptación del modelo de desarrollo económico impuesto por la dictadura. Las ideas y programas de la DC habían encarnado mejor que ningún otro partido el pensamiento desarrollista latinoamericano y sus raíces estructuralistas en economía. Esta forma de pensar inspiró, hasta bien avanzada la década de los ochenta, la crítica "técnica" de los democratacristianos al desempeño de la economía chilena bajo la dictadura[63]. Sin embargo, para los momentos en que tuvo lugar la campaña presidencial de Aylwin, el pensamiento que, en su raíz, había inspirado a los economistas de la dictadura había pasado a ser dominante en el campo académico internacional. También dominaba los diseños de planes de política económica en toda América

[62] Véase capítulo siguiente.

[63] Alejandro Foxley, *Experimentos neoliberales en América Latina*, capítulo III: "El experimento neoliberal en Chile", pp. 44-92.

Latina después de la crisis de la deuda en 1982 y, por último, el modelo chileno se reputaba como exitoso y tenía admiradores e imitadores en otros países. Con todo esto, el problema no era la conversión de los economistas democratacristianos (y sus colegas socialistas renovados)[64] sino el que esta conversión resultara convincente para los empresarios e inversionistas chilenos y extranjeros presentes en Chile[65].

[64] Edgardo Boeninger, *op.cit.*, p. 356.
[65] Rafael Otano, *op.cit*, pp. 134-135.

Capítulo 6
LAS TRANSFORMACIONES DE LA IZQUIERDA

6.1. Introducción

Al asumir Patricio Aylwin en 1990 el cargo de Presidente de la República con el apoyo de una coalición de 16 partidos políticos, entre los cuales los principales socios eran la Democracia Cristiana y el Partido Socialista de Chile, se podría haber tenido la impresión de que el proceso político chileno retomaba su línea de desarrrollo a partir de un punto semejante a aquel en que se había interrumpido en 1973. Una alianza entre democratacristianos y socialistas parecía la solución al dilema que no pudo resolver Allende para preservar el sistema político y continuar con su proyecto de tránsito al socialismo. Sin embargo, el mismo Patricio Aylwin fue el dirigente de la Democracia Cristiana que impidió un acuerdo con Allende y abrió la puerta al golpe de Estado, y la alianza que encabezaba en 1990 representaba algo muy distinto de lo que podría haber sido una alianza con el gobierno de la Unidad Popular. Las diferencias existían en todos los componentes de la alianza pero las más notables son las que exhibían los socialistas. De hecho, su presencia en esa alianza condensaba el conjunto de los cambios sufridos por la izquierda chilena en los años de la dictadura militar: ruptura de la alianza comunista-socialista como eje de la izquierda y transformación del Partido Socialista de Chile en algo parecido a un partido socialdemócrata. Esto es el resultado de un proceso que culmina con la subordinación de la izquierda a la Democracia Cristiana, como eje de reconstrucción del sistema de partidos políticos y, a su vez, del conjunto de los partidos al proyecto nacional de desarrollo impuesto por la dictadura.

Clausurado el parlamento por la dictadura y suprimida la actividad partidaria formal, la población quedó desarticulada en términos de su participación política. El vínculo orgánico entre los partidos y su clientela, estructurado a través de las elecciones, quedó cortado. Esto no significa, sin embargo, que las bases organizadas de los partidos y, mucho menos sus cúpulas, hubieran sido desactivadas definitivamente. Esto hace que, para todo el período de dictadura, la política asumiera un carácter eminentemente superestructural, en el sentido que los actores son fundamentalmente los miembros de la élite política anterior y sus organizaciones y, por otra parte, que las cuestiones ideológicas hayan ocupado permanentemente el primer plano, con lo cual el componente intelectual de la política haya pasado a tomar una importancia primordial. Estas características generales del proceso político se van a reflejar también en la izquierda y, muy en particular, en el PS.

Desde el punto de vista de la participación política de la población, la dictadura se opuso desde el principio a la reconstrucción del sistema de partidos tal como existía antes de 1973. Vaciló en cuanto a buscar formas alternativas de organización que canalizaran el apoyo social con que contó y, en definitiva, optó por postergar todo lo que pudo la constitución de un sistema político con participación de la población[1].

[1] Véanse capítulos 3 y 4.

En este sentido, el conflicto político dentro de los sectores que apoyaron el golpe y a la dictadura tuvo como actor principal a la Democracia Cristiana. Este partido propuso desde el primer momento la reconstrucción del sistema político anterior con las modificaciones necesarias para garantizar la no repetición del triunfo de la izquierda en 1970. Por su parte, la dictadura trató de eliminar a la DC por la vía de erosionar sus bases a través de la cooptación de parte de sus cuadros, en lo cual tuvo algún éxito, y más tarde, expulsando a lo que quedaba del PDC[2] del bloque de apoyo a la dictadura, empujándolo al campo de la oposición.

En 1980, al hacer aprobar su nueva Constitución en un plebiscito, la dictadura colocó al conjunto de los que, con variaciones, podían ser favorables a una recomposición de los partidos políticos en el campo de la oposición. Sin embargo, estos éxitos de la dictadura duraron poco. A partir de 1981, la crisis económica determinó un proceso de descomposición de su bloque de apoyo que culminó en la conformación de un bloque opositor que, a partir de 1983, dirigió el proceso de repolitización del país, siendo un componente fundamental de este proceso la reconstitución de los partidos políticos y los bloques o alianzas entre ellos.

6.2. La izquierda a partir de 1973

El golpe de Estado tuvo éxito inmediato en algunos de sus objetivos: la destrucción del gobierno de la UP y el desbande de sus partidarios. Sin embargo, en el nivel de la organización política y en el de la ideología las cosas no fueron tan

[2] Véase capítulo 5.

fáciles. Las organizaciones políticas de izquierda fueron derrotadas militar y políticamente con gran rapidez, pero esto no significó ni su destrucción completa ni la desaparición de su influencia social, aun cuando hay que evaluar con cuidado los grados y formas de la supervivencia de estos elementos bajo las condiciones de la dictadura.

Aparte de la represión, el conjunto de los partidos de la izquierda se vio sacudido, en el primer período después del golpe, por la discusión acerca de las causas de la derrota y las perspectivas futuras. En general, los argumentos y la alineación correspondían a las posiciones previas a 1973: por un lado estaban los que criticaban la acción de la ultraizquierda, dentro y fuera de la UP y ubicaban entre las causas de la derrota la no apreciación por parte de los ultraizquierdistas de la importancia que había tenido la mantención de la institucionalidad[3] y, por la otra, aparecían los que criticaban el reformismo que imputaban a toda la estrategia de la UP y el ritualismo con que habían sido mantenidas las formas institucionales, lo cual habría impedido desarrollar los elementos que hubieran permitido enfrentar con éxito la coyuntura del golpe[4].

En lo organizativo, que asumió una importancia fundamental en el primer período, de reagrupamiento en la derrota, no aparecen nuevas organizaciones de importancia fuera de los partidos[5]. En general, se conservan los partidos y en

[3] Partido Comunista de Chile, *El ultraizquierdismo, caballo de Troya del imperialismo*, y Jaime Gazmuri, *Aprender las lecciones del pasado para construir el futuro*.

[4] Partido Socialista de Chile (Coordinadora Nacional de Regionales, CNR), *Posición política*.

[5] Se tienen noticias de organizaciones espontáneas de jóvenes, muy restringidas, que desmanteló la represión en los primeros meses después del golpe.

ellos permanecen como dominantes las tendencias que lo eran antes del golpe, con la excepción del PS, en el que se observan algunos cambios, pero incluso la UP, como alianza de partidos, se reconstituye como tal[6]. Esta situación orgánica refleja un primer resultado de la confrontación ideológica. Es decir, los sectores hegemónicos durante el gobierno de la UP mantenían su posición como tales, con mayor o menor dificultad, dentro de cada partido. Esto significaba que, en conjunto, la izquierda asumía como suya la línea de un "frente anti-fascista", que era la línea impulsada por el PC, y que implicaba la búsqueda de una alianza con la DC en un proyecto de reconstrucción del sistema político, a partir de una evaluación de las discrepancias ya observables entre la dictadura y el PDC[7].

Esta línea general se ve reforzada a partir de 1977, cuando la dictadura pone fuera de la ley al PDC. Sin embargo, naufraga sin pena ni gloria debido a la negativa de este último a entrar en algún acuerdo con la izquierda. Más aún, en este segundo período, cuando las condiciones parecían óptimas para concretar la estrategia del frente anti-fascista, la discusión ideológica cambia de carácter dentro de la izquierda y, de nuevo, los síntomas principales son observables dentro del PS. En este período, el eje de la confrontación

[6] Se puede decir que la UP existió como alianza de partidos, al menos en el exilio, hasta 1980. Ya en 1981 aparece en México un llamamiento firmado como "Izquierda Chilena" que incluye al MIR (18 de septiembre de 1981).

[7] Véase, por ejemplo, la declaración del Comité Político Exterior de la Unidad Popular, reunido en Londres del 14 al 16 de octubre de 1975, en la que se destaca el efecto del rechazo de la DC a la propuesta de unidad. Partido Comunista de Chile, *Boletín del Exterior*, N° 14, octubre -noviembre de 1975.

ideológica dentro de la izquierda pasa a ser la cuestión de la democracia y el socialismo[8].

En este punto es importante establecer las conexiones entre lo que ocurre en Chile y lo que ocurre en el exterior, entre los exiliados. A primera vista, tomando los términos explícitos en que se plantea la cuestión ideológica, todo aparece como si entre los exiliados se hubiera producido un eco de las confrontaciones ideológicas a nivel mundial. Como si no se tratara más que de la adopción por parte de los intelectuales chilenos de "modas" tales como las citas de Gramsci, el compromiso histórico, el eurocomunismo, las críticas al socialismo real, etcétera. Sin duda que algo de eso hay. Es más, no sólo el lenguaje es prestado. El dinero también. El exilio chileno se ve envuelto a través de la solidaridad que su caso despierta en todo el mundo, en una red de contactos que favorece una salida democrática para Chile mediante una reconstrucción con modificaciones del sistema de partidos anterior a 1973. Entre los elementos importantes de este proceso se cuenta, desde muy temprano, el apoyo de la Internacional Socialista a los contactos entre sectores socialistas y democratacristianos[9]. Sin embargo, esto no basta para descalificar las posiciones de tal modo que las reduzca al oportunismo individual de quienes las sostienen en el exilio.

[8] El problema apareció abiertamente en enero de 1977 con las críticas de Julio Silva Solar al discurso que pronunció Luis Corvalán en Moscú el 4 de enero de ese año y en el que reafirmaba la validez estratégica de la dictadura del proletariado. Véase *Chile-América*, N° 25 y 27, noviembre y diciembre de 1976 y enero de 1977.

[9] La primera reunión de este tipo se realizó en Colonia Tovar, Venezuela, del 7 al 11 de julio de 1975. Las personalidades que asistieron fueron Bernardo Leighton y Renán Fuentealba, de la DC, y Aniceto Rodríguez y Clodomiro Almeyda, del PS.

El correlato interno, en Chile, de esta confrontación es la ofensiva ideológica de la DC en contra de la izquierda. Al mismo tiempo que se va distanciando de la dictadura, la DC se ve obligada a justificar su apoyo al golpe de Estado (el cual nunca ha condenado) y lo hace a través de un ataque al "leninismo" del gobierno de la UP. Explícitamente propone la conformación de una izquierda "eurocomunista" chilena con la cual podría negociar[10]. Dadas las condiciones imperantes en Chile, esta ofensiva ideológica de la DC se desarrolla fundamentalmente entre los sectores intelectuales y es bastante exitosa. Las razones de su éxito tienen que ver con la situación en que la izquierda ha reconstruido sus organizaciones bajo la dictadura.

La represión había obligado a los partidos a reconstituirse en la clandestinidad lo cual les dio características muy distintas a las que tenían antes de 1973. Por una parte, estableció un límite a la actividad entre las masas. Las organizaciones pueden hacer su propaganda desde la clandestinidad, pero no disponen de canales orgánicos ni para medir el eco de ella. Mucho menos para recoger apoyo. Las características internas de las organizaciones establecen cortes generacionales y sociales que hacen que, en las condiciones de la dictadura, buena parte de los miembros del partido no puedan participar en sus actividades. Todo esto resultó en Chile en que sectores que antes de 1973 eran articulados y, en muchos casos subordinados por los partidos en su actividad política, adquirieran independencia ideológica. Entre ellos, los más importantes han sido los intelectuales y los cuadros sindicales.

[10] Genaro Arriagada Herrera y Claudio Orrego Vicuña, *Leninismo y democracia, op. cit.*

La expulsión de los intelectuales de izquierda de las universidades los colocó en la situación de "mercado". Surgió un conjunto de institutos de investigación y de escuelas en las que, no dependiendo del Estado, los partidos no pueden intervenir de la misma manera en que influían en la política universitaria antes de 1973. El financiamiento del que han dependido estos nuevos organismos académicos ha venido de fuentes externas, las mismas que han apoyado a los exiliados. Por otra parte al alcanzar la exclusión a algunos democratacristianos, los intelectuales han desarrollado intereses corporativos comunes, todo lo cual ha hecho más fácil la victoria ideológica de la DC entre ellos[11].

En el sector sindical también la DC desarrolló una ofensiva de relativo éxito. A partir de la represión a los cuadros sindicales de la izquierda y del distanciamiento de la DC de la dictadura, aparecía el movimiento sindical como "disponible" para los cuadros sindicales democratacristianos. Sin embargo, la debilidad misma del movimiento sindical bajo la dictadura y la persistencia de las afiliaciones políticas entre los obreros de izquierda les impidió, en general, consumar su propósito, a pesar de haber tenido avances importantes[12].

Frente a esta situación, los cuadros que dirigían la organización partidaria clandestina mostraban carencias para enfrentar a los intelectuales en el plano ideológico e inclinaciones "militaristas" o "aparatistas" que no facilitaban ni el diálogo ni la ampliación de la influencia partidaria[13].

[11] Harry Díaz, Peter Landstreet y María Teresa Lladser, *Centros privados de investigación en ciencias sociales en Chile*, publicado en 1984, registra información sobre 33 centros surgidos en los 10 años anteriores.

[12] Sobre la primera parte de la dictadura véase, Guillermo Campero y José A. Valenzuela, *El movimiento sindical en el régimen militar chileno. 1973-1981, op. cit.*

[13] La adaptación de los partidos a las nuevas condiciones tuvo un alto

Una pregunta obvia, que surge de la observación de este proceso, es ¿por qué la DC no aceptó la alianza anti-fascista, reforzando así a los sectores partidarios de la reconstrucción del sistema dentro de la izquierda? En cambio, las emprendió en contra del PC, que encabezaba a esos sectores, en un punto ideológico en el cual éste no podía ceder, el leninismo. La respuesta está en el proyecto que la DC sustentaba: el reemplazo de las alianzas sociales realizadas a través de alianzas de partidos por un partido dominante que representara, por sí solo, una alianza social; obviamente ellos mismos. Esto implica eliminar la orientación clasista de la participación política en Chile y el principal obstáculo que había encontrado este proyecto era la independencia política e ideológica de la clase obrera, expresada en el marxismo-leninismo que declaraban los dos partidos principales en que ésta se agrupaba, el PS y el PC.

La propuesta ideológica de la DC comenzó penetrando a la élite de izquierda por su zona de influencia más inmediata, los sectores que provenían de la misma DC, el MAPU y la Izquierda Cristiana[14]. Por allí comenzó el cuestionamiento al carácter clasista de los proyectos socialistas, al leninismo y

---

costo. En 1977, la lista de desaparecidos incluía a once miembros del Comité Central del PC y a algunos de los principales dirigentes socialistas que habían quedado en el país, entre ellos Exequiel Ponce, Carlos Lorca, Ricardo Lagos y Ariel Mancilla. Los reemplazaron cuadros jóvenes, o que aprendieron una nueva forma de hacer política.

[14] Véanse los trabajos presentados por Julio Silva Solar, José Antonio Viera-Gallo, Sergio Bitar, Claudio Huepe, Pedro Felipe Ramírez, José Miguel Insulza, Esteban Tomic y Herman Schwemberg en la reunión de Nueva York (1-5 de septiembre de 1976) auspiciada por el Consejo Nacional de Iglesias de Estados Unidos. *Chile-América*, N°s 25, 26, 27 de noviembre, diciembre de 1976 y enero de 1977.

a la dictadura del proletariado. Sólo más tarde se unirían a esta propuesta ideológica sectores provenientes del socialismo y hasta de la ultraizquierda[15].

En cuanto al PC, en razón de sus afiliaciones internacionales y de un carácter de movimiento clasista en Chile, debió resistir primero la ofensiva ideológica[16], y luego, abandonar, al menos aparentemente, el proyecto "reconstruccionista" a través de una alianza con la DC[17].

6.3. El Partido Socialista en el período posterior a 1973

La evolución del PS después de la derrota de la UP en 1973 está caracterizada por una serie de confrontaciones internas que resultaron en expulsiones, marginaciones, escisiones y fraccionamientos. Sin embargo, estos fenómenos, que en su conjunto asumen el carácter de un proceso de descomposición, fueron siempre acompañados por movimientos que, al menos en sus intenciones explícitas, buscan revertir la tendencia promoviendo el reagrupamiento.

[15] Primero coincidieron cristianos y socialistas marginados en una crítica a los partidos y en un cuestionamiento a su representatividad social (Acta de Ariccia, Roma, 13 de enero de 1980). El verdadero contenido de los términos "renovación" y "convergencia" se reveló en el documento "Por la Convergencia Socialista", (Milán, julio de 1982), en el cual ya no figuran algunos de los firmantes del de Ariccia.

[16] "Por mucho que haya habido —y obviamente hubo— de específico en la revolución chilena, como en toda revolución, ninguna tesis del marxismo-leninismo podría ser cuestionada a la luz de esta experiencia. Al contrario, las confirma."Luis Corvalán, "Cómo se dio en Chile la vía no armada".

[17] Luis Corvalán, "El derecho del pueblo a la rebelión es indiscutible". Discurso pronunciado el 3 de septiembre de 1980.

La descripción de estos procesos en sus detalles es imposible, y puede además no ser muy útil. Lo que se intenta aquí es proponer un esquema más bien general de interpretación que permita explorar luego el sentido de estos conflictos, ya sea en su conjunto o aisladamente. No hacerlo así implicaría asumir los términos explícitos en que se han dado los mismos conflictos, y eso conduce a una discusión altamente ideologizada, en la que las determinaciones de las posiciones asumidas aparecen obscurecidas por las imputaciones, favorables o peyorativas, que hacen los mismos actores.

Por otra parte, el escenario principal de estos conflictos fue el exilio chileno, repartido por todo el mundo[18], lo cual tiene que ser evaluado para cada situación que se analiza puesto que la relación entre "el interior" y "el exilio" figura prominentemente como argumento en las discusiones entre los actores. En general, el supuesto que se asume aquí es que, por complicado que sea el establecer las relaciones, en última instancia los principales conflictos políticos internos del PS están determinados por los procesos políticos chilenos y por la percepción de ellos, correcta o no, que tienen los actores políticos dentro y fuera del país.

Las consecuencias que el golpe de Estado de 1973 tuvo para el PS eran, en buena medida, previsibles. Tanto por ser

[18] Sólo un ejemplo: la designación de Clodomiro Almeyda como secretario general, en 1979, fue aceptada por los grupos socialistas organizados en Austria, Suiza, Finlandia, Francia, Bulgaria, Hungría, Cuba, Estados Unidos, Luxemburgo, Yugoslavia, Alemania Federal, Suecia, Bélgica, Alemania Democrática, Rumania, Checoslovaquia, Venezuela, Costa Rica, Inglaterra, Australia y Noruega en una declaración suscrita por los encargados locales del Partido Socialista de Chile en todos estos países.

el partido más numeroso de la izquierda como por su organización y las posiciones que sostenía, fue el más afectado por la represión en el primer período. Su secretario general logró salir clandestinamente de Chile pero una buena parte de los dirigentes nacionales sufrió algunas de las tres peores formas que asumió la represión: muerte, prisión o exilio[19]. A pesar de todo ello, la reconstitución de una dirección del PS dentro de Chile fue más o menos rápida. De hecho, a fines de 1974 ya había dos direcciones nacionales que aspiraban a tomar el control de lo que quedara de la organización pero, por sobre todo, aspiraban al reconocimiento de su liderazgo por parte de los socialistas chilenos repartidos por el mundo y de los otros partidos de la izquierda chilena e internacional.

El primer pronunciamiento oficial, más o menos extenso, de alguna instancia de dirección del PS en Chile está fechado en marzo de 1974 y fue emitido por el Comité Central reconstituido alrededor de Exequiel Ponce. Este documento pasaría a la historia partidaria como el "Documento de marzo"[20] y se transformaría en referencia obligada en todas las polémicas posteriores. Al momento de su emisión, el secretario general y algunos otros dirigentes habían instalado una oficina-sede del partido en el exilio, ubicada en Berlín Oriental. Desde allí intentaban retomar el control de las varias organizaciones partidarias que iban surgiendo en

[19] A comienzos de 1974 el balance era: cuatro miembros del Comité Central y siete secretarios regionales muertos; 12 miembros del Comité Central y 20 secretarios regionales presos.

[20] "¡Al calor de la lucha contra el fascismo, construir la fuerza dirigente del pueblo para asegurar la victoria!", documento del Comité Central del Partido Socialista de Chile, marzo de 1974 (reproducido en Berlín).

distintos países en la medida en que los militantes exiliados se reorganizaban. Este proceso de reorganización asumió características propias en cada país donde se encontraban los exiliados, dependiendo de muchos factores. Sin embargo, al cabo de poco tiempo, los múltiples conflictos en medio de los cuales tenía lugar el reagrupamiento de los socialistas se canalizaron a través de la competencia entre dos direcciones que, dentro de Chile, se enfrentaban. Como no es posible reconstruir la variedad de situaciones que se produjeron en el exilio, sólo se mencionarán los conflictos principales.

Otra advertencia importante es que no había manera directa de evaluar la influencia que cada grupo socialista se atribuía dentro del país. De todas formas, se intentará, en cada caso, dejar explícito los elementos de juicio con que se cuenta.

La crítica al "Documento de marzo" emitido por el Comité Central reconstituido, surgió de un organismo que no existía en la estructura anterior: la Coordinadora Nacional de Regionales (CNR), que se autoproclamó dirección nacional del PS en el país denunciando la deserción del Comité Central y la irregularidad de los procedimientos usados para su reconstitución en Chile[21].

Los puntos de enfrentamiento entre los dos sectores, que polarizaron todos los demás conflictos en el exilio, expresaban proposiciones de respuesta a dos cuestiones fundamentales en el momento: 1) cuáles fueron las causas del fracaso de la UP que se concretó en el golpe de Estado y 2) cuáles eran las perspectivas del partido, y de la izquierda chilena en general, a partir de la nueva situación planteada. Estos

[21] "Entrevista a un dirigente de la Coordinadora de Regionales del Partido Socialista de Chile", Documentos, N° 1, París, marzo de 1975, pp. 3-5.

eran los contenidos explícitos de la discusión. Debajo de ellos se plantearon todos los conflictos locales en el exilio, además de las relaciones, conflictivas o no, de cada grupo de exiliados con la dirección del partido instalada en Berlín.

En el terreno ideológico, ambos documentos expresaban una continuación de posiciones expresadas con anterioridad al desenlace del proceso en Chile. Es decir, las dos interpretaciones que se han señalado con respecto al sentido de la estrategia de la UP[22] reafirmaban sus argumentos señalando cada una a la presencia de la otra como elemento responsable de la derrota final. A partir de esa evaluación, las proposiciones con respecto a la segunda cuestión eran una propuesta de reorganización del partido bajo una dirección que respondiera a la línea expuesta. Sin embargo, el conflicto planteaba también una cuestión orgánica que era urgente resolver: ¿cuál era la dirección del partido en Chile?

Dadas las características de heterogeneidad del partido, la dirección exterior no enfrentó el problema inmediatamente. Mantuvo la ambigüedad de la situación por casi tres años[23]. Este período fue marcado por una intensa actividad ideológica en el exilio y por los procesos de reconstrucción de todos los partidos de la izquierda, dentro de Chile y en el exterior. Esto, por supuesto, producía en el PS una proliferación de grupos, fracciones y tendencias que reproducían su composición anterior. Sin embargo, en Chile sólo se presentaban dos tendencias con capacidad aparente de organización,

[22] Véase capítulo 2.

[23] Sólo en septiembre de 1976, el secretariado exterior, en Berlín, exhorta a los militantes del partido que forman parte de los grupos denominados MR-2, Coordinadora de Regionales y Dirección de Consenso a suspender sus actividades divisivas en un plazo de 30 días. Documento N° 8 del Departamento de Difusión del PSCh en México, p. 14.

razón por la cual subordinaban a la mayoría de las expresiones del exterior, que eran más variadas.

Los puntos ideológicos centrales eran la evaluación de la derrota y la respuesta de la dirección del partido a ella. De la posición adoptada respecto de esto dependía la cuestión orgánica central: reconocimiento o no del Comité Central elegido en el Congreso de La Serena en 1971 y de su capacidad para reformarse a sí mismo durante la emergencia y hasta la realización de un nuevo congreso general del partido[24].

Para el "Documento de marzo", la causa fundamental de la derrota de 1973 fue el aislamiento político del proletariado y esto, a su vez, fue producto de la incapacidad para imponer la hegemonía proletaria en la conducción del proceso. Reconoce la responsabilidad que cabe al PS en estas deficiencias por su conducción pequeño-burguesa y por haber sido la sede de todas las tendencias a la dispersión política durante el gobierno de la UP. La superación de todos estos defectos será posible, siempre según este documento, si la reorganización del partido se hace sobre la base de adecuarlo a sus definiciones marxistas-leninistas y si la hegemonía proletaria se basa en una sólida alianza PS-PC que impulse un frente anti-fascista con un programa democrático, popular y antimperialista[25].

[24] En la entrevista con el dirigente de la Coordinadora mencionada en la nota 21, éste afirma: "De los 45 miembros elegidos en el último Congreso General ordinario de La Serena, en este momento en Chile no quedan más que cinco miembros del Comité Central (incluido el secretario general de la Federación Juvenil Socialista). Estos miembros intentaron reorganizarse mediante la cooptación de otros para integrarlos al Comité Central. Sin embargo, han fracasado en su intento de relacionarse con las bases del partido y expresar a estas bases, que es de donde ha surgido la coordinadora".

[25] "Documento de marzo", especialmente pp. 19,39,46,54 y 60-63.

La crítica de estas posiciones por parte de la CNR comenzaba con una evaluación distinta de la derrota. En primer lugar, consideraba el golpe de 1973 como la "derrota del reformismo". Basándose en esta definición, consideraba necesario generar una nueva vanguardia de la clase obrera, a partir del reagrupamiento de las bases socialistas que representaba, desconociendo al Comité Central reconstituido y desconociendo a las alianzas previas al golpe en las que participaba el PS. La nueva unidad de la clase tendría que forjarse en la base a través de la formación de "comisiones obreras", lo cual, de paso, implicaba desconocer a las direcciones de los otros partidos, especialmente del PC, y por tanto dar por liquidado todo el sistema político anterior a 1973[26].

La dirección exterior del PS aceptó la ambigüedad de la situación y trató de conciliar las posiciones buscando mantener su posición dirigente a través de la conservación de la unidad y heterogeneidad del PS. En el primer Pleno del Comité Central (La Habana, mayo de 1975) se aceptó a un representante de la CNR[27].

En cuanto a la importancia de este primer conflicto interno, es necesario establecer algunas características que son producto de la situación general del período, como por ejemplo los temas ideológicos en discusión y las consecuencias orgánicas que se desprenden de ellos. En esto no hay diferencia con la situación general de la izquierda: la evaluación de la derrota sólo prolonga las posiciones previas al golpe y, orgánicamente, aparece la cuestión de la supervivencia del sistema de partidos y el papel del PS mismo.

[26] "Entrevista realizada al dirigente máximo de la CNR del PSCH. Chile, 7 de febrero de 1976". (Mimeografiado).

[27] Entrevista con un asistente al Pleno de La Habana.

Lo que le da su carácter específico al conflicto es que se traduce en los componentes propios del PS. La sobreideologización de la actividad de los exiliados, más los conflictos propios de la reagrupación en un medio extraño, que se canaliza ideológicamente a través de estas discusiones, contribuyen a magnificar sus repercusiones internas. Esto, a su vez, contribuye a magnificar la importancia de la CNR en sus perspectivas de éxito político. Cuando el conflicto se resuelve, en 1977, las principales cuestiones aparecen decididas en el sentido de la tendencia general a la reconstitución de las organizaciones de la izquierda.

A pesar de la indudable influencia que alcanzó la CNR en algunas organizaciones del PS en el exilio, al momento de la separación de ella del partido sólo sectores muy minoritarios la siguieron. El conflicto fue resuelto con dos expulsiones de figuras notables del PS en el exilio y la marginación de grupos pequeños[28].

Tomando como eje al PS, y no a los grupos que lo abandonan, es notable que en 1977 logró sólo reafirmar su existencia orgánica. Quedó claro que seguía existiendo como partido y como parte del sistema de alianzas constituido por la izquierda. La heterogeneidad social e ideológica persistía pero la misma salida de la CNR era prueba de que su función de absorbente de tendencias centrífugas con respecto al sistema de partidos se estaba debilitando, lo cual puede ser tomado como un indicador del avance de la dictadura en la destrucción del sistema político en general.

En cuanto a la CNR, una vez desprendida del PS, demostró que no tenía ninguna característica distinta de éste que

[28] El episodio de las expulsiones fue muy turbio. Sin embargo, es claro que, sumando todo, el desprendimiento de la CNR no tuvo las características de una división del partido, como lo fue la escisión de 1979.

justificara su existencia como partido dentro del sistema de partidos (al cual, por lo demás, no le interesaba pertenecer) y, en cuanto a su capacidad de generar una nueva vanguardia del proletariado chileno, no significó ningún avance considerable[29]. En la primera reunión de los adherentes a la Coordinadora en el exilio se mostró que ésta era tan heterogénea como el mismo PS[30], resultando así un proceso de divisiones y descomposición de la CNR que la redujo a una fracción que retuvo las características de la izquierda extra parlamentaria originada en los años sesenta en Chile[31] y que había sido absorbida en parte por el PS durante la experiencia de la UP.

Esta primera escisión no es lo único que le ocurre al PS en este primer período. Al mismo tiempo que su reconstitución pasa por resolver la situación planteada por la CNR,

[29] En lo que se refiere a la política de la CNR, en particular a su línea de unidad por la base en las "comisiones obreras", éstas no figuran de ninguna manera en el desarrollo del movimiento sindical o político en todos los años de dictadura.

[30] "La reunión mundial [de la CNR en el exilio] se realizó en mayo último [1978] en París. Todos sus acuerdos y proposiciones se encuentran en espera de ratificación por la COPOL, debido a que surgieron en su desarrollo divergencias de fondo y forma". Editorial de *Revolución* (órgano oficial de la CNR en el exterior), N° 7, mayo-julio de 1978, p. 1.

[31] Una de estas características es la tendencia al fraccionamiento atomizador. La dirección interna de la CNR denuncia a militantes que, "movidos por un afán de caudillismo y oportunismo político, no han vacilado en reiteradas ocasiones en asumir fraudulentamente y a hurtadillas el nombre y representación de nuestra Dirección Nacional y de nuestra Comisión Política." *Resistencia Socialista* N° 10, enero-febrero de 1978, p. 11. Por otra parte, como continuación de su "línea de ruptura" durante el gobierno de la UP, la CNR establece acuerdos con los sectores que en otros partidos mantenían esa misma posición, MAPU, MIR, IC. Véase *Revolución* N° 5, enero-febrero de 1978, p. 33.

algunos miembros individuales, pero con influencia en otros, se desprenden del partido y asumen liderazgos personales en el exilio agrupando a un número reducido de gente a su alrededor pero participando activamente en la lucha ideológica expresando posiciones acerca de Chile, el partido y el futuro. El caso más notorio es el de Aniceto Rodríguez, quien había sido secretario general del PS hasta 1971 y que fijó su residencia en Venezuela. Sin gran ruido se produce lentamente el desprendimiento de caudillos regionales o ideológicos que el PS absorbía cuando funcionaba el sistema político en Chile[32]. Sin embargo, es notorio que ninguna de estas agrupaciones logra estructurar un partido sobre la base de expresar en forma "pura" alguna de las tendencias que coexisten dentro del PS.

El período que sigue a 1977 es el de mayor profundización del proyecto de la dictadura y el que marca el punto más bajo en actividad de los partidos políticos. La desarticulación del sistema político alcanza su mayor nivel en 1980 y no se revertirá la tendencia hasta 1983. Sin embargo, en este período se produce la mayor actividad ideológica en la medida en que la actividad de los partidos es introvertida y que, en Chile, los intelectuales van buscando, encontrando y ganando espacios de expresión para sus planteamientos políticos en forma independiente de los partidos[33].

[32] La adhesión a la CNR de Mario Palestro, caudillo de la comuna de San Miguel, en Santiago, no deja de causar extrañeza. Sus posiciones no son en nada semejantes a los planteamientos generales de la CNR. Ver *Resistencia Socialista* N° 9, octubre-noviembre de 1977, pp. 46-50.

[33] La actividad periodística de intelectuales que sostienen posiciones políticas identificables viene a sustituir la relación de los partidos con sus clientelas, tanto entre los partidarios de la dictadura como en la oposición. Esta última fue abriendo y ganando lentamente espacios en los medios de comunicación masivos.

Es en este período que la ofensiva ideológica en contra del "leninismo" y la dictadura del proletariado encuentra eco dentro del PS al dar expresión ideológica a disputas de distinto tipo que se planteaban en el exilio y en Chile. El que los conflictos del exilio fueran resueltos por la oficina del PS en Berlín planteaba por un lado la cuestión del autoritarismo de la dirección exterior y, por otro, la sospecha en lo internacional de pérdida de independencia del partido por depender de la RDA para la subsistencia de su oficina exterior, y en lo nacional porque el PC podía usar sus contactos con los gobiernos de los países socialistas para presionar a la dirección del PS a tomar posturas más coincidentes con ellos[34]. En respuesta, la acusación a los críticos destacaba su dependencia financiera de los partidos socialistas de Europa Occidental y su inclinación hacia posiciones propias de ese tipo de partidos[35].

En Chile, las diferencias entre la dirección clandestina y los grupos de intelectuales crecían por razones distintas. Era evidente la brecha ideológica entre los "aparatistas" de la dirección y los "sociólogos" que iban encontrando posibilidades de expresión bajo las condiciones de la dictadura. Hay que recordar que éstos son los años del "boom" consumista entre las clases medias chilenas, lo cual contribuía a la desmovilización y a la consecuente desarticulación de los partidos políticos en general.

[34] El socialismo chileno, según Carlos Altamirano, debía ser "no alineado, original". No debía apelar a ningún "dogma marxista-leninista". Declaraciones de Carlos Altamirano a Marcel Niedergang, *Le Monde*, 5 de mayo de 1979.

[35] Clodomiro Almeyda, "Todos los avances tienen un costo", entrevista realizada en Suecia, mayo de 1979 (Mimeografiado).

Cuando el conflicto explota, en abril de 1979, se produce la división más importante del PS. En lo ideológico se afirman las posiciones ya reseñadas pero, en lo orgánico, no se resuelve gran cosa. Por una parte, la dirección en Chile se reafirma como aparato clandestino, pero en las condiciones del retroceso general de los partidos. El PS pierde presencia entre los grupos de intelectuales, mientras que, por otra, en el exilio, se debilitan las organizaciones en general, no sólo por la división sino porque el mismo desgaste del conflicto interno contribuye a que cada vez más exiliados abandonen la actividad partidaria del todo.

Si hay una característica que comparten ambos sectores después de 1979 es la heterogeneidad. Sin embargo, dentro del movimiento de retroceso general, por el papel que cumple en relación al resto de la izquierda, el PS de Almeyda es capaz de conservar todavía la unidad de los sectores heterogéneos hasta 1983. En cambio, el sector de Altamirano presenta distinta composición entre el exilio y los que lo apoyan en Chile. De hecho, en Chile, se asocian a un pequeño aparato que provenía del castrismo de los años sesenta, que fue absorbido en el PS durante el gobierno de la UP y que conservó su estructura autónoma como fracción del PS a lo largo de todos estos años[36].

Con el fin de dirimir las cuestiones ideológicas y orgánicas de una vez y producir un Comité Central regular y legítimo, el sector de Altamirano convoca al 24 congreso del partido (y asumen como nombre el de PS 24 Congreso). Al igual que en la experiencia de la CNR, el sector Altamirano no resiste la confrontación y se divide. Esta vez resultan dos PS 24 Congreso: uno constituido en lo fundamental por la

[36] El MR-2.

fracción castrista ya mencionada (el MR-2) y el otro constituido principalmente por los sectores de clase media intelectual de inclinación socialdemócrata.

6.4. La recomposición de la izquierda en los ochenta

El período de retrocesos culmina con el plebiscito de 1980. En él, la dictadura consolida su proyecto de una nueva estructura política, haciendo aprobar su nueva Constitución, en la cual el papel de los partidos políticos queda indefinido, pero de antemano limitado[37]. La campaña previa al plebiscito proporciona la primera ocasión para una reunión de masas opositora, organizada bajo el liderazgo de la DC pero en la cual la izquierda reafirma su presencia. Sin embargo, el hecho más insólito en los días previos al plebiscito lo constituye el discurso de Luis Corvalán, secretario general del PC, en que afirma el derecho del pueblo a la rebelión y al uso de la violencia[38]. En el mismo discurso reafirma la alianza de izquierda constituida por la UP. Al margen de las causas de un hecho como el viraje del PC chileno, tras tantos años de ser el principal impulsor de la vía pacífica al socialismo, sólo podemos interpretarlo como un indicador de la profundidad de la desarticulación del sistema de partidos, que conducía a abandonar los intentos de alianza con la DC. A partir de este momento, la izquierda, en su conjunto, queda dividida de nueva forma. Por una parte, lo que queda de la UP, que ya no tiene diferencias que excluyan

[37] Constitución de 1980, art. 8°, eliminado en 1989, y art. 19, núm 15. Véase capítulo 3, supra.

[38] Citado en la nota 17 de este capítulo.

al MIR y otros movimientos o fracciones, antes descalificados como ultra- izquierda[39], y, por otra parte, la nueva izquierda que gira alrededor de posiciones socialdemócratas. Este grupo es el que lanza en julio de 1982 el manifiesto "Por la Convergencia Socialista", el cual es un llamado a la "renovación ideológica, política y orgánica del socialismo"[40], lo que significaba, por las firmas que respaldaban el documento, el desconocimiento de la estructura del partido y la incorporación a este movimiento de exiliados de personas ajenas hasta entonces al Partido Socialista de Chile. Es a partir de esto que más tarde, al recomponerse en Chile la fracción Núñez del PS, aparecen incorporados a él militantes provenientes del MAPU, el MAPU-OC y el MIR.

El proceso de recomposición de la izquierda no surge sólo de una dinámica interna a ella. Los procesos que la determinan, en dos niveles que son externos y más generales, están constituidos por la crisis de la dictadura, por una parte, y la reconstrucción del sistema de partidos políticos, cuyo eje es la Democracia Cristiana. En los capítulos anteriores se ha descrito de qué modo la crisis económica de los primeros años de la década de los ochenta provocó la movilización social opositora, de qué manera esto reactivó a la élite política profesional que se lanzó a la reconstrucción de sus organizaciones partidarias y cómo todo este movimiento inclinó la balanza entre las fuerzas de la dictadura hacia la construcción de partidos políticos y la proyección del régimen por esa vía más que por otras alternativas.

En las condiciones de 1983, la izquierda vio la posibilidad de terminar con la dictadura por la vía de la movilización

[39] Véase nota 6, de este capítulo.

[40] "Por la Convergencia Socialista" (mimeo), p. 4.

social, y se lanzó a impulsarla a través de las protestas. Sin embargo, como se ha mostrado antes, los partidos políticos, y en particular la Democracia Cristiana, se pusieron muy rápidamente a la cabeza de esos movimientos buscando controlar la transición desde la dictadura por la vía de la reconstrucción del sistema de partidos del cual sin ninguna duda ellos estaban mejor situados que nadie para ser el eje.

Las líneas de acción que coexistieron en la izquierda resultan paradójicas a primera vista y, en su momento, parecían contradictorias. La movilización social reactivó a todos los grupos, en Chile y en el extranjero, los cuales habían sufrido una aguda caída en sus niveles de actividad después del triunfo de la dictadura en su intento de imponer la nueva Constitución a través de un plebiscito. Esto había hecho dudar de la posibilidad misma de una acción opositora a través de la mantención de los aparatos partidarios, existentes en condiciones cada vez más precarias debido a la represión, lo cual fortaleció dos tendencias divergentes. Una era el militarismo o "aparatismo" de los sectores más jóvenes y radicalizados en las condiciones de la dictadura, entre los cuales los que alcanzaron un mayor desarrollo fueron los miembros del Frente Patriótico Manuel Rodríguez (FPMR), ligados al Partido Comunista. Otra, reunía a los sectores intelectuales de clase media, reforzados en el interior por la ayuda solidaria proveniente del extranjero, y sobrerrepresentados en el exilio, los cuales cuestionaban la representatividad de los partidos como tales, es decir, como modelo organizativo de expresión de los sectores sociales. En un primer momento, la situación planteada por las protestas contra la dictadura y su anclaje social más que político pareció darle la razón a ambas posiciones. A las dos se les planteó el problema de cómo ligarse al movimiento social de protesta. El sector militarista intentó crear una organización apropiada para la lucha callejera a la que daban lugar las protestas, las "milicias rodriguistas", en tanto en los sectores de la élite política de clase media proliferaron los "referentes", grupos de políticos e intelectuales que pretendían participar en las discusiones y búsqueda de alternativas de salidas políticas a la situación que, incluso los partidarios de la dictadura, percibían como insostenible.

La reactivación de la vieja élite política y la situación creada en el Partido Socialista por las disputas y divisiones de la década anterior, colocaron a la Democracia Cristiana en una situación de eje y árbitro de los elementos con los que se reconstituiría el sistema de partidos políticos. El núcleo central alrededor del cual finalmente se reconstituyó el Partido Socialista de Chile estuvo formado por los cuadros agrupados alrededor de Ricardo Núñez y Carlos Briones a los que se sumó, luego de su regreso al país desde su exilio en Holanda, Jorge Arrate. Esta es la razón por la que durante la década de los ochenta la organización fue conocida sucesivamente como PS-Briones, PS-Núñez y, finalmente, PS-Arrate. La otra fracción importante, que sólo se sumó en la reunificación final, en 1989, estuvo todo el tiempo liderada e identificada con el nombre de Clodomiro Almeyda. Estos dos son los grupos que conservan alguna raíz rastreable hasta el Partido Socialista de Salvador Allende, alrededor de los cuales fluctuaron otros grupos socialistas menores de igual procedencia[41] y hacia el cual gravitaron finalmente distintos grupos de cuadros de la élite profesional de la política

[41] Entre los 16 partidos que conformaron la Concertación Por el NO, el 2 de febrero de 1988, figuran *cinco* de origen más o menos remoto en el antiguo Partido Socialista.

cuyos orígenes eran otros pero que, en definitiva, asumieron en gran medida el control del partido en el sistema reconstruido a partir del plebiscito de 1988.

Las condiciones en que se desarrolló el proceso político de reconstrucción entre el plebiscito y la elección de Aylwin como Presidente fueron determinantes de la conformación final de las organizaciones de la izquierda en el sistema de partidos recompuesto y redefinido.

En el capítulo anterior se describió cómo las líneas de acción posible definían las alianzas, dentro de las restricciones ideológicas que cada una de ellas determinaba. Así, la línea que llegó a dominar el proceso fue la que definió la Democracia Cristiana como fuerza hegemónica de la reconstrucción del sistema de partidos, atravesada por contradicciones internas respecto de la movilización social, las que caracterizaron sus luchas tendenciales y por el liderazgo político. Los límites insalvables de la estrategia democratacristiana eran la necesidad de aislar a los comunistas (y la consecuente atracción y subordinación de los socialistas a su estrategia), y la exclusión de la lucha armada que era la vía de lucha privilegiada por el Partido Comunista en la década de los ochenta.

Los avatares de las distintas fracciones socialistas estuvieron enmarcados en estos mismos límites, con el agravante de ser blanco permanente de la acción o de la amenaza de acción represiva por parte de la dictadura. En agosto de 1983, la primera alianza significativa de una fracción del PS con la DC y sin los comunistas fue la Alianza Democrática. En ella participó el PS (Briones-Núñez). En septiembre del mismo año, la otra fracción importante, el PS-Almeyda, forma el Movimiento Demócratico Popular (MDP), con los comunistas, el MIR y la Izquierda Cristiana. La diferencia obvia es que la AD llegó a dialogar con Jarpa, excluyendo de esa alianza a los comunistas a pesar de los intentos de estos últimos por ser incorporados[42]. Sólo a fines de ese año, fracasado el intento negociador de la AD, comienzan las acciones del Frente Patriótico Manuel Rodríguez (FPMR).

El año 84 registró gran actividad ideológica a nivel cupular, que tendría grandes consecuencias. Al mismo tiempo que la movilización social continuaba, y la respuesta de la dictadura era la represión, Aylwin, siendo sólo vicepresidente de la DC, proponía su tesis de búsqueda de una "salida negociada" de la dictadura en un seminario al que asistían no sólo intelectuales y dirigentes socialistas sino también intelectuales "orgánicos" de la dictadura[43].

Las cúpulas se vieron reforzadas por el retorno de algunos dirigentes exiliados, y el siguiente intento de negociación, promovido por el Arzobispo de la Iglesia católica, contó durante 1985 con la participación de dirigentes de la Izquierda Cristiana. Este hecho es significativo porque pone de relieve dos rasgos importantes del proceso político que tiene lugar en el período de declinación de la dictadura: primero, la autoselección de la élite política, es decir, la preponderancia que el reconocimiento entre iguales tenía para calificar a los individuos que participaban, en ausencia de criterios de representatividad; segundo, el carácter ideológico-práctico de las cuestiones en juego, es decir el significado de las propuestas de arreglos institucionales, en términos de correlación de fuerzas a favor o en contra del proyecto de desarrollo nacional que representaba la dictadura.

El principal componente socialista en todos estos manejos era la fracción Núñez, representada por él mismo o

[42] Cavallo *et al.*, *op. cit.*, p. 413.

[43] Véase capítulo anterior.

Ricardo Lagos u otros personeros menores. Este grupo es el que mejor recogió el recambio ideológico y de militantes iniciado por el manifiesto por la Convergencia Socialista de 1982. La firmeza con la que Pinochet persiguió sus objetivos hicieron vacilar a los de la tendencia negociadora por lo que siempre se mantenía como consigna la unidad socialista. Sin embargo, ésta era sólo una aspiración abstracta en tanto la otra fracción socialista, la de Almeyda, se mantuviera unida a los comunistas y, en las condiciones de los años ochenta, a la izquierda insurreccional (aun cuando sólo los comunistas se mostraran en algún sentido efectivos en ese terreno).

Las dificultades de las alianzas, los límites ideológicos que aparecían y que ocultaban decisiones estratégicas, conducían al sentido común a preguntarse qué tan complicado era unificar la oposición a la dictadura. Algunos políticos "realistas" (menos ingenuos que el sentido común) también percibían la posibilidad de reordenar las prioridades. Así, a comienzos de 1987, surgió la idea de una organización que unificara a la oposición tras un solo objetivo, la democracia[44]. Este es el origen más remoto de una idea que luego permitiría reorganizar a una parte de los socialistas en el partido "instrumental", Partido Por la Democracia (PPD). La idea, cuyo gran promotor fue Ricardo Lagos, recogía en parte la percepción de un sector de intelectuales de tendencia vagamente socialista, entre los cuales se contaba el mismo Lagos, que consideraban sobreideologizado el debate que justificaba la multiplicación de fracciones y grupos socialistas. Este grupo fue conocido como "Los Suizos".

Todos los políticos y todas las organizaciones partidarias vieron alterados sus ritmos con las leyes políticas dictadas a

[44] Rafael Otano, *op. cit.*, p. 46.

comienzos de 1987. La apertura de los registros electorales para los ciudadanos y la Ley de partidos políticos imprimieron urgencia a las decisiones. Sin embargo, los criterios prácticos ocultaban las condiciones ideológicas en que se realizaba la "normalización" de la vida política. La Constitución y la Ley de partidos políticos establecían exclusiones y limitaciones ideológicas y organizativas que significaban cambios radicales al sistema de partidos tal como había existido antes de 1973. La aceptación de estas normas y de la correlación de fuerzas que la hegemonía democratacristiana impusieron a la reconstrucción del sistema de partidos fijaron el precio a pagar por los partidos para ingresar al sistema y para los políticos profesionales seguir siendo tales.

El PS-Núñez constituyó el núcleo organizado dentro del PPD que, sin embargo, atrajo a una gran cantidad de cuadros políticos del amplio espectro de la tendencia ideológica denominada "renovación" socialista y de la que había sido la más orgánica la "convergencia" socialista. Esto incluía a los miembros de los distintos desprendimientos de la Democracia Cristiana en los años sesenta y setenta (el MAPU y la IC), además de independientes de izquierda y comunistas que se sentían desorientados con la militarización de la política de su partido mientras y al mismo tiempo en la Unión Soviética ocurrían reformas cuyo desenlace no parecía previsible.

Todavía quedaban sectores que se resistían a algunos aspectos de las nuevas condiciones impuestas, especialmente al aislamiento de los comunistas, lo que generó otro partido "instrumental", el Partido Amplio de la Izquierda Socialista, el PAÍS.

El marco de restricciones dentro del cual se realizó la recomposición y reconstrucción de los partidos quedó definido por la situación de fuerzas ideológica en la élite, el marco legal impuesto por la dictadura y finalmente la expresión electoral del resultado de todo el proceso histórico, reflejada en las elecciones generales de diciembre de 1989.

La derrota ideológica del pensamiento tradicional de la izquierda chilena se expresó en la subordinación de los socialistas a la Democracia Cristiana, su separación de los comunistas y las nuevas definiciones de los problemas que les parecían relevantes[45]. El documento de unidad de los sectores Arrate y Almeyda, precipitada a fines de 1989 (el 29 de diciembre), define el fundamento ideológico del partido con una amplitud que habría dejado perplejos a los socialistas de antes de 1973[46]. En esta unidad participaban además del PS-Arrate y el PS-Almeyda, el MAPU y el MAPU-OC[47].

Las fuerzas electorales ya se habían expresado a mediados de diciembre en la elección de Aylwin como Presidente, de la parte correspodiente del Senado y de la totalidad de

[45] Describiendo la discusión del posible ingreso del PS-Núñez a la Izquierda Unida, en 1988, Rafael Otano apunta que en el debate se mostró "la parálisis que supondría unirse a un conglomerado que de nuevo haría reflotar las aburridas y estériles discusiones sobre la lucha armada, las alianzas, la imposibilidad de la negociación con el régimen militar..." *op. cit.*, p. 47.

[46] "En el socialismo chileno se reencuentran hoy las distintas vertientes emancipatorias y revolucionarias del mundo contemporáneo, que recogen la impronta de sus distintos orígenes y experiencias, insertas en la matriz crítica de la sociedad capitalista, desde el pensamiento marxista enriquecido y rectificado por todos los aportes del devenir científico y social, desde el desarrollo de las mejores tradiciones humanistas y desde la contribución creativa de los valores solidarios y liberadores del mensaje cristiano". *Bases doctrinarias y políticas del Partido Socialista de Chile,* diciembre de 1989 (mimeo), p. 3.

[47] Rafael Otano, *op. cit.*, p. 92.

los diputados. Las restricciones legales hicieron que en esa elección los socialistas figuraran como miembros de distintas organizaciones (PPD) o independientes. El problema radicaba en el registro legal, que sólo tenían los partidos "instrumentales", el PPD y el PAÍS. Estas eleciones determinaron la exclusión de los comunistas del parlamento, y el fracaso del PAÍS terminó de infundir realismo a quienes todavía pensaban que la izquierda se podría incorporar al sistema incluyendo a los comunistas[48].

Si bien en el lapso que corrió entre el plebiscito de 1988 y las elecciones de 1989 se negociaron algunas reformas a la Constitución, de las cuales la principal fue la eliminación del artículo 8°, que contenía la proscripción por razones ideológicas, las disposiciones que separaban a los partidos de los movimientos sociales se conservaron en la Constitución y en la Ley Orgánica Constitucional de los Partidos Políticos[49]. Además, a la Ley Orgánica Constitucional Sobre Votaciones Populares y Escrutinios se le añadió en mayo de 1989 un artículo 109 bis, que fija el sistema "binominal" de asignación de los asientos parlamentarios, el cual ha tenido un doble efecto estabilizador del sistema al favorecer a la primera minoría (la derecha ha sido la gran beneficiaria de esta característica) y al empujar a los partidos hacia la formación de grandes bloques o alianzas[50]. (El efecto más sonado de

[48] En este sentido, el fracaso más sonado fue la candidatura a senador de Luis Maira, líder de la Izquierda Cristiana.

[49] Véase capítulo 3, supra.

[50] Artículo 109 bis: "En el caso de las elecciones de parlamentarios, el Tribunal proclamará elegidos Senadores o Diputados a los dos candidatos de una misma lista, cuando ésta alcanzare el mayor número sufragios y tuviere un total de votos que excediere el doble de los que alcanzare la lista o nómina que le siguiere en número de sufragios".

este sistema en 1989 fue la derrota de Ricardo Lagos como candidato a senador por Santiago, donde fue elegido Jaime Guzmán con menos votos que Lagos).

Por último, para asegurar la continuidad de su dominación, la dictadura fijó los distritos para diputados y senadores, a la luz de los resultados del plebiscito de 1988, agregando a la Ley de Elecciones los artículos 178 y 179 (los distritos para diputados), en mayo de 1989 y los artículos 180 y 181 (las circunscripciones senatoriales), en agosto de 1989.

Finalmente, en 1990 los socialistas aceptaron todo el nuevo orden y registraron su partido cumpliendo todos los requisitos que marca la ley (que contiene disposiciones acerca de la organización y la vida interna de los partidos)[51], registrando para esto una declaración de principios semejante en sus términos al documento citado más arriba[52].

A fines de 1990 también al Partido Comunista realizó los trámites para su registro legal, llegando a reunir más de sesenta mil firmas[53]. Sin embargo, su aislamiento político (al abandonarlo sus aliados socialistas), su decadencia ideológica

"Si ninguna lista obtuviere los dos cargos, elegirá un cargo cada una de las listas o nóminas que obtengan las dos más altas mayorías de votos totales de lista o nómina, debiendo el Tribunal proclamar elegidos Senadores o Diputados a aquellos candidatos que, dentro de cada lista o nómina, hubieren obtenido las más altas mayorías".

[51] Título IV, De la organización interna de los partidos, que prohíbe la participación de dirigentes de organizaciones sociales (gremios y sindicatos) como dirigentes de los partidos y garantiza un papel entre los dirigentes de partido a los parlamentarios.

[52] Declaración de Principios en la inscripción legal del Partido Socialista (1990). *Cuadernos del Avión Rojo,* año 1, N° 1, pp. 73-75.

[53] Rafael Otano, *op. cit.*, p. 130.

(provocada por la lentitud de sus cambios[54], que ha hecho emigrar de la organización a políticos e intelectuales, todo lo cual se ha traducido en fracasos electorales), lo han condenado a una vida extra-parlamentaria, con cierto indudable valor testimonial en la lucha ideológica por reescribir la historia reciente[55] y un capital electoral, sobre todo, que puede llegar a ser decisivo en un situación de empate entre los grandes bloques[56].

[54] Ver *Proyecto de Nuevo Programa del Partido Comunista de Chile.* Documento para la discusión del partido y del pueblo, elaborado por el Comité Central, noviembre de 1991; y *Estatutos del Partido Comunista de Chile,* aprobados en el XX Congreso Nacional del Partido, 1994, y reformados en la II Conferencia Nacional, 1997.

[55] El PC no ha dejado de apoyar a los familiares de víctimas de la dictadura.

[56] Está abierta a discusión la contribución del voto comunista para asegurar el triunfo de Lagos sobre Lavín en la segunda vuelta de la elección presidencial de 1999.

Capítulo 7
CONCLUSIONES

Las características que los partidos, individualmente, asumen a consecuencia de su participación como elementos de un sistema de partidos no parecen haber merecido la misma atención que las características que las ideologías individuales de los partidos producen en el sistema conformado por ellos. La existencia de un nivel ideológico conjunto, característico del sistema, aparece como una preocupación en otro tipo de teorizaciones que buscan establecer el fundamento del orden político en un nivel más abstracto. Las consecuencias del establecimiento de una ideología del sistema como conjunto dirigen la mirada hacia relaciones de subordinación entre actores políticos, que se justifican en el terreno ideológico o práctico, pero que son presentadas normalmente como características individuales de los líderes o las organizaciones ("realismo", "pragmatismo", etc.). El sistema fija los límites no sólo de lo posible en la acción sino también los límites de los discursos programáticos y, como se ha mostrado aquí, puede llegar a los límites de lo "pensable" o concebible en el terreno intelectual, como condición del llegar a ser o permanecer como político profesional.

Lo que el caso estudiado aquí ha permitido ver es la génesis de un sistema así, a partir de una confrontación brutal, física, sobre cuyo resultado se ha construido la subordinación política e ideológica de un contingente de políticos profesionales que, participando en otro sistema anterior, fundado sobre una ideología del conjunto diferente, asumían individualmente posiciones distintas a las que sustentan hoy. El sistema fija los límites ideológicos como límites para la aceptación y el reconocimiento por los "pares", los otros políticos ya instalados en las negociaciones a través de las cuales se estructura el sistema. ¿Hay políticos que sigan pensando, proponiendo y actuando hoy en los mismos términos, o en otros que hayan desarrollado directamente a partir de las posiciones que sustentaban antes de 1973? Sin duda, pero no son parte del sistema o, a lo más, subsisten en los márgenes. El sistema de partidos, como todo sistema social, se reproduce produciendo a través de la práctica de las relaciones que lo constituyen como tal, los elementos, partidos e individuos que tienen las características que permiten su funcionamiento y su reproducción.

Las imágenes más difundidas del proceso que condujo a Chile de la democracia a la dictadura y de nuevo a la democracia contienen interpretaciones explícitas acerca de los mecanismos causales en acción. Normalmente éstas aparecen como juicios acerca de los actores, individuales o colectivos; por ejemplo los "errores" de Allende y su gobierno como causa del golpe de Estado de 1973, o el espíritu democrático del pueblo de Chile en el plebiscito de 1988 que determinó el fin de la dictadura. Hay un nivel en que estos juicios son innegables, lo que justifica su lugar en el sentido común. Sin embargo, también forman parte de las justificaciones que los actores formulan de su propio desempeño en la historia, lo cual los vuelve muy sospechosos cuando se los emplea en el campo de la ciencia política. Lo que se ha mostrado en esta tesis busca superar estas alternativas que, en el análisis, refuerzan la autoconciencia de los actores, con lo cual trasladan al campo de las explicaciones las mismas razones que contemporáneamente a los hechos analizados se podría haber encontrado en las expresiones ideológicas de los participantes en el proceso. Es decir, se trata de ubicar un mecanismo de producción de los hechos que se ubique en un nivel distinto, que constituya por tanto una explicación de los hechos y no una mera reiteración de descripciones fundadas en juicios de valor acerca de los actores. Esto no quiere decir que este análisis no tenga una posición respecto del proceso, sus actores y sus resultados. De lo que se trata es que el fundamento del análisis no pueda ser reducido a esa toma de posición.

El sistema de partidos ha sido presentado aquí como el mecanismo que determina las posiciones y la acción de todos los partidos que participan en distinta medida y de distinta forma en él. Dos propiedades del sistema de partidos han sido destacadas: primero, el contar con una ideología que determina límites que, en la práctica, modulan, corrigen y hasta pueden ser contradictorios para las expresiones ideológicas de los partidos que lo conforman y, segundo, determinar, a través de estos límites ideológicos, las probabilidades de ingreso y permanencia de los individuos en el gremio profesional de la política, al cual ingresan además sólo o preferentemente a través de los partidos. Esto es lo que asocia los esquemas ideológicos con un interés corporativo de los políticos como cuerpo profesional.

La explicación que se ofrece en esta tesis sobre la ruptura del sistema democrático, se centra en la crisis de una ideología del sistema de partidos que alcanzó su límite en el proyecto de tránsito pacífico al socialismo, el cual, a su vez, expresaba las demandas de sectores sociales movilizados como clientelas electorales y como base militante de partidos cuyos cuadros dirigentes veían amenazada su representatividad por la aparición de alternativas de acción política fuera del sistema de partidos. Esta radicalización del conjunto del sistema de partidos tuvo su contraparte en el crecimiento de alternativas fuera del sistema en el otro extremo del espectro ideológico, algunas de las cuales eran preexistentes y otras de aparición coyuntural provocada por la crisis que representó el triunfo de Allende y la Unidad Popular en las elecciones de 1970. El desarrollo de esta crisis condujo a una agudización del conflicto al punto que llegó a estar en cuestión la existencia misma del sistema de partidos. En el lado izquierdo, el gobierno logró subordinar a los sectores rupturistas a su estrategia de defensa y mantención del sistema político como instrumento y marco para la transformación social y económica. En la derecha, la posición rupturista se impuso a través de un proceso de desgaste, que fue subordinando en cadena a los actores que participaban en el sistema de partidos a una estrategia formulada fuera de éste, y que no habría tenido ninguna posibilidad de éxito previsible si el sistema no hubiera sido destruido.

Una vez realizado el golpe de Estado, el bloque que lo había apoyado como oposición al gobierno debió reemplazar su consenso negativo por una propuesta de reconfiguración del sistema. En este punto es donde las fuerzas armadas asumieron una importancia primordial como aparato represivo que fijó los términos de un receso político y, posteriormente, la supresión de los partidos políticos para imponer una reforma radical del modelo de desarrollo económico del país y refundar el sistema político a través de una nueva Constitución. En este proceso, la situación que se ha descrito para el gobierno de la UP apareció invertida. Esta vez era la oposición la que buscaba la reconstrucción del sistema de partidos en tanto la dictadura y sus partidarios se oponían, en su versión más extrema, a la existencia misma de partidos políticos o al menos postergaban su reaparición para un futuro indefinido.

La oposición a la dictadura coincidía en la necesidad de la reconstrucción del sistema de partidos. Sin embargo, cada uno tenía su propia versión de los cambios que esa reconstrucción debería incluir. Para el Partido Comunista, eje del proyecto reconstruccionista en la izquierda, la reconstrucción debería hacerse a partir de una alianza antifascista que incluyera a los partidos de la Unidad Popular y a la Democracia Cristiana. Esta última, habiendo triunfado en su propósito de ver derrocado a Allende, pasó inmediatamente al campo de los derrotados, al ser excluida como organización y como proyecto de futuro por los sectores que se entronizaron en el poder a la sombra de las fuerzas armadas.

Sólo la acción de la dictadura empujó a los democratacristianos al campo de la oposición, en tanto la izquierda sufría un proceso de descomposición, particularmente visible en el Partido Socialista y en las frustraciones de los comunistas que veían cada día más estéril su estrategia. El retroceso de los partidos tocó fondo concomitantemente con la culminación de los proyectos de la dictadura, en 1980. Para entonces ya todos los partidos parecían irreconocibles, con la excepción de la Democracia Cristiana, que conservaba más que cualquier otro su identidad pero no era capaz de producir hechos políticos por su propia iniciativa. El aislamiento de los partidos de sus clientelas electorales, la desarticulación de sus organizaciones de base por la represión, la exposición de sus élites a los debates ideológicos internacionales por el exilio y su creciente dependencia de la solidaridad de organizaciones políticas afines, determinaron una evolución ideológica que llegó a hacerlos dudar de la idea misma de la representatividad social de los partidos políticos en un régimen democrático. Éste es el comienzo del triunfo ideológico de la dictadura.

La imposición de un proyecto nacional es un proceso por el cual los que van a ocupar una posición subordinada aceptan como límite de lo posible los límites del proyecto. Este es un proceso muy complejo, que involucra a todos los sectores productores de ideología, y en una era tecnocrática como ésta, muy especialmente a las ciencias sociales. La revolución ideológica que se realizó en la derecha tuvo como punta de lanza a los economistas de tendencia neoclásica, que en una alianza con sectores propiamente reaccionarios reestructuraron la economía chilena mientras sus socios escribieron una nueva Constitución. La derecha más tradicional chilena nunca terminó de aceptar este proyecto, pero quedó subordinada en un bloque al que se le impuso como tarea urgente la defensa de la dictadura y su obra a partir de los primeros síntomas de descomposición de su apoyo social, en 1983.

La oposición tomó la iniciativa en 1983 sin un modelo organizativo ni una ideología clara. La misma situación de descomposición en que se encontraba, y sus dudas acerca del modelo de organización partidista, facilitaron su coexistencia con líneas paralelas de desarrollo del movimiento que buscaba el fin de la dictadura. Éstas eran tres: la rebelión de masas a partir de la protesta social, que miraba con sospecha los intentos de los partidos por canalizar su movimiento; la estrategia militar de guerrillas apoyadas por acciones armadas dentro de la protesta social; y el intento de los partidos por reconstruir y renovar una élite profesional de la política, que fuera capaz de negociar los términos de una apertura a la participación política y social, enmarcada en el proyecto nacional de la dictadura.

El reconocimiento de esto último como la realidad de la transición chilena no es demasiado popular entre los actores políticos. Pero ha sido establecido incluso en versiones que no se asocian con ninguna crítica de izquierda, como la del historiador Alfredo Jocelyn-Holt, primero en una columna de opinión en *El Mercurio* y, más tarde, desplegada en detalle en un libro[1]. El problema que esta situación plantea es que su crítica se esteriliza en la denuncia de los operadores políticos que realizaron los pactos.

Coincidente con el anterior, el balance de Rafael Otano, cronista de esta transición, multicitado en los capítulos anteriores, establece que "la opinión mayoritaria acepta que los actores colectivos que más han ganado en este político negocio de la transición han sido las fuerzas armadas, la Iglesia católica, los empresarios, *El Mercurio*, los *malls*, y también la Concertación de Partidos por la Democracia. Han perdido los sindicatos, el mundo del laicismo clásico, la izquierda tradicional, los cristianos progresistas, las organizaciones comunitarias"[2].

La visión que se ha presentado en los capítulos precedentes muestra la cadena de subordinación ideológica que va estableciendo el precio de la pertenencia a la élite política, la cual se reconstituye a sí misma a partir del reconocimiento entre "pares". Esta carrera fue desatada por la protesta social, primero, y luego por el afán de asumir la supuesta representatividad que daba el disponer de un nombre de

[1] *El Mercurio*, 22 de enero de 1998 y *El Chile perplejo. Del avanzar sin transar al transar sin parar.*

[2] *Op. cit.*, p. 11.

partido, con el cual poder legítimamente sentarse a alguna mesa de negociación. La negociación entre los partidarios de la dictadura y la tendencia dentro de la Democracia Cristiana liderada por Patricio Aylwin llevó a que éste luchara primero por el liderazgo dentro de su partido, y luego por la conducción de una alianza de partidos que aceptara el itinerario contenido en la Constitución de Pinochet para la normalización de la vida política del país. Este proceso implicó subordinar a la línea de las protestas sociales y eliminar los vestigios de las fracasadas estructuras militares creadas por algunos sectores de la izquierda, principalmente la del Partido Comunista. En el otro extremo, la derecha debió organizarse como partido; de hecho apareció con dos partidos nuevos, a pesar de la repugnancia por el modelo de organización que éstos implican en algunos de sus sectores ideologizados en contra de los partidos desde la década de los sesenta, por lo menos.

La modernización política introducida por este sistema de partidos reconstruido está centrada en la separación de los movimientos sociales con respecto a los partidos. La atomización social y las barreras a la intervención de organizaciones sociales en los partidos y viceversa, establecida en la Constitución, más un sistema electoral diseñado a la luz de los resultados del plebiscito de 1988 con la intención de estabilizar el sistema garantizando una representatividad a la derecha que impidiera la aprobación de modificaciones de fondo a la Constitución. A su vez, ésta contiene elementos que garantizan su inmutabilidad, como la presencia en el Senado de un número de senadores no elegidos.

La exclusión de la izquierda que continúa pensando su existencia como un actor político que representa a una clase social, particularmente los comunistas, se consumó tras la elección de Aylwin, principalmente por la subordinación del sector almeydista del Partido Socialista a la dirección controlada por los sectores "renovados". Las adaptaciones ideológicas han sido hechas obligatorias por las leyes que norman la existencia de los partidos y su participación en las elecciones.

La estabilidad de la democracia anterior a 1973 había sido garantizada por la exclusión de los campesinos del derecho a una organización independiente y por el control de su voto por los terratenientes, más la sobrerrepresentación del sector rural que, en los hechos, establecía la asignación de diputados por distritos. En la nueva democracia la estabilidad ha sido lograda por una combinación de independencia de la élite política respecto de las organizaciones y movimientos sociales, más un sistema electoral que favorece la formación de coaliciones en las que el control ideológico es más fácil. Esto hace que la ideología de los partidos pierda importancia frente al pragmatismo de las estrategias electorales, cada vez más semejante a las estrategias de mercadeo de cualquier otro producto, dirigida a consumidores individuales agrupados por criterios prácticos de clasificación de sus demandas y no por un análisis de la estructura de la sociedad que les asigne alguna característica colectiva que los convirtiera en actores históricos.

La crítica a este estado de cosas se ha centrado en los contenidos ideológicos del proyecto nacional impuesto y las consecuencias que la subordinación de la élite política ha tenido. El dejar fuera de la representación a una parte de la izquierda (los comunistas) hace aparecer al espectro ideológico del sistema representado en el parlamento como desplazado a la derecha, por comparación con la composición de los parlamentos anteriores a 1973, en que la derecha representada por la UDI hoy se ubicaba como un grupo ideológico extraparlamentario.

La discusión que planteó los problemas de la representatividad social de la alianza en el gobierno, generada por los niveles de abstención observables en las elecciones parlamentarias de diciembre de 1997, se disolvió como una cuestión de estrategia electoral en las presidenciales de 1999, en que más que problemas ideológicos las posiciones fueron tratadas como actitudes y estados de ánimo. Lo que comenzó como un debate sobre la percepción que algunos sectores dentro de la coalición de partidos en el gobierno tenían acerca del proceso de transición desde la dictadura, terminó en la caricatura de esas percepciones como "autocomplacientes" y "autoflagelantes"[3].

Más allá de estas cuestiones que ocupan un lugar importante en los debates en las ciencias sociales chilenas acerca de la modernización del país que significó la dictadura y la recuperación de la democracia, el caso presentado en esta tesis puede tener alguna significación para las discusiones teóricas acerca de los partidos y los sistemas de partidos. En buena medida, las características asumidas por el proceso chileno no son demasiado originales. De hecho, son justificadas como expresión del proceso general de cambio en el mundo.

[3] Véase mi artículo "Democratización y transición en Chile", en *Perfiles Latinoamericanos,* Nº 14, junio de 1999.

BIBLIOGRAFÍA

ACUÑA, Gastón, Federico Willoughby M. y Pablo Rodríguez Grez, *¿Qué es el nacionalismo hoy?*, Santiago, Impresión Artimpres, 1983.

AGOR, Weston H., *El Senado chileno: Distribución interna de la influencia*, Santiago, Editorial Andrés Bello, 1973.

AGUILAR, Alonso, Álvaro Briones, Theotonio Dos Santos, Pío García, Clarisa Hardy, Eduardo Novoa, Jaime Osorio, Fernando Rosa, Pedro Vuskovic y Jorge Witker, *El gobierno de Allende y la lucha por el socialismo en Chile*, México, Instituto de Investigaciones Económicas, Universidad Nacional Autónoma de México, 1976.

AHUMADA, Jorge, *En vez de la miseria*, Santiago, Editorial del Pacífico, 1956.

ALAMINOS, Antonio, *Chile: transición política y sociedad*, Madrid, Siglo XXI Editores/Centro de Investigaciones Sociológicas, 1991.

ALDUNATE, Adolfo, Ángel Flisfisch y Tomás Moulian, *Estudios sobre el sistema de partidos en Chile*, Santiago, FLACSO, 1985.

ALEGRÍA, Fernando *et al.*, *Eugenio González: Maestro del socialismo chileno*, México, Centro de Estudios del Movimiento Obrero Salvador Allende, 1981.

ALEXANDER, Robert J., *The Tragedy of Chile*, Westport, Connecticut, Greenwood Press, 1978.

ALLAMAND, Andrés, *Discursos, entrevistas y conferencias*, Santiago, Editorial Andante, 1989.

———, *La travesía del desierto*, Santiago, Editorial Aguilar, 1999.

ALLENDE, Salvador *et. al.*, *La vía chilena al socialismo*, México, Siglo XXI Editores, 1973.

———, *Compañero Presidente: Ideario político de Salvador Allende*, México, Editorial Samo, 1973.

———, *El pensamiento de Salvador Allende*, selección de Hugo Latorre Cabal, México, Fondo de Cultura Económica, 1974.

———, *Discursos*, La Habana, Editorial de Ciencias Sociales, 1975.

———, *Salvador Allende y América Latina*. 12 discursos y 2 conferencias de prensa, México, Casa de Chile, 1978.

———, *Salvador Allende, 1908-1973: Prócer de la liberación nacional*. Biografía, antología, cronología bibliografía de Alejandro Witker, México, Universidad Nacional Autónoma de México, 1980.

———, *Salvador Allende 1908-1973: Obras escogidas, período 1939 - 1973*, Presentación, Víctor Pey C.; Prólogo, Joan E. Garcés; Compilación, Gonzalo Martner G., Santiago, Ediciones del Centro de Estudios Políticos Latinoamericanos Simón Bolívar y Fundación Presidente Allende (España), 1992.

ALMEYDA, Clodomiro, *Reflexiones políticas*, Santiago, Prensa Latinoamericana, 1958.

———, *Sociologismo e ideologismo en la teoría revolucionaria*, Santiago, Editorial Universitaria, 1972.

———, *Liberación y fascismo*, México, Editorial Nuestro Tiempo/ Casa de Chile, 1979.

———, *Acusación a la dictadura: En defensa de la patria, la libertad y la democracia*, Guadalajara, Universidad de Guadalajara, 1987.

———, *Pensando a Chile*, Guadalajara, Universidad de Guadalajara, 1987.

———, *Reencuentro con mi vida*, Santiago, Las Ediciones del Ornitorrinco, s.f.

ALTAMIRANO, Carlos, *Dialéctica de una derrota*, México, Siglo XXI Editores, 1977.

———, *Una propuesta socialista para Chile*, México, Partido Socialista de Chile, 1978.

ÁLVAREZ, José, Raúl Atria, Fernando Galofre, Raúl Urzúa, Mario Zañartu, *Ciencia y mito en el análisis social: Una crítica a las categorías marxistas de análisis*, Santiago, Editorial del Pacífico/Instituto de Estudios Políticos, 1972.

AMBROSIO, Rodrigo, *Sobre el problema del poder*, Santiago, Ediciones Lobo de Mar, 1973.

———, *Sobre la construcción del partido*, Santiago, Imprenta Rada, s.f.

ANGELL, Alan, *Partidos políticos y movimiento obrero en Chile: De los orígenes hasta el triunfo de la Unidad Popular*, México, Editorial ERA, 1974.

———, "La cooperación internacional en apoyo de la democracia política en América Latina: el caso de Chile", *Foro Internacional*, vol. XXX, Nº 2, oct.-dic., 1989.

ARCE, Luz, *El infierno*, Santiago, Editorial Planeta, 1993.

ARELLANO, José Pablo, *Políticas sociales y desarrollo: Chile 1924-1984*, Santiago, CIEPLAN, 1985.

ARNELLO, Romo, Mario, *Proceso a una democracia: el pensamiento político de Jorge Prat*, Santiago, Talleres Gráficos El Imparcial, s.f.

ARRATE, Jorge, *El socialismo chileno: rescate y renovación*, Rotterdam, Instituto para el Nuevo Chile, 1983.

———, *La fuerza democrática de la idea socialista*, Barcelona y Santiago, Ediciones Documentas y Ediciones del Ornitorrinco, 1985.

ARRIAGADA, Genaro y Claudio Orrego V., *Leninismo y democracia*, Santiago, 1976.

ARRIAGADA, Genaro, *La oligarquía patronal chilena*, Santiago, Editorial Nueva Universidad, 1970.

———, *De la "vía chilena" a la "vía insurreccional"*. Prólogo de Eduardo Frei Montalva, Santiago, Editorial del Pacífico/Instituto de Estudios Políticos, 1974.

———, *El pensamiento político de los militares*, Santiago, Centro de Investigaciones Socioeconómicas de la Compañía de Jesús en Chile, s.f.

———, *La política militar de Pinochet*, Santiago, Imprenta Salesianos, 1985.

———, *¿Hacia un "big bang" del sistema de partidos?*, Santiago, Editorial Los Andes, 1997.

———, *Por la Razón o la Fuerza. Chile bajo Pinochet*, Santiago, Editorial Sudamericana, 1998.

AYLWIN A., Patricio, *La alternativa democrática*, Santiago, Editorial Andante, 1984.

AYLWIN A., Patricio, Carlos Briones, Francisco Bulnes, Pedro Correa, Francisco Cumplido, Sergio Díez, Manuel Sanhueza, Alejandro Silva, Enrique Silva, *Una salida político-constitucional para Chile*, Santiago, Instituto Chileno de Estudios Humanísticos, 1985.

AYLWIN A., Patricio, José Joaquín Brünner y Gustavo Lagos, *Ética y política*, Santiago, Editorial Andrés Bello, 1991.

AYLWIN O., Mariana, Carlos Bascuñán, Sofía Correa, Cristián Gazmuri, Sol Serrano y Matías Tagle, *Chile en el siglo XX*, Santiago, Planeta, 1992.

BALMACEDA, Valdés, Eduardo, *Un mundo que se fue...*, Santiago, Editorial Andrés Bello, 1969.

BAÑO, Rodrigo, *Lo social y lo político, un dilema clave del movimiento popular*, Santiago, FLACSO, 1985.

BAÑO, Rodrigo y Enzo Faletto, *Institucionalidad política y proceso social: el debate sobre presidencialismo o parlamentarismo*, Cuadernos de Trabajo N° 1, Santiago, Departamento de Sociología, Universidad de Chile, 1992.

———, *Estructura social y estilo de desarrollo*, Cuadernos de Trabajo N° 2, Santiago, Departamento de Sociología, Universidad de Chile, 1992.

BARAONA, Pablo *et al.*, *Visión crítica de Chile*, Santiago, Ediciones Portada, 1972.

BARDINI, Roberto, Miguel Bonasso y Laura Restrepo, *Operación príncipe*, México, Editorial Planeta, 1988.

BARDÓN, Álvaro, Camilo Carrasco A. y Álvaro Vial, *Una década de cambios económicos; La experiencia chilena 1973-1983*, Santiago, Editorial Andrés Bello, 1985.

BARRIOS, Alicia y José Joaquín Brünner, *La sociología en Chile: Instituciones y practicantes*, Santiago, FLACSO, 1988.

BASTÍAS, Alberto, Rodolfo Gálvez, *Chile 1973-1979: Estrategia políticoeconómica, empleo y migraciones*, Santiago, VECTOR/PISPAL, 1983.

BAUER, Arnold J., *Chilean Rural Society from the Spanish Conquest to 1930*, Cambridge, Cambridge University Press, 1975.

BENAVENTE, Urbina, Andrés, *El triángulo del terror: El Frente Manuel Rodríguez*, Santiago, Oficina del Abogado Procurador General, 1988.

BICHENO, H. E., "Anti-Parliamentary Themes in Chilean History: 1920-1970", en Kenneth Medhurst, ed., *Allende's Chile*, London, Hart-Davis Mac Gibbon, 1972.

BITAR, Sergio, *Transición al socialismo y democracia. La experiencia chilena*, México, Siglo XXI Editores, 1979.

———, *Isla 10*, Santiago, Editorial Pehuén, 1987.

———, Ernesto Edwards y Carlos Ominani, *Cambiar la vida*, Santiago, Ediciones Melquíades, 1988.

BLANCO, Marta, *Entrevistas*, Santiago, Editorial La Noria, 1988.

BLUMENWITZ, Dieter, *La nueva Constitución de la República de Chile*, Santiago, Editorial Andrés Bello, 1983.

BOENINGER, Edgardo, *Democracia en Chile: Lecciones para la gobernabilidad*, Santiago, Editorial Andrés Bello, 1997.

BOIZARD, Ricardo, *Proceso a una traición. Detalles íntimos del sumario de la FACH*, Santiago, Editorial Encina, 1974.

BORJA, Jordi, Teresa Valdés, Hernán Pozo y Eduardo Morales, *Descentralización del Estado: Movimiento social y gestión local*, Santiago, FLACSO, 1987.

BOSSLE, Lothar, *Allende y el socialismo europeo*, Santiago, Editorial Andrés Bello, 1979.

BOSSLE, Lothar, Jaime del Valle, Dieter Blumenwitz, Maximiano Errázuriz y Gerhard Wolfgang Goldberg, *La democracia en el mundo de hoy*, Santiago, Editorial Andrés Bello, 1980.

BOSSLE, Lothar, Heinrich Lummer, Dieter Blumenwitz, Gerhard Goldberg, Jaime del Valle, Hernán Larraín, *Autoridad y libertad para la democracia*, Santiago, Universidad Católica de Chile, 1983.

BOSWORTH, Barry P., Rudiger Dornbusch, Raúl Labán, (eds.), *The Chilean Economy: Policy Lessons and Challenges*, Washington D.C., The Brookings Institution, 1994.

BOYE, Otto, *El hermano Bernardo, 50 años de política vistos por Bernardo Leighton*, Santiago, Editorial Aconcagua, 1986.

BRAVO, Lira, Bernardino, *Régimen de gobierno y partidos políticos en Chile: 1924-1973*, Santiago, Editorial Jurídica de Chile, 1978.

———, *De Portales a Pinochet: Gobierno y régimen de gobierno en Chile*, Santiago, Editorial Jurídica de Chile/Editorial Andrés Bello, 1985.

BROWN, C.G., *10 años de atropellos a los derechos humanos en Chile*, Informe del Americas Watch Committee, México, Casa de Chile, 1983.

BRUNA, Susana, *Chile: La legalidad vencida*, México, Editorial ERA, 1976.

BRÜNNER, José Joaquín, *El caso de la sociología en Chile*, Formación de una disciplina, Santiago, FLACSO, 1988.

BRÜNNER, José Joaquín y Alicia Barros, *Inquisición, mercado y filantropía. Ciencias Sociales y autoritarismo en Argentina, Brasil, Chile y Uruguay*, Santiago, FACSO, 1987.

BUSINESS SCHOOL OF VALPARAÍSO, Adolfo Ibañez Foundation, *The Chilean Economy Under the Popular Unity Government: The Chilean Way to Marxist Socialism*, Santiago, Editora Nacional Gabriela Mistral, 1974.

CALDERA, Delgado, Hugo, *La Ley Orgánica Constitucional en la Constitución Política de 1980*, Santiago, Editorial Jurídica de Chile, 1985.

CAMPERO, Guillermo, *Los gremios empresariales en el período 1970-1983: comportamiento sociopolítico y orientaciones ideológicas*, Santiago, ILET, 1984.

CAMPERO, Guillermo y José A. Valenzuela, *El movimiento sindical en el régimen militar chileno. 1973-1981*, Santiago, ILET, 1984.

CAMPOS, Harriet, Fernando, *Historia constitucional de Chile*, 6ª edición, Santiago, Editorial Jurídica de Chile, 1983.

CAMPOS, Menéndez, Enrique, *Chile vence al marxismo*, Santiago, Ediciones Portada, 1973.

CAÑAS, Kirby, Enrique, *Proceso político en Chile: 1973-1990*, Santiago, Editorial Andrés Bello, 1997.

CÁRDENAS, Cuauhtémoc *et al.*, *Imágenes de Salvador Allende*, Morelia, Michoacán, Universidad Michoacana de San Nicolás de Hidalgo y Centro de Estudios del Movimiento Obrero Salvador Allende, 1981.

CARDOSO, Fernando H. y Enzo Faletto, *Dependencia y desarrollo en América Latina*, 15ª edición, México, Siglo XXI Editores, 1979.

CARRIÉRE, Jean, "Conflict and Cooperation among Chilean Sectoral Elites", *Boletín de Estudios Latinoamericanos y del Caribe*, Nº 19, december 1975.

CARVAJAL, Diego, *La toma de lo cotidiano: La política de las cosas útiles para el pueblo*, Ediciones Lautaro, s.f.

CASANUEVA, Valencia, Fernando y Manuel Fernández Canque, *El Partido Socialista y la lucha de clases en Chile*, Santiago, Editorial Quimantú, 1972.

CASH, Molina, Jorge, *Bosquejo de una historia: Falange Nacional, 1935-1957*, Periodista colaborador Sergio España, Santiago, Imprenta Pucará, 1986.

CASTELLS, Manuel, *La lucha de clases en Chile*, Buenos Aires, Siglo XXI Editores, 1974.

CASTILLO, Jaime, *Las fuentes de la Democracia Cristiana*, Santiago, Editorial del Pacífico, 1968.

———, *Teoría y Práctica de la Democracia Cristiana Chilena*, Santiago, Editorial del Pacífico/Instituto de Estudios Políticos, 1973.

CASTRO, Sauritain, Carlos, *Política, violencia, terrorismo*, Santiago, Corporación de Estudios Nacionales, 1987.

CAVALLA, Antonio, *Estados Unidos, América Latina: fuerzas armadas y defensa nacional*, México, Universidad Autónoma de Sinaloa, 1980.

CAVALLO C., Ascanio, Manuel Salazar Salvo y Óscar Sepúlveda Pacheco, *La historia oculta del régimen militar. Chile, 1973-1988*, México, Editorial Diana, 1990.

CAVAROZZI, Marcelo y Manuel Antonio Garretón, *Muerte y resurrección: Los partidos políticos en el autoritarismo y las transiciones del Cono Sur*, Santiago, FLACSO, 1989.

CAVIEDES, César N., *Elections in Chile: The Road Towards Redemocratization*, London, Lynne Rienner Publishers, 1991.

CENTRO DE INFORMACIÓN "LUIS EMILIO RECABARREN", *Chile: la lucha por el poder*, México, Universidad Autónoma de Guerrero, 1983.

CERECEDA, Luz Eugenia y Fernando Dahse, "Dos décadas de cambio en el agro chileno", *Cuadernos del Instituto de Sociología*, Santiago, Pontificia Universidad Católica de Chile, 1980.

CHAMÚDES, Marcos, *Chile: una advertencia americana*, Ediciones PEC, 1972.

CHATEAU, Jorge, Bernarda Gallardo, Eduardo Morales, Carlos Piña, Hernán Pozo, Sergio Rojas, Daniela Sánchez y Teresa Valdés, *Espacio y poder. Los pobladores*, Santiago, FLACSO, 1987.

CHILE, Banco Central, *Alternativas de políticas financieras de economías pequeñas y abiertas al exterior*, Santiago, Estudios Monetarios VII, 1981.

CHILE, *Cámara de Diputados*, Informe de la Comisión Especial para investigar el llamado "Plan Camelot", 1965.

CHILE, *Comisión Nacional de Verdad y Reconciliación*, Texto Oficial Completo de la Comisión Nacional de Verdad y Reconciliación, edición especial de *La Nación*, Santiago, 1991.

CHILE, *Constitucion Política de la República de Chile 1925*, Edición revisada y puesta al día, noviembre de 1972, Santiago, Editorial Universitaria, 1973.

CHILE, *Constitución Política de la República de Chile 1980*, Santiago, Editorial Jurídica de Chile, 1981, "Edición Reformada", 1991.

CHILE, *Declaración de Principios del Gobierno de Chile*, Santiago, Talleres de la Editora Nacional Gabriela Mistral, marzo de 1974.

CHILE, *Dirección del Registro Electoral: Variación porcentual de los partidos políticos 1957-1971*, mimeo, Santiago, s.f.

CHILE, *Junta Militar de Gobierno: Los 100 primeros decretos leyes dictados por la Junta de Gobierno de la República de Chile*, Santiago, Editorial Jurídica de Chile, 1973.

CHILE, *Legislación sobre seguridad del Estado, control de armas y terrorismo*, Recopilación e índice Ana María Zúñiga San Martín, Santiago, Editorial Jurídica de Chile, 1985.

CHILE, *Ministerio de RR.EE.*, Confidential Memorandum of the Chilean Foreign Ministry, s.f.

CHILE, *Nueva legislación sobre salud y previsión social*, Recopilación, Patricio Novoa Fuenzalida, Santiago, Editorial Jurídica de Chile, 1982.

CHILE, *Oficina de Planificación Nacional, Antecedentes sobre el desarrollo chileno 1960-70*, Santiago, ODEPLAN, 1971.

CHILE, *Sistema Electoral Público*, Recopilación e índices, Ana María Zúñiga San Martín, Santiago, Editorial Jurídica de Chile, vol. I y II, 1987, vol. III, 1988.

CISEC, (Centro de Investigaciones Socioeconómicas del Centro Bellarmino), *Futura institucionalidad de la paz en Chile*, Santiago, 1977.

CISEC, *Hacia un estatuto para la paz en Chile*, Santiago, 1977.

CLARK, Kate, *Chile. Reality and Prospects of Popular Unity*, London, Lawrence & Wishart, 1972.

CLAUDE, Marcel, *Una vez más la miseria: ¿Es Chile un país sustentable?*, Santiago, LOM Ediciones, 1997.

CLEAVES, Peter S., *Bureaucratic Politics and Administration in Chile*, Berkeley, University of California Press, 1974.

COLLADOS, Modesto, *Formas de vida para Chile*, Santiago, Zig-Zag, 1988.

COLLINS, Joseph, *Agrarian Reform and Counter-Reform in Chile*, San Francisco, California, Institute for Food and Development Policy, 1979.

CONDAMINES, Charles, *Chili: l'Eglise Catholique 1958-1976: Complicité ou resistance?*, París, Librairie-Éditions L'Harmattan, 1977.

CORTÁZAR, René, "Necesidades básicas y extrema pobreza", *Estudios* CIEPLAN, N° 17, Santiago, 1977.

CORTÉS C., Fernando y Ricardo Yocelevzky, "La distribución del ingreso en el gobierno de la Unidad Popular, (1970-1972)", *Demografía y Economía*, N°43, México, 1980.

CORTÉS, Terzi, Antonio, *Problemas estratégicos en la lucha del pueblo chileno*, México, Ediciones Solidaridad, 1978.

CORTÉS, Lía y Jordi Fuentes, *Diccionario político de Chile*, Santiago, Editorial Orbe, 1967.

CORVALÁN, Luis, "Nada hay más revolucionario que luchar por el éxito del gobierno popular", *Informe al Pleno del Comité Central del Partido Comunista*, 26 de noviembre de 1970.

———, *Algo de mi vida*, México, Editorial Posada, 1977.

———, *Chile: 1970-1973*, Sofía, Sofía Press, 1978.

———, *Tres períodos en nuestra línea revolucionaria*, Dresden, Verlag Zeit Im Bild, 1982.

———, *La rebelión popular se abre camino en Chile*, Discursos 1980-1981, s.f.

CRUZ-COKE, Ricardo, *Historia electoral de Chile: 1925-1973*, Santiago, Editorial Jurídica de Chile, 1984.

DAIRE, Alonso, "La política del Partido Comunista desde la postguerra a la Unidad popular", en *El Partido Comunista de Chile*, Augusto Varas (compilador), Santiago, CESOC/FLACSO, 1988.

DAVIS, Nathaniel, *The Last Two Years of Salvador Allende*, London, I.B. Tauris & Co. Ltd., 1985.

DE SHAZO, Peter, *Urban Workers and Labor Unions in Chile, 1902-1927*, Madison, University of Wisconsin Press, 1983.

DEBRAY, Régis, *Conversations with Allende: Socialism in Chile*, London, New Left Books, 1971.

DÍAZ, Harry, Peter Landstreet y María Teresa Lladser, *Centros privados de investigación en ciencias sociales en Chile*, Santiago, Academia de Humanismo Cristiano, 1984.

DÍEZ, Arriagada, Sergio, *¿Qué es la democracia?*, Santiago, Editorial Andrés Bello, Editorial Jurídica de Chile, 1988.

DINGES, John y Saul Landau, *Asesinato en Washington*, México, Lasser Press, 1982.

DOMIC, Juraj, *La política militar del Partido Comunista de Chile*, Santiago, Impresores TT.GG. Instituto Geográfico Militar, 1988.

DONOSO, Crescente, "Notas sobre el origen, acatamiento y desgaste del régimen presidencial: 1925-1973", *Historia*, Revista del Instituto de Historia, Universidad Católica de Chile, Nº 13, 1976.

DONOSO, Ricardo, *Alessandri, agitador y demoledor*, 2 volúmenes, Buenos Aires, Fondo de Cultura Económica, 1952 y 1954.

DOONER, Patricio, *Cambios sociales y conflicto político: El conflicto político nacional durante el gobierno de Eduardo Frei (1964-1970)*, Santiago, Corporación de Promoción Universitaria/Instituto Chileno de Estudios Humanísticos, 1984.

———, *Crónica de una democracia cansada: El Partido Demócrata Cristiano durante el gobierno de Allende*, Santiago, Instituto Chileno de Estudios Humanísticos, ICHEH, 1985.

———, *Periodismo y política: La prensa de izquierda en Chile 1970-1973*, Santiago, ICHEH, 1985.

DORNBUSH, Rudiger y Sebastián Edwards, *The Macroeconomics of Populism in Latin America*, The World Bank, Working Papers (WPS 316), Washington D.C., dic. 1989.

DRAKE, Paul W., *Socialism and Populism in Chile, 1932-1952*, Chicago, University of Illinois Press, 1978.

DURÁN, Bernales, Florencio, *El Partido Radical*, Santiago, Editorial Nascimento, 1958.

ECHAIZ, René León, *Evolución histórica de los partidos políticos chilenos*, Buenos Aires, Editorial Francisco de Aguirre, 1971, 1ª ed., 1939.

ECHEVERRÍA B., Andrés y Luis Frei B. (compiladores), *1970-1973: La lucha por la juridicidad en Chile*, 3 tomos, Santiago, Editorial del Pacífico, 1974.

ECHEVERRÍA, Magdalena, *Enfermedades de los trabajadores y crisis económica*, Santiago, Programa de Economía del Trabajo, Academia de Humanismo Cristiano, 1984.

EDITORIAL QUIMANTÚ, Documentos especiales, *Los gremios patronales*, Santiago, 1972.

EDWARDS, Sebastián y Alejandra Cox Edwards, *Monetarismo y liberalización: El experimento chileno*, México, Fondo de Cultura Económica, 1992.

ENRÍQUEZ Fröeden, Edgardo, "Dos momentos históricos paralelos en la sociedad chilena: Patria Vieja, 1810-1814 y gobierno de la Unidad Popular, 1970-1973", México, *Cuadernos de Casa de Chile*, N° 38, 1983.

———, *Testimonio de un destierro*, Santiago, Mosquito Editores, 1992.

ERRÁZURIZ Eguiguren, Maximiano, *La participación ciudadana en la Constitución Política*, Santiago, Editorial Andrés Bello, 1983.

ESCOBAR R., Miguel, *Contribución al estudio del poder*, México, UNAM/ENEP Acatlán, 1988.

ESPINOSA, Juan G. y Andrew S, Zimbalist, *Democracia Económica: La participación de los trabajadores en la industria chilena, 1970-1973*, México, Fondo de Cultura Económica, 1984.

FALETTO, Enzo, Eduardo Ruiz y Hugo Zemelman, *Génesis histórica del proceso político chileno,*, Santiago, Editorial Quimantú, 1972.

———, y Julieta Kirkwood, *El liberalismo: Sociedad burguesa y liberalismo romántico*, Caracas, Buenos Aires, El Cid Editor, 1977.

FARREL, Joseph P., *The National Unified School in Allende's Chile: The Role of Education in the Destruction of a Revolution*, Vancouver, University of British Columbia Press, 1986.

FAÚNDEZ, Julio, "The Chilean Road to Socialism: Problems of Interpretation", *The Political Quarterly*, vol. 46, N° 3, july-september 1975.

———, "A Decision Without a Strategy: Excess Profits in the Nationalisation of Copper in Chile", en Faúndez y Picciotto, (eds.), *The Nationalisation of Multinationals in Peripheral Economies*, London, The Macmillan Press, 1978.

———, "The Defeat of Politics: Chile under Allende", *Boletín de Estudios Latinoamericanos y del Caribe*, N° 28, junio, 1980.

———, *Marxism and Democracy in Chile: From 1932 to the Fall of Allende*, London, Yale University Press, 1988.

FAZIO, Hugo, *El programa abandonado: Balance económico-social del gobierno de Aylwin*, Santiago, LOM Ediciones, 1996.

FEINBERG, Richard E., *The Triumph of Allende: Chile's Legal Revolution*, New York, New American Library, 1972.

FERNÁNDEZ, Jiliberto, A. E., *Dictadura militar y oposición política en Chile 1973-1981*, Amsterdam, CEDLA, 1985.

FFRENCH-DAVIS, Ricardo, *Políticas económicas en Chile 1952-1970*, Santiago, Ediciones Nueva Universidad, 1973.

———, *Macroeconomic Performance and Achievements in Chile*, ECLAC, 1998.

———, y Ernesto Tironi (eds.), *El cobre en el desarrollo nacional*, Santiago, Ediciones Nueva Universidad, 1974.

FILIPPI, Emilio, *Libertad de pensar, libertad de decir*, Santiago, CISEC, Centro de Investigaciones Socioeconómicas de la Compañía de Jesús, 1979.

FLACSO, *Chile: cronología del período 1970-1973*, 7 vols, mimeo, dirección general de Manuel A. Garretón y coordinación de Cristián Cox y Eugenia Hola, Santiago, s.f.

FLEET, Michael, *The Rise and Fall of Chilean Christian Democracy*, Princeton, Princeton University Press, 1985.

FLISFISCH, Ángel, *La política como compromiso democrático*, Santiago, 1987.

FONTAINE, Aldunate, Arturo, *La historia no contada de los economistas y el presidente Pinochet*, Santiago, Zig-Zag, 1988.

FOXLEY, Alejandro, Eduardo Aninat y José Pablo Arellano, *Las desigualdades económicas y la acción del Estado*, México, Fondo de Cultura Económica, 1980.

FOXLEY, Alejandro, *Experimentos neoliberales en América Latina,* México, Fondo de Cultura Económica, 1988.

———, *Chile y su futuro: Un país posible,* Santiago, CIEPLAN, 1987.

FOXLEY, Felipe y Jorge Rodríguez, *Los derechos económico-sociales del hombre,* Santiago, ICHEH, 1986.

FREI, Montalva, Eduardo, *Eduardo Frei Montalva, (1911-1982),* Selección y biografía de Cristián Gazmuri, Patricia Arancibia y Alvaro Góngora, Santiago, Fondo de Cultura Económica, 1996.

———, *El pensamiento de Eduardo Frei,* Selección y notas de Óscar Pinochet de la Barra, Santiago, Editorial Aconcagua, 1982.

———, *Humanismo y democracia,* Entrevista concedida al diario *Nueva Frontera,* Colombia, mayo 1975.

———, "El mandato de la historia y las exigencias del porvenir", *Chile-América,* N° 14-15, enero/febrero 1976.

———, *América Latina: opción y esperanza,* Barcelona, Editorial Pomaire, 1977.

———, *Futura institucionalidad de la paz en Chile,* Santiago, CISEC, Centro de Investigaciones Socioeconómicas del Centro Bellarmino, 1977.

———, "Opinión sobre el momento actual", Discurso pronunciado el 24 de agosto de 1979 en el Hotel O'Higgins de Viña del Mar.

———, *El mensaje humanista,* Santiago, Editorial Aconcagua, con patrocinio del CISEC, 1981.

———, Radomiro Tomic, Jaime Castillo y Genaro Arriagada, *Democracia Cristiana y Partido Comunista,* Santiago, Editorial Aconcagua, 1986.

FREI, Ruiz-Tagle, Eduardo, *Gobernabilidad democrática,* Santiago, Editorial Andrés Bello, 1997.

FRÍAS, Valenzuela, Francisco, *Nuevo Manual de Historia de Chile,* Santiago, Zig-Zag, 1986.

FRIEDMANN, John y Thomas Lackington, *La hiperurbanización y el desarrollo nacional en Chile: algunas hipótesis,* Santiago, CIDU

Comité Interdisciplinario de Desarrolo Urbano, Universidad Católica de Chile, 1967.

FRIEDMANN, Reinhard, con la colaboración de Jorge Pozo B. y Felipe Pozo R., *La política chilena de la A a la Z*, Santiago, Editorial Melquíades, 1988.

FUNDACIÓN DE INVESTIGACIONES SOCIALES, *Vamos Chile!*, Buenos Aires, 1987.

FURCI, Carmelo, *The Chilean Communist Party and the Road to Socialism*, London, Zed Books, 1984.

———, "The Crisis of the Chilean Socialist Party, (PSCh) in 1979", *Working Papers*, N° 11, London, University of London, Institute of Latin American Studies.

GALDAMES, Luis, *Historia de Chile*, Santiago, Zig-Zag, 1952.

GAMBOA, Alberto, *Un viaje por el infierno*, vol. IV, Santiago, Libros de HOY/Editora Araucaria, 1984.

GARCÉS, Joan, *Chile: el camino político hacia el socialismo*, Barcelona, Editorial Ariel, 1972.

———, *El Estado y los problemas tácticos en el gobierno de Allende*, Madrid, Siglo XXI de España Editores, 1974.

———, *Allende y la experiencia chilena. Las armas de la política*, Barcelona, Editorial Ariel, 1976.

———, *Soberanos e intervenidos, Chile, la guerra fría y después*, Santiago, Ediciones BAT, 1995.

———, y Saul Landau, *Orlando Letelier: Testimonio y vindicación*, Madrid, Siglo XXI de España Editores, 1995.

GARCÍA, Pío, (compilador), *Las Fuerzas Armadas y el golpe de Estado en Chile*, México, Siglo XXI Editores, 1974.

GARCÍA, Rolando, "Conceptos básicos para el estudio de sistemas complejos", en *Los problemas del conocimiento y la perspectiva ambiental del desarrollo*, Enrique Leff, (coordinador), México, Siglo XXI Editores, 1986.

GARCÍA-HUIDOBRO, Correa, Joaquín, *Tentación del poder: Expresión política de las creencias religiosas*, Editorial Andrés Bello, 1986.

GARRETÓN, Manuel Antonio, *Las Ciencias Sociales en Chile: Situación, problemas y perspectivas*, Santiago, Edición de la Academia de Humanismo Cristiano, s.f.

———, *El proceso político chileno*, Santiago, FLACSO, 1983.

———, *Dictaduras y democratización*, Santiago, FLACSO, 1984.

———, *Reconstruir la política: Transición y consolidación democrática en Chile*, Santiago, Editorial Andante, 1987.

———, "La redemocratización política en Chile: transición, inauguración y evolución", *Estudios Públicos*, N° 42, Santiago, 1991.

———, H. Valdés, L. Domínguez, C. Ossa, A. Dorfmann, C. Maldonado y A. y M. Mattelart, *Cultura y comunicación de masas: Materiales de la discusión chilena 1970-1973*, Barcelona, Editorial Laia, 1975.

———, (presentador), *Economía política en la Unidad Popular: Materiales de los Cuadernos de la Realidad Nacional, (1970-1973)*, Barcelona, Editorial Fontanella, 1975.

———, y Tomás Moulian, *La Unidad Popular y el conflicto político en Chile*, Santiago, Editorial Minga, 1983.

GARRIDO, Manuel S., *Crítica de una posición en crisis*, México, Universidad Autónoma de Sinaloa, 1980.

GAZMURI, Jaime, *Aprender las lecciones del pasado para construir el futuro*, Edición Nueva Democracia, 1975.

GAZMURI R., Cristián, *Testimonios de una crisis: Chile 1900-1925*, Santiago, Editorial Universitaria, 1980.

GEISSE, Guillermo, *Economía política de la concentración urbana en Chile*, México, El Colegio de México/PISPAL, 1983.

GEMINES Ltda., *Informe GEMINES: perfil económico para ejecutivos y empresarios*, N° 9, tercer trimestre de 1976, Santiago.

GIL, Federico G., Ricardo Lagos E., y Henry A. Landsberger (eds.), *Chile 1970-1973: Lecciones de una experiencia*, Madrid, Editorial Tecnos, 1977.

GITTINGS, John (ed.), *The Lessons of Chile*, Nottingham, Spokesman Books and the Transnational Institute, 1975.

GODOY, Hernán (ed.), *Estructura social de Chile*, Santiago, Editorial Universitaria, 1971.

GOLDBERG, Gerhard Wolfgang *et. al.*, *Chile y Europa: doctrinas políticas*, Santiago, Editorial Andrés Bello, 1981.

GÓMEZ, María Soledad, "Factores nacionales e internacionales de la política interna del Partido Comunista de Chile, (1922-1952)", en *El Partido Comunista de Chile*, Augusto Varas (compilador), Santiago, CESOC/FLACSO, 1988.

GÓMEZ, Oyarzún, Galo, *Chile de hoy: Educación, cultura y ciencia*, México, Casa de Chile, 1976.

———, "La universidad en el umbral del siglo XXI", México, *Cuadernos de Casa de Chile*, Nº 44, 1991.

GÓMEZ, Sergio y Jorge Echenique, *La agricultura chilena: Las dos caras de la modernización*, Santiago, FLACSO/AGRARIA, s.f.

GÓNGORA, Mario, *Ensayo histórico sobre la noción de Estado en Chile en los siglos XIX y XX*, Santiago, Editorial Universitaria, 1986.

GRAYSON, George, *El Partido Demócrata Cristiano chileno*, Buenos Aires y Santiago, Editorial Francisco de Aguirre, 1968.

GRISHÁEV, Pável y Stanislav Chibiriáev, *Chile: "legisla" el fascismo*, Moscú, Editorial Progreso, 1980.

GUTIÉRREZ Aicardi, Enrique, *Negro septiembre*, México, Universidad Autónoma Metropolitana-Xochimilco y Casa de Chile, s.f.

GUTIÉRREZ Fuente, Juan Ignacio, *Chile: la Vicaría de la Solidaridad*, Madrid, Alianza Editorial, 1986.

GUZMÁN, Errázuriz, Jaime, *Escritos personales*, 3ª edición, Santiago, Zig-Zag, 1993.

GUZMÁN J., Nancy, *Un grito desde el silencio: Detención, asesinato y desaparición de Bautista van Schowen y Patricio Munita*, Santiago, LOM Ediciones, 1999.

GYARMATI, Gabriel y colaboradores, *Las profesiones: Dilemas del conocimiento y del poder*,, Santiago Ediciones de la Universidad Católica de Chile, 1984.

HIDALGO, CALVO, César, *Teoría y práctica de la propaganda contemporánea*, Santiago, Editorial Andrés Bello, 1986.

HOURTON P, Jorge (Obispo Auxiliar de Santiago), *Iglesia y democracia: La enseñanza de Pío XII*, Santiago, Editorial Aconcagua, 1976.

HUNEEUS, Carlos, *Movimientos universitarios y generación de élites dirigentes*, Santiago, Corporación de Promoción Universitaria, CPU, 1973.

———, *Los chilenos y la política: Cambio y continuidad en el autoritarismo*, Santiago, CERC/ICHEH, 1987.

———, (compilador), *Para vivir la democracia: Dilemas de su consolidación*, Santiago, CERC/Editorial Andante, 1987.

HUNNEUS, Pablo, *¿Qué te pasó Pablo?: La vida en Chile hoy. Crónicas*, 8ª edición, Santiago, Editora Nueva Generación, 1983.

HUNNEUS, Pablo, Claudio Orrego, Eduardo Palma, Sebastián Piñera y Andrés Sanfuentes, *Chile: El costo social de la dependencia ideológica*, Santiago, Editorial del Pacífico/Instituto de Estudios Políticos, IDEP, 1973.

INSTITUTO DE ECONOMÍA Y PLANIFICACIÓN, UNIVERSIDAD DE CHILE, *La economía chilena en 1971*, Santiago, Sala Gráfica del Instituto, 1972.

———, *La economía chilena en 1972*, Santiago, Sala Gráfica del Instituto, 1972.

IZQUIERDA CRISTIANA, *Gauche Chrétienne 1970-1973*, Recueil de textes, París, Politique Hebdo, 1974.

JARPA, Sergio Onofre, *Creo en Chile*, Santiago, Sociedad Impresora Chile Ltda., 1973.

JOBET, Julio César, *El Partido Socialista de Chile*, 2ª edición, 2 vols., Santiago, Ediciones Prensa Latinoamericana, 1971.

———, *Desarrollo económico y social de Chile*, 3ª edición, México, Casa de Chile, 1982.

JOCELYN-HOLT, Letelier, Alfredo, *El Chile perplejo: Del avanzar sin transar al transar sin parar*, Santiago, Editorial Planeta/Ariel, 1998.

JOHNSON, Dale L. (ed.), *The Chilean Road to Socialism*, New York, Anchor Press/Doubleday, 1973.

KISSINGER, Henry, *White House Years*, Boston, Little, Brown and Co., 1979.

KUDACHKIN, M., *Chile: la experiencia de la lucha por la unidad de las fuerzas de izquierda y las transformaciones revolucionarias*, URSS, Editorial Progreso, 1978.

LABARCA, Eduardo, *Chile al rojo*, México, Juan Pablos Editor, 1971.

———, *Chile invadido*, Santiago, Editora Austral, s.f.

———, *Corvalán de Chile*, Moscú, Editorial de la Agencia de Prensa Novosti, 1975.

LABIN, Suzanne, *Chile: the Crime of Resistance*, England, Foreign Affairs Publishing Co., 1982.

LAGOS E., Ricardo, *La concentración del poder económico. Su teoría. Realidad chilena*, 5ª edición, Santiago, Editorial del Pacífico, 1965.

———, *La industria en Chile: Antecedentes estructurales*, Santiago, Instituto de Economía, Universidad de Chile, 1966.

———, *Democracia para Chile: Proposiciones de un socialista*, Santiago, Pehuén Editores, 1985.

LAGOS, Schuffeneger, Humberto, *Sectas religiosas en Chile: ¿Fe o ideología?*, Concepción, PRESOR/LAR, 1987.

LANDAU, Saul, *They Educated the Crows: An Institute Report on the Letelier-Moffit Murders*, Washington D.C., The Transnational Institute, 1978.

LANDSBERGER, Henry y Tim McDaniel, "Hypermovilization in Chile 1970-1973", *World Politics*, vol. XXVIII, Nº 4, july 1976.

LARRAÍN A., Luis, (ed.), *1990-1994 Chile: políticas públicas durante el gobierno de Aylwin*, Santiago, Editorial Los Andes/Fundación Libertad y Desarrollo, 1997.

LARRAÍN, Cruz, Rafael y Leopoldo Núñez Tomé, *Protección de la democracia: ¿Deben proscribirse los partidos marxistas?*, Santiago, Instituto de Ciencia Política, Universidad de Chile/Editorial Jurídica de Chile, 1984.

LARRAÍN F., Hernán, *Ideología y democracia en Chile*, Santiago, Editorial Andante, 1988.

LARSON, Óscar, *La ANEC y la Democracia Cristiana*, Santiago, Ediciones Ráfaga, 1967.

LATIN AMERICA BUREAU, *Chile: The Pinochet Decade: The Rise and Fall of the Chicago Boys*, London, LAB, 1983.

LATORRE, Carmen Luz, "The Chilean Crisis: A Note on the Consequences of Liberal Policies towards the Private Sector", *The Developing Economies*, vol. XXII, Nº 3, Tokyo, Institute of Developing Economies, september 1984.

LAVANDERO, Jorge, *El precio de sostener un sueño*, Santiago, LOM Ediciones, 1997.

LAVÍN, Joaquín, *El enriquecimiento de las personas en Chile: Cuándo ha beneficiado y cuándo ha perjudicado al país*, Chile, Editorial Ciencia y Tecnología, 1980.

———, Chile, *Revolución silenciosa*, Santiago, Zig-Zag, 1987.

———, Miguel Kast, *Pasión de vivir*, Santiago, Zig-Zag, 1986.

LECHNER, Norbert, *La conflictiva y nunca acabada construcción del orden deseado*, Madrid, Centro de Investigaciones Sociológicas CIS/Siglo XXI de España Editores, 1986.

———, (editor), *Estado y política en América Latina*, México, Siglo XXI Editores, 1981.

———, *et al.* (eds.), *Partidos y democracia*, Santiago, FLACSO, 1985.

———, (compilador), *Cultura política y democratización*, Santiago, CLACSO/FLACSO/ICI, 1987.

LEHMAN, David, *Agrarian Reform in Chile: 1965-1972*, D. Phil. Thesis, Oxford, 1974.

LEIVA, Fernando Ignacio y James Petras, "Chile's Poor in the Struggle for Democracy", *Latin American Perspectives*, vol. 13, Nº 4, Fall 1986.

LEÓN, Samuel y Lilia Bermúdez (compiladores), *La prensa internacional y el golpe de Estado chileno*, México, FCPyS/UNAM, s.f.

LEVINSON, Jerome y Juan de Onís, *The alliance that lost its way*, Chicago, Quadrangle Books, 1970.

LINDHOLM, Stig, *Seeing for Oneself: A Report on an Experiment in Development Education*, SIDA/Swedish International Development Authority, Stockholm 1975.

LIJPHART, Arend, *Sistemas electorales y sistemas de partidos*, Madrid, Centro de Estudios Constitucionales, 1995.

LOVEMAN, Brian, *Struggle in the Countryside: Politics and Rural Labor in Chile, 1919-1973*, Bloomington, Indiana University Press, 1976.

LÖW, Konrad, *La fascinación del comunismo: Una investigación sistemática*, Santiago, Editorial Andrés Bello, 1983.

LOZZA, Arturo, *Chile sublevado*, Reportaje al FPMR, Buenos Aires, Editorial Antarca, 1986.

MAINWARING, Scott, *Rethinking Party Systems in the Third Wave of Democratization*, Stanford, California, Stanford University Press, 1999.

———, and Timothy Scully (eds.), *Building Democratic Institutions: Party Systems in Latin America*, Stanford, California, Stanford University Press, 1995.

MAIRA Aguirre, Luis, *Chile: autoritarismo, democracia y movimiento popular*, México, CIDE, 1984.

———, "Camino a la nacionalización del cobre", Revista *Derecho Económico*, año VIII, N° 27-28; año IX, N° 29-30 y 31-32, 1969 y 1970.

———, *Los tres Chiles de la segunda mitad del siglo XX*, Santiago, LOM Ediciones, 1998.

MAMALAKIS, Markos J., *The Growth and Structure of the Chilean Economy: From Independence to Allende*, London, Yale University Press, 1976.

MAPU, Movimiento de Acción Popular Unitaria, *El primer año del gobierno popular en Chile*, Buenos Aires, Distribuidora BAIRES, 1974.

———, "La construcción de una alternativa revolucionaria. Entrevista con un dirigente del MAPU en la clandestinidad", en *Causa Proletaria*, N° 22, Quito, s.f.

MARÍN, Germán, *Una historia fantástica y calculada*, México, Siglo XXI Editores, 1976.

MARÍN, Germán (argumento) y Armindo Cardoso (fotos), *Chile o muerte*, México, Editorial Diógenes, 1974.

MARINI, Ruy Mauro, *El reformismo y la contrarrevolución, Estudios sobre Chile*, México, Editorial ERA, 1976.

———, "Sobre el patrón de reproducción de capital en Chile", México, *Cuadernos de CIDAMO*, N° 7, 1984.

MARTÍNEZ, Javier y Eugenio Tironi, *Las clases sociales en Chile: Cambio y estratificación, 1970 - 1980*, Santiago, Ediciones SUR, 1985.

MARTNER, Gonzalo, "La vía pacífica al socialismo", *El Trimestre Económico*, vol. LI (4), N° 204, 1986.

———, (coordinador), *Chile hacia el 2000: Desafíos y opciones*, 2 tomos, Caracas, Editorial Nueva Sociedad/UNITAR/PROFAL, 1988.

MATTELART, Armand y Michèle Mattelart, *Frentes culturales y movilización de masas*, Barcelona, Editorial Anagrama, 1977.

MAYER, Arno J., *The Perisitence of the Old Regime: Europe to the Great War*, New York, Pantheon Books, 1982.

MEDHURST, Kenneth (ed.), *Allende's Chile*, London, Hart - Davis MacGibbon, 1972.

MELLER, Patricio, "Enfoques sobre demanda de trabajo: relevancia para América Latina", *Estudios CIEPLAN*, N° 24, Santiago, 1978.

———, *Un siglo de economía política chilena (1890-1990)*, Santiago, Editorial Andrés Bello, 1996.

MENSAJE, *Chile visto por "Mensaje", 1971-1981*, Selección de editoriales,, Santiago, Editorial Aconcagua, s.f.

MENSAJE, *"Mensaje": Testimonio en la historia, 1971-1981*, Santiago, Editorial Aconcagua, s.f.

MICHELS, Robert, *Political Parties. A Sociological Study of the Oligarchical Tendencies of Modern Democracy*, New York, Dover Publications, Inc., 1959.

MILLAS, Hernán, *Los señores censores*, Santiago, Ediciones Caperucita Rojas de Feroz, 1985.

MILLAS, Jorge, *Idea y defensa de la Universidad*, Santiago, Editorial del Pacífico/Corporación de Promoción Universitaria, (CPU), 1981.

MILLAS, Orlando, *El antimilitarista Diego Portales*, Ediciones Colo Colo, 1977, s.f.

MIR, *"Mouvement de la Gauche Revolutionaire 1970-1973"*, Recueil de textes, París, Politique Hebdo, 1974.

MIR, Movimiento de Izquierda Revolucionaria, *MIR 1973-1975*, Bilbao, Editorial Zero, 1976.

MIR, Movimiento de Izquierda Revolucionaria, *"Análisis de la significación y de las consecuencias de la elección de Salvador Allende a la Presidencia de la República"*, Documento elaborado por el Secretariado Nacional del MIR, Revista *Punto Final*, octubre de 1970.

MISTRAL, Carlos (Pseud.), *Chile: del triunfo popular al golpe fascista*, Editorial ERA, México, 1974.

MOLINA Silva, Sergio, *El proceso de cambio en Chile*, México, Siglo XXI Editores, 1972.

MOLINA S., Sergio, Claudio Orrego V., Eugenio Ortega R. y Raúl Troncoso C., *Cristianos en política: Una experiencia de reflexión*, Santiago, Instituto Chileno de Estudios Humanísticos, s.f.

MONCKEBERG, Fernando, *Jaque al subdesarrollo*, 4ª edición, corregida y aumentada, Santiago, Editora Nacional Gabriela Mistral, 1981.

MONTERO, Cecilia, *La revolución empresarial chilena*, Santiago, DOLMEN/CIEPLAN, 1997.

MORALES, Abarzúa, Carlos: *Trayectoria y perspectivas de la Internacional Socialista en América Latina y el Caribe*, México, FCPyS/UNAM, 1982.

———, *La Internacional Socialista, América Latina y el Caribe*, Buenos Aires, Michka & Asociados, 1986.

MORALES, Eduardo, Hernán Pozo y Sergio Rojas, *Municipio, desarrollo local y sectores populares*, Santiago, FLACSO, 1988.

MORAN, Theodore H., *Multinational Corporations and the Politics of Dependence: Copper in Chile*, Princeton, Princeton University Press, 1974.

MORRIS, David J., *We Must Make Haste-Slowly: The Process of Revolution in Chile*, New York, Vintage Books, 1973.

MOSS, Robert, *Chile's Marxist Experiment*, Newton Abbot, Devon, David & Charles, 1973.

MOULIAN, Tomás, *La forja de ilusiones: el sistema de partidos 1932-1973*, Santiago, ARCIS/FLACSO, 1993.

———, e Isabel Torres Dujisin, *Discusiones entre honorables: Las candidaturas presidenciales de la derecha 1938-1946*, Santiago, FLACSO, s.f.

MUNIZAGA, Giselle, *El discurso público de Pinochet, (1973-1976): Un análisis semiológico*, Buenos Aires, CLACSO, 1983.

MUÑOZ, Heraldo, "La política exterior chilena: la crisis continúa", *Foro Internacional*, vol. XXVI, N° 2, 1985.

MUÑOZ, Heraldo y Carlos Portales, *Una amistad esquiva: Las relaciones de Estados Unidos y Chile*, Santiago Editorial Pehuén, 1987.

MUÑOZ, Gomá, Óscar, "Orígenes políticos y económicos del Estado empresarial en Chile", *Estudios CIEPLAN*, N° 16, Santiago, 1977.

MUSALEM, José, *Crónica de un fracaso: Frustración de un pueblo*, Santiago, Editorial del Pacífico/IDEP, 1973.

NACLA, (North American Congress on Latin America), *Latin America & Empire Report*, vol. VII, N°8, october 1973.

NAJMAN, Maurice (compilador), *Le Chili est proche: Révolution et contre-révolution dans le Chili de l'Uninité Populaire*, París, François Maspero, 1974.

NOVOA, Monreal, Eduardo, *La batalla por el cobre: Comentarios y documentos*, Santiago, Editorial Quimantú, 1972.

———, *El derecho como obstáculo al cambio social*, 7ª edición, México, Siglo XXI Editores, 1985.

NUEZ, Iván de la, *La Democracia Cristiana en la historia de Chile*, La Habana, Editorial de Ciencias Sociales, 1989.

NÚÑEZ, Carlos, *Chile ¿la última opción electoral?*, Santiago, Ediciones El Umbral/PLA, 1970.

OCEPLAN, Oficina Central de Planificación del Comando Nacional de la Candidatura Presidencial del Dr. Salvador Allende, *Las bases técnicas del plan de acción del gobierno popular*, mimeo, Santiago, 1964.

ORREGO V., Claudio, *El paro nacional: Vía chilena contra el totalitarismo*, Santiago, Editorial del Pacífico/Instituto de Estudios Políticos, IDEP, 1972.

———, *Tres ensayos acerca del futuro*, Santiago, Editorial Aconcagua, 1978.

———, *La difícil senda del desarrollo político en América Latina*, Santiago, CISEC, 1983.

ORTEGA, Hugo, (ed.), *La economía campesina chilena*, Santiago, Editorial Aconcagua, 1981.

ORTIZ, Eduardo (ed.), *Temas socialistas*, Santiago, VECTOR, 1984, 2ª edición, 1ª edición, 1983.

———, *Temas Socialistas* Nº 2, Santiago, VECTOR, 1984.

OSSA, Juan Luis, *Nacionalismo hoy*, Santiago, Instituto de Estudios Generales, s.f.

OSSANDÓN G., Jorge, *Economía de guerra: ¿vía chilena hacia el hambre?*, Santiago, Editorial del Pacífico, 1973.

OSORIO, Víctor e Iván Cabezas, *Los hijos de Pinochet*, Santiago, Editorial Planeta, 1995.

OTANO, Rafael, *Crónica de la transición*, Santiago, Editorial Planeta, 1995.

PALACIOS, Jorge, *Chile: An Attempt at "Historic Compromise". The Real Story of the Allende Years*, Chicago, Banner Press, 1979.

PALMA Zúñiga, Luis, *Historia del Partido Radical*, Santiago, Editorial Andrés Bello, 1967.

PARKER, Dick, *La nueva cara del fascismo*, Santiago, Editorial Quimantú, 1972.

PARTIDO COMUNISTA DE CHILE, *Programa del PCCH*, Aprobado en el XIV Congreso Nacional del Partido, noviembre 23-29, 1969, Santiago, Imprenta Horizonte, 1972.

———, *El Pleno de agosto de 1977 del Comité Central del Partido Comunista de Chile*, Sin lugar de publcación, Ediciones Colo-Colo, 1978.

———, *Los 1000 días de revolución: Dirigentes del PC de Chile analizan las enseñanzas de la experiencia chilena*, Praga, Editorial Paz y Socialismo, 1978.

PARTIDO DEMÓCRATA CRISTIANO, *Informe preliminar para un programa de gobierno de la Democracia Cristiana*, Primer Congreso Nacional de Profesionales y Técnicos de la Democracia Cristiana e Independientes, 6-7-8 y 9 de diciembre de 1962, (*Libro azul*), Santiago, Editorial del Pacífico, 1962.

———, *Proposiciones para una acción política en el período 1967-1970 de una vía no capitalista de desarrollo*, mimeo, Santiago, 1967.

PARTIDO SOCIALISTA DE CHILE, *¡Unidad de acción, sí; capitulación ideológica, no!*, Puebla, Linotipografía Primavera, 1976.

———, *Unidad opositora y movilización social para abrir paso a cambios democratizadores*, V Pleno del Comité Central, *Boletín del Comité Central*, N° 73, nov. 1988.

PAYRO, Ana Lía, Laura Robles, Miguel Donoso Pareja, Carlos Suárez, *Chile: ¿cambio de gobierno o toma del poder?*, México, Editorial Extemporáneos, 1ª edición 1971, 2ª edición 1974.

PÉREZ DE ARCE, Hermógenes, *Comentarios escogidos*, Santiago, Ediciones Portada, 1973.

———, *Durante la UP: Comentarios radiales 1971-72*, 2ª edición reducida de *Comentarios escogidos*, Santiago, Editorial el Roble, s.f.

———, *Detrás de mi columna*, Santiago, Editorial El Roble, s.f.

PETRAS, James, *Politics and Social Forces in Chilean Development*, Berkeley, University of California Press, 1969.

———, y Maurice Zeitlin, *El radicalismo político de la clase trabajadora chilena*, Buenos Aires, Centro Editor de América Latina, 1969.

———, James y Morris H. Morley, *How Allende Fell: A Study in U.S. Chilean Relations*, England, Spokesman Books, 1974. Traducción al español, *La conspiración yanqui para derrocar a Allende*, Prólogo de Pedro Vuskovic Bravo, México, Editorial Nuestro Tiempo, 1974.

PINOCHET, Augusto, *Clase magistral de inauguración del año académico de la Universidad de Chile*, Santiago, 6 de abril de 1979.

———, *El día decisivo: 11 de septiembre de 1973*, Santiago, Editorial Andrés Bello, 1980.

———, *Política, politiquería, demagogia*, Santiago, Editorial Renacimiento, 1983.

———, *Pinochet: patria y democracia*, Selección y ordenamiento temático de la Corporación de Estudios Nacionales, Santiago, Editorial Andrés Bello, 1985.

PINTO, Aníbal *et al.*, *Chile hoy*, Santiago, Siglo XXI Editores, 1970.

———, *Chile, un caso de desarrollo frustrado*, 3ªedición, Santiago, Editorial Universitaria, 1973.

———, "Estado y empresa privada: una visión retrospectiva de la experiencia chilena", *El Trimestre Económico*, vol. LIII (1), Nº 209, enero-marzo de 1986.

PINTO Lagarrigue, Fernando, *Crónica Política del siglo XX: Desde Errázuriz Echaurren hasta Alessandri Palma*, Santiago, Editorial Orbe, 1972.

———, *La masonería y su influencia en Chile*, 4ª edición complementada, Buenos Aires, Editorial Orbe, 1973.

PIZARRO, Crisóstomo, "Rol de los sindicatos en Chile", *Estudios CIEPLAN*, Nº 22, Santiago, 1978.

———, "Políticas públicas y grupos de presión en Chile: 1965-1970: un análisis exploratorio", *Estudios CIEPLAN*, Nº 26, Santiago, 1978.

———, *La huelga obrera en Chile 1890-1970*, Santiago, Ediciones SUR, 1986.

POLITZER, Patricia, *Altamirano*, Santiago, Buenos Aires, Ediciones Melquíades, 1989.

POLLACK, Benny y Hernán Rosenkranz, *Revolutionary Social Democracy: The Chilean Socialist Party*, London, Frances Pinter, (Publishers), 1986.

POLLONI R., Alberto, Tte. Coronel, (R), *Las fuerzas armadas de Chile en la vida nacional. Compendio cívico-militar*, Santiago, Editorial Andrés Bello, 1972.

POZO, Hernán, *Administración interior del Estado y sistema de participación, COREDES y CODECOS*, Santiago, FLACSO, 1988.

PRATS, Carlos, *Una vida por la legalidad*, México, Fondo de Cultura Económica, 1976.

———, *Memorias: Testimonio de un soldado,* Santiago, Pehuén Editores, 1985.

PREBISCH, Raúl, "El desarrollo de la América Latina y algunos de sus principales problemas", en *La obra de Prebisch en la* CEPAL, Selección de Adolfo Gurrieri, vol. I, México, Fondo de Cultura Económica, 1982.

PRIETO, Helios, *Chile:los gorilas estaban entre nosotros,* Buenos Aires, Editorial Tiempo Contemporáneo, 1973.

PROGRAMA DE LAS NACIONES UNIDAS PARA EL DESARROLLO (PNUD), *Desarrollo humano en Chile 1996,* Santiago, 1996.

———, *Desarrollo humano en Chile 1998: Modernización y malestar,* Santiago, 1998.

PROPPER, Eugene y Taylor Branch, *Laberinto: El mayor crimen de la dictadura de Pinochet: el asesinato del ex-canciller Orlando Letelier,* Buenos Aires, 1990, versión original en inglés, Branch & Propper, *Labyrinth,* New York, Penguin Books, 1983.

PRZEWORSKI, Adam, *Capitalism and Social Democracy,* Cambridge, Cambridge University Press, 1986.

QUINCIO, Figueiredo, Jorge Mario, *El Partido Radical: Origen, doctrina, convenciones,* Santiago, Ediciones Bocanegra, 1964.

QUINTEROS, Yáñez, Luis, *La Constitución chilena de 1980,* México, Casa de Chile, 1988.

RACZYNSKI von O., Dagmar *et. al., Los actores de la realidad chilena,* Santiago, Editorial del Pacífico/IDEP, 1974.

———, "Características del empleo informal urbano en Chile", *Estudios* CIEPLAN, Nº 23, Santiago, 1978.

———, "Empleo, pobreza y migraciones en Chile", *Estudios* CIEPLAN, Nº 29, Santiago, 1978.

RAMÍREZ, Necochea, Hernán, *Origen y formación del Partido Comunista de Chile,* Moscú, Editorial Progreso, 1984.

———, *Las fuerzas armadas y la política en Chile (1810-1970): Antecedentes para una historia,* México, Cultura SEP/Casa de Chile, 1984.

———, *Historia del movimiento obrero en Chile,* Concepción, Ediciones LAR, 1986.

RAMOS, Córdoba, Sergio, *Chile: ¿una economía en transición?*, La Habana, Casa de las Américas, Premio Ensayo, 1972.

RAZETO, Migliaro, Luis, *Economía popular de solidaridad: identidad y proyecto en una visión integradora*, Santiago, Área Pastoral Social de la Conferencia Episcopal de Chile, 1986.

RAZETO M., Luis, Arno Klenner, Apolonia Ramírez y Roberto Urmeneta, *Las organizaciones económicas populares*, 2ª edición actualizada, Santiago, Programa de Economía del Trabajo, Academia de Humanismo Cristiano, 1986.

REMMER, Karen L., *Party Competition in Argentina and Chile: Political Recruitment and Public Policy, 1890-1930*, Lincoln and London, University of Nebraska Press, 1984.

REYES, Castillo, Fidel, *¿Naufraga la Unidad Popular?*, Santiago, Edición del autor, 1973.

RIVAS, Sánchez, Fernando y Elisabeth Reimann Weigert, *Las fuerzas armadas de Chile: un caso de penetración imperialista*, México, Ediciones 75, 1976.

RIZ, Liliana de, *Sociedad y política en Chile (de Portales a Pinochet)* México, UNAM, 1979.

RODRÍGUEZ, Felipe, *Crítica de la Unidad Popular, (Chile 1970-1973)*, Barcelona, Editorial Fontamara, 1975.

RODRÍGUEZ, Elizondo, José, *Introducción al fascismo chileno*, México, Editorial Ayuso, 1976.

RODRÍGUEZ, Grez, Pablo, *Entre la democracia y la tiranía*, Santiago, Edición del autor, 1972.

———, *El mito de la democracia en Chile*, Tomo I, 1833-1973, Santiago, EVES Ediciones, 1985.

———, *El mito de la democracia en Chile*, Tomo II, Una revolución pendiente, Santiago, EVES Ediciones, 1986.

RODRÍGUEZ, Grossi, Jorge, (ed.), *Perspectivas económicas para la democracia: balance y lecciones para la experiencia chilena*, Santiago, Instituto Chileno de Estudios Humanísticos, ICHEH, 1984.

ROXBOROUGH, Ian, Phil O'Brien & Jackie Roddick, *Chile: The State and Revolution*, London, The Macmillan Press Ltd., 1977.

RUIZ-TAGLE, Jaime y Roberto Urmeneta, *Los trabajadores del programa del empleo mínimo*, Santiago, Programa de Economía del Trabajo, Academia de Humanismo Cristiano, 1984.

SALAZAR, Salvo, Manuel, *Contreras: historia de un intocable*, Santiago, Editorial Grijalbo, s.f.

SALAZAR, Vergara, Gabriel, *Labradores, peones y proletarios: Formación y crisis de la sociedad popular chilena del siglo XIX*, Santiago, Ediciones SUR, 1985.

SALINAS, Luis Alejandro, *¡Sursum corda! ¡Arriba los corazones!*, 2ª edición, Santiago, Editorial Todos, 1984.

SANTIBÁÑEZ, Abraham, *Manual del ciudadano: Los partidos políticos chilenos*, Santiago, Editorial Andante, 1988.

———, *Manual del ciudadano*, Comentario a la ley 18.700 sobre votaciones populares y escrutinios, Instructivo para apoderados de mesa, Santiago, Editorial Andante, 1988.

SARTORI, Giovanni, *Partidos y sistemas de partidos*, Madrid, Alianza Editorial, 1980.

———, *Teoría de la democracia*, 2 vols., México, Alianza Editorial Mexicana, 1989.

SCULLY, Timothy R., *Los partidos de centro y la evolución política chilena*, Santiago, CIEPLAN/Notre Dame, 1992.

SERRANO, Fernández, Miguel, *La resurrección del héroe*, Santiago, Alfabeta Impresores, 1986.

SIGMUND, Paul, *The Overthrow of Allende and the Politics of Chile 1964-1976*, Pittsburgh, University of Pittsburgh, 1977.

SILVA, Henríquez, Raúl (Cardenal) y Monseñor Cristián Precht Bañados, *El alma de Chile*, Santiago, Ediciones CIEPLAN, 1986.

SMIRNOW, Gabriel, *La revolución desarmada: Chile 1970-1973*, México, Editorial ERA, 1977.

SMITH, Brian H., *The Church and Politics in Chile*, Princeton, Princeton University Press, 1982.

SNOW, Peter G., *Radicalismo chileno*, Buenos Aires, Editorial Francisco de Aguirre, 1972.

SOCIEDAD CHILENA DE DEFENSA DE LA TRADICIÓN, FAMILIA Y PROPIEDAD, *Por detrás del caos la revolución juega sus cartas*, Santiago, TFP, 1986.

SOSA, Ignacio, *Conciencia y proyecto nacional en Chile (1891-1973)*, México, UNAM, 1981.

SOTO, Francisco, *Fascismo y Opus Dei en Chile*, Barcelona, Editorial Avance, 1976.

SULE, Anselmo, *Testimonos de lucha por la democracia*, México, ILESCO, 1987.

SUNKEL, Guillermo, *El Mercurio: 10 años de educación político-ideológica, 1969-1979*, Santiago, ILET, 1983.

———, *Razón y pasión en la prensa popular: Un estudio sobre cultura popular, cultura de masas y cultura política*, Santiago, ILET, 1985.

SWEEZY, Paul and Harry Magdoff, (eds.), *Revolution and counter-revolution in Chile*, New York, Monthly Review Press, 1974.

TAPIA, Valdés, Jorge, *Estrategocracia: El gobierno de los generales*, Santiago, Las Ediciones del Ornitorrinco, 1986.

TEITELBOIM, Volodia, *La lucha continúa: Pólvora del exilio*, México, Ediciones de Cultura Popular, 1976.

THAYER, William, *Empresa y universidad*, Santiago, Editorial Andrés Bello, 1974.

———, *La apertura política*, Santiago, Editorial Universitaria, 1984.

THEBERGE, James D., *Reflexiones de un diplomático, Estados Unidos y América Latina*, Santiago, Editorial Andrés Bello, 1985.

TIRONI, Ernesto, "Recursos naturales y desarrollo: Generación de empleo y rentas en el cobre", *Estudios CIEPLAN*, N° 28, Santiago, 1978.

———, "Integración en presencia de corporaciones transnacionales", *Estudios CIEPLAN*, N° 31, Santiago, 1979.

TIRONI, Eugenio, *La torre de Babel: Ensayos de crítica y renovación política*, Santiago, Ediciones SUR, 1984.

———, *Los silencios de la revolución*, Santiago, Editorial La Puerta Abierta, 1988.

TOER, Mario, *La "vía chilena": Un balance necesario*, Buenos Aires, Editorial Tiempo Contemporáneo, 1974.

TOURAINE, Alain, *Vida y muerte del Chile popular*, México, Siglo XXI Editores, 1974.

TRUCCO B., Marcelo y Luis Vargas F., (eds.), *Stress, salud y trabajo en la sociedad contemporánea*, Santiago, Ediciones de la Universidad Católica de Chile, s.f.

TUPPER, Patricio, (ed.), *Entrevistas de la periodista Silvia Riquelme: 89/90 opciones políticas en Chile*, Santiago, Ediciones Colchagua, 1987.

TURRENT, Isabel, *La Unión Soviética en América latina: El caso de la Unidad Popular chilena*, México, El Colegio de México, 1984.

UNIDAD POPULAR, *Programa Básico de Gobierno de la U.P.*, Varias ediciones.

———, Las primeras cuarenta medidas del gobierno popular.

———, Declaración de "El Arrayán".

UNITED STATES SENATE, *Hearings Before The Subcommittee On Multinational Corporations of The Committee On Foreign Relations, On The International Telephone And Telegraph Company And Chile, 1970-71*, march 20, 21, 22, 27, 28, 29 y april 2, 1973, Washington, U.S. Government Printing Office, 1973.

———, *Report To The Committee on Foreign Relations, By The Subcommittee on Multinational Corporations: The International Telephone and Telegraph Company and Chile, 1970-71*, june 21, 1973, Washington, U.S. Government Printing Office, 1973.

———, *Select Committee to Study Governmental Operations with respect to Intelligence Activities, Staff Report: Covert Action in Chile 1963-1973*, Washington, U.S. Government Printing Office, 1975.

URIBE, Armando, *Le livre noir de l'intevention américaine au Chili*, París, Éditions du Seuil, 1974.

URZÚA, Valenzuela, Germán, *El Partido Radical: su evolución política*, Santiago, ECPA, 1961.

———, *Los partidos políticos chilenos, las fuerzas políticas: Ensayos de insurgencia política en Chile*, Santiago, Editorial Jurídica de Chile, 1968.

———, *Diccionario político institucional de Chile*, Santiago, Editorial Jurídica de Chile, 1984.

———, *Historia política electoral de Chile (1931-1973)*, Santiago, Tamarcos-Van S.A., 1986.

———, *La democracia práctica: los gobiernos radicales*, Santiago, CIEDES, 1988.

———, y Anamaría García Barcelatto, *Diagnóstico de la burocracia chilena (1818-1969)*, Santiago, Editorial Jurídica de Chile, 1971.

VALDÉS, Jaime, *La clase dorada (o el gobierno secreto de Allende)*, México, Editora Latino Americana, 1973.

VALDÉS S., Gabriel, *Por la libertad: Discursos y entrevistas 1982-1986*, Santiago, Ediciones Chile y América/CESOC, 1986.

VALDIVIESO, Jaime, *Chile: un mito y su ruptura*, Santiago, Ediciones LAR, 1987.

VALDIVIESO, Ariztía, Rafael, *Testigos de la historia*, Santiago, Editorial Andrés Bello, 1985.

———, *Crónica de un rescate (Chile 1973-1988)*, Santiago, Editorial Andrés Bello, 1988.

VALENCIA Avaría, Luis (compilador), *Anales de la República*, Tomos I y II actualizados, 2ª edición, Santiago, Editorial Andrés Bello, 1986.

VALENZUELA, Arturo, *Political Brokers in Chile: Local Government in a Centralized Polity*, Durham, N.C., Duke University Press, 1977.

VANDERSCHUEREN, Franz, "Political significance of neighbourhood committees in the settlements of Santiago", en *The Chilean Road to Socialism*, Dale Johnson (ed.), New York, Anchor Press/Doubleday, 1973.

VARAS, Augusto, Felipe Agüero y Fernando Bustamante, *Chile, democracia, fuerzas armadas*, Santiago, FLACSO, 1980.

VARAS, Augusto (compilador), *El Partido Comunista de Chile*, Santiago, CESOC/FLACSO, 1988.

VARAS, Florencia, *Gustavo Leigh. El General disidente*, Santiago, Editorial Aconcagua, 1979.

———, y Claudio Orrego, *El caso Letelier*, Santiago, Editorial Aconcagua, 1979.

VARIOS AUTORES, *Chile en todas partes. Los escritores chilenos exiliados rinden homenaje a Allende*, México, Casa de Chile, 1983.

VASCONI, Tomás A.y Sergio Arancibia, *Chile: economía y política (1983-1986)*, La Habana, Centro de Estudios Sobre América, CEA, 1988.

VAYSSIERE, Pierre, *Un siécle de capitalisme minier au Chili, 1830-1930*, París, Éditions du C.N.R.S., 1980.

VÁZQUEZ, Montalbán, Manuel, *La vía chilena al golpe de Estado*, Barcelona, Los libros De La Frontera, 1973.

VEGA, Luis, *La caída de Allende: Anatomía de un golpe de Estado*, Jerusalén, La Semana Publicaciones, 1983.

VEKEMANS, Roger, "Marginalidad, incorporación e integración", *Cuadernos de CIDOC*, N° 34.

VERGARA, Pilar, "Necesidades básicas y políticas contra la pobreza: la experiencia de Chile", *Estudios CIEPLAN*, N° 27, Santiago, 1978.

———, *Auge y caída del neoliberalismo en Chile*, Santiago, FLACSO, 1985.

VIAL, Gonzalo, *Historia de Chile, (1891-1973)*, Santiago, Editorial Santillana, volumen I, tomos I y II, 3ª edición, 1984; volumen II, 1982; volumen III, 1988; Editorial Fundación, volumen IV, 1996.

VITALE, LUIS, *¿Y después del 4, qué?: Perspectivas de Chile después de las elecciones presidenciales*, Santiago, PLA, 1970.

———, *Génesis y evolución del movimiento obrero chileno hasta el Frente Popular*, Caracas, Universidad Central de Venezuela, 1979.

———, *Los movimientos sociales ponen en jaque a la Junta Militar de Chile*, Buenos Aires, Editorial Recabarren, 1985.

VON BRUNN, Reinhard, *Chile: ¿con leyes tradicionales hacia una nueva economía?*, Santiago, ILDIS, 1972.

VUSKOVIC, Pedro, "Distribución del ingreso y opciones de desarrollo", en *Economía política en la Unidad Popular, Materiales de los Cuadernos de la Realidad Nacional (1970-1973)*, Barcelona, Editorial Fontanella, 1975.

———, *Acusación al imperialismo*, México, Casa de Chile en México, Fondo de Cultura Económica, 1975.

———, *Una sola lucha*, México, Editorial Nuestro Tiempo, 1978.

———, "Los problemas económicos de la transición", *El Trimestre Económico*, vol. L, Nº 197, junio-marzo 1983.

VUSKOVIC *et. al.*, *El golpe de Estado en Chile*, México, Fondo de Cultura Económica, 1975.

VUSKOVIC, Sergio, *Problemática D.C.: propiedad, revolución, Estado*, Santiago, Editora Austral, 1968.

VYLDER, Stefan de, *Allende's Chile: The political economy of the rise and fall of the Unidad Popular*, London, Cambridge University Press, 1976.

———, *From Colonialism to Dependence: An Introduction to Chile's Economic History*, SIDA, Swedish International Development Authority, Stockholm, 1974.

WAISS, Óscar, *Memorias de un socialista 1928-1970*, Madrid, Centro de Estudios Salvador Allende, 1986.

WALLERSTEIN, Immanuel, *Unthinking Social Science*, Cambridge, Polity Press, 1991.

WARE, Alan, *Political Parties and Party Systems*, Oxford, Oxford University Press, 1996.

WEBER, Max, *Economía y sociedad*, 2 vols., México, Fondo de Cultura Económica, 1964.

WINN, Peter, *Weavers of Revolution: The Yarur Workers and Chile's Road to Socialism*, New York, Oxford University Press, 1986.

WITKER, Alejandro, *Prisión en Chile*, México, Fondo de Cultura Económica, 1975.

WOLL, Allen, *A Functional Past: The Uses of History in Nineteenth Century Chile*, Baton Rouge, Louisiana State University Press, 1982.

YOCELEVZKY, Ricardo, *La Democracia Cristiana Chilena y el gobierno de Eduardo Frei (1964-1970)*, México, Universidad Autónoma Metropolitana, Unidad Xochimilco, 1988.

———, "El desarrollo de los partidos políticos chilenos hasta 1970", Revista *Argumentos*, N°7, agosto 1989.

ZALDÍVAR, Andrés, *Por la democracia ahora y siempre*, Santiago, Editorial Aconcagua/Editorial Andante, 1984.

ZAPATA, Francisco, "Crisis económica y movilización social en Chile (1981-1984)", *Foro Internacional*, vol. XXVI, N° 2, 1985.

———, *Clases sociales y acción obrera en Chile*, México, El Colegio de México, 1986.

ZEITLIN, Maurice, *The Civil Wars in Chile: Or the Bourgeois Revolutions That Never Were*, Princeton, Princeton University Press, 1984.

ZEMELMAN, Hugo, *Estado, poder y lucha política*, México, Editorial Villicaña, 1986.

Documentos y publicaciones periódicas

Cuadernos de la Casa de Chile en México

N°1 P. Vuskovic, H. Facio, O. Caputo y A. Varela. Chile: ¿Milagro o fracaso económico?, 1976.

N°5 La verdad sobre Chile. Párrafos del Informe del Grupo de Trabajo de las Naciones Unidas, 1976.

N° 7 H. Facio y P. F. Ramírez. El carácter de la política económica de la Junta Militar, s.f.

N°9 René Largo Farías. La nueva canción chilena, 1977.

N°11 Galo Gómez. Los desaparecidos. Problema de todos los chilenos, 1977.

N°12 Condena mundial a la Junta Militar chilena. Textos de las principales resoluciones, 1977.

N°13 A. Witker. O'Higgins y el proyecto nacional inconcluso de Chile, 1977.

N°14 Las malas relaciones exteriores de la junta chilena. Pretoria - Santiago: cronología de un contubernio, 1977.

N°16 Por una restauración democrática en Chile. Documento de la Democracia Cristiana y respuesta de la Unidad Popular, 1977.

N°23 Galo Gómez. La autonomía universitaria en Chile, 1979.

N°32 A. Zegbe y A. Sule. Pinochet pretende constitucionalizar el fascismo, s.f.

N°33 Laura Allende murió luchando por el regreso de todos. Documentos de un caso que conmovió al mundo, 1981.

La Documentation Française: Notes et Études Documentaires

N° 3215, 4 septembre 1965. L'Experience Chilienne. Les premières mesures réformistes.

N° 3248, 24 décembre 1965. L'Experience Chilienne. La politique extérieure.

N° 3423, 29 septembre 1967. Problemes D'Amérique Latine. 6.

N° 3558-3559, 31 janvier 1969. Problemes D'Amérique Latine. 11.

N° 3776-3777, 31 mars 1971. Problemes D'Amérique Latine. XIX. Chili 1970.

N° 4006-4007, 17 juillet 1973. Problemes D'Amérique Latine. XXVIII.

N° 4421-4422-4423, 21 octobre 1977. Problemes D'Amerique Latine. XLV. Chronologie du Chili: septembre 1973 - decembre 1976.

PARTIDO COMUNISTA DE CHILE. Boletín del Exterior.

N° 20 nov. - dic. 1976.

N° 21 ene. - feb. 1977.

N° 26 nov. - dic. 1977.

N° 27 ene. - feb. 1978.

N° 28 mar. - abr. 1978.
N° 32 nov. - dic. 1978.
N° 33 ene. - feb. 1979.
N° 37 sep. - oct. 1979.
N° 51 ene. - feb. 1982.
N° 56 nov. - dic. 1982.
N° 66 jul. - ago. 1984.
N° 67 sep. - oct. 1984.
N° 68 nov. - dic. 1984.
N° 71 Extraordin. 1985.
N° 77 mar. - abr. 1986.
N° 83 mar. - abr. 1987.

PARTIDO DEMÓCRATA CRISTIANO DE CHILE

1. Informe Preliminar para un Programa de Gobierno de la Democracia Cristiana. Primer Congreso de Profesionales y Técnicos de la Democracia Cristiana e Independientes. 6, 7, 8 y 9 de diciembre de 1962. (*Libro Azul*), Santiago, Imprenta del Pacífico.
2. "Proposiciones para una acción política en el período 1967-70 de una vía no capitalista de desarrollo". Documento de trabajo para la Junta Nacional del PDC, julio de 1967.
3. Ficha de los 81 diputados del PDC, *Punto Final*, 1ª quincena de diciembre de 1967.
4. Carta de Patricio Aylwin, presidente del PDC, y Osvaldo Olguín, primer vicepresidente del PDC, al General Augusto Pinochet, del 18 de enero de 1974, (mecanografiada).
5. Eduardo Frei Montalva. "El mandato de la historia y las exigencias del porvenir", 1975, Reproducido en *Chile América*, Roma, 1976.
6. Andrés Zaldívar y Tomás Reyes. "Documentos internos de la DC con los que la dictadura justificó la prohibición del partido". Diario *La Tercera* 12 de marzo de 1977.

7. "Una patria para todos". Primer documento orgánico de la DC analizando la situación del país. Circuló el 12 de octubre de 1977.
8. "Proposiciones concretas y actuales para el restablecimiento de la democracia en Chile". Santiago, agosto de 1982, (mimeo).
9. "Pensando en Chile". Documentos del IV Congreso Nacional del PDC. *Política y Espíritu,* Año XLVI, N° 389, Santiago, septiembre-octubre de 1991.
10. "Estatuto del PDC", Santiago, 1995, sin pie de imprenta.

PARTIDO SOCIALISTA DE CHILE
(Coordinadora Nacional de Regionales).

REVOLUCIÓN
N° 56 octubre, 1976. Sin lugar de publicación.
N° 14 octubre, 1977. Sin lugar de publicación.
N° 9 sep.-oct.-nov., 1978. Sin lugar de publicación.
Año 3, Primer trimestre de 1979. Sin lugar de publicación.
N° 27 sep.-oct.-nov., 1979, Caracas.

REUNIÓN MUNDIAL
Comunicaciones de la Comisión Organizadora.
N° 1. Documentos de orientación inicial, 1977.
N° 2. Decisiones sobre la Reunión Mundial, 1978.

RESISTENCIA SOCIALISTA
N° 6 febrero de 1977, Bogotá.
N° 12 octubre/diciembre de 1978, Bogotá.
Partido Socialista de Chile.

LIBERACIÓN
Boletín Oficial del PS de Chile en Gran Bretaña.
N° 2. junio de 1978.
N° 3 julio de 1978.

P.S.Ch. Regional Europa. De la dialéctica de la derrota, a la victoria: un nuevo socialismo para Latinoamérica. Septiembre de 1978, sin lugar de publicación.

P.S. de Chile. Una salida creadora para la crisis del Partido Socialista. 1983, Impreso en los Talleres Óscar Polanco. (Berlín) (Documento de ruptura de la fracción de "los comandantes" o "comanches").

Boletín Informativo. Febrero-marzo de 1983. PS Altamirano, sin lugar de publicación.

Convocatoria al XXIV Congreso del Partido Socialista de Chile. PS Almeyda, febrero de 1984, Talleres Eduardo Charme, (Berlín)

El Partido Socialista a las Fuerzas Armadas. PS Almeyda, noviembre de 1985, Talleres Eduardo Charme, (Berlín).

Partido Socialista de Chile (Almeyda).

CUADERNOS DE ORIENTACIÓN SOCIALISTA

N° 16 oct. 1983, Stuttgart.
N° 17 feb. 1984, Stuttgart.
N° 19 nov. 1984, Berlín.
N° 21 sep. 1985, Berlín.
N° 22 dic. 1985, Berlín.
N° 23 mar. 1986, Berlín.
N° 26 - 1987, Berlín.

ÍNDICE

Este libro de terminó de imprimir y encuadernar en el mes de julio de 2002, en los talleres de Productora Gráfica Andros Ltda., Santa Elena 1955, Santiago de Chile.
Se tiraron 2.000 ejemplares.